古代歷史文化研究輯刊

二一編

王明蓀 主編

第 28 冊

「東亞通」薩道義與庚子和談（上）

邊文鋒 著

國家圖書館出版品預行編目資料

「東亞通」薩道義與庚子和談（上）／邊文鋒 著 — 初版 — 新
北市：花木蘭文化事業有限公司，2019〔民 108〕
序 4+ 目 4+240 面；19×26 公分
（古代歷史文化研究輯刊 二一編；第 28 冊）
ISBN 978-986-485-746-3（精裝）
1. 辛丑條約　2. 中英關係
618　　　　　　　　　　　　　　　　　　108001546

ISBN-978-986-485-746-3

古代歷史文化研究輯刊
二一編　第二八冊　　　　　　ISBN：978-986-485-746-3

「東亞通」薩道義與庚子和談（上）

作　　者　邊文鋒
主　　編　王明蓀
總 編 輯　杜潔祥
副總編輯　楊嘉樂
編　　輯　許郁翎、王筑　美術編輯　陳逸婷
出　　版　花木蘭文化事業有限公司
發 行 人　高小娟
聯絡地址　235 新北市中和區中安街七二號十三樓
　　　　　電話：02-2923-1455／傳真：02-2923-1452
網　　址　http://www.huamulan.tw 信箱 hml 810518@gmail.com
印　　刷　普羅文化出版廣告事業
初　　版　2019 年 3 月
全書字數　393546 字
定　　價　二一編 49 冊（精裝）台幣 122,000 元

「東亞通」薩道義與庚子和談（上）

邊文鋒　著

作者簡介

邊文鋒，1983 年 3 月 4 日出生，江西省峽江縣人。2004 年 7 月畢業於南昌大學機電學院，獲工學學士學位；2007 年 7 月畢業於中國人民大學清史研究所中國近現代史專業，獲史學碩士學位；2012 年 7 月畢業於北京大學歷史學系近現代中外關係史專業，獲史學博士學位。北大讀博期間選修日語和俄語，尤其關注東北亞國際關係（史），先後於 2010 年和 2011 年分別前往日本關西大學和聖彼得堡大學短期交流。2012 年 7 月，前往日本北海道大學斯拉夫研究中心參加學術會議。現爲人民日報社新媒體中心編輯記者。

提　　要

本文主要依據英國駐華公使薩道義（Ernest Mason Satow，1843 ～ 1929）的已刊或未刊日記、信件和大量各國外交檔案，梳理和考證庚子和談與《辛丑條約》簽訂的全過程和諸多鮮爲人知的細節，尤其是薩道義及英國政府對和談的影響，有助於加深對這段中外關係史及東北亞國際關係史的理解。

1899 ～ 1900 年間，中國華北大地義和團運動風起雲湧。列強組成八國聯軍（英、法、德、美、日、俄、意、奧匈）對中國進行武裝干涉，1900 年 8 月 14 日佔領北京城，以慈禧太后和光緒皇帝爲首的清政府被迫撤出北京，倉皇西逃。9 月 25 日，清廷頒佈諭旨任命慶親王奕劻和大學士李鴻章爲特命全權大臣，負責與各國代表談判，開始庚子和談。

列強紛紛提出各自對華談判的方針和要求，在華各國使節也多次開會討論對華談判基礎。經過多輪磋商，外交團於 1900 年 12 月 24 日向中方代表正式遞交聯合照會，內含十二款強硬要求。隨後，中外雙方就具體問題展開談判。直到 1901 年 9 月 7 日，外交團與中國全權代表簽署《辛丑條約》。至此，爲期一年之久的庚子和談基本結束。

庚子和談涉及列強多達十一個，列強軍事行動也包括八個國家。其中，作爲老牌帝國主義強國，英國在庚子和談中的地位舉足輕重，而英國駐華公使薩道義在其中表現十分突出。薩道義之所以能有如此表現，這與他早年在中國和日本的學習、工作和生活經歷息息相關，他十分熟悉東亞事務，是國際知名的「東亞通」，1900 年赴任前又在上海、大沽和天津等地與中外各界人士交談，對中國局勢和各國對華政策都有詳細的瞭解。

懲辦「兇手」問題是庚子和談的先決條件和重要內容，中外雙方在懲辦「禍首」問題談判的焦點主要是如何懲辦端郡王載漪和甘軍將領董福祥。最初外交團一致決定要求全部處死 11 名「禍首」，後來立場發生改變，但英國政府仍主張處死全部「禍首」，遭到其他公使們的集體反對。最後薩道義只好代表英國政府提出妥協方案，雖仍堅持判處「禍首」死刑，並記錄在案，但可由清廷頒佈諭旨特赦，將他們改爲流放新疆。在懲辦「禍從」問題上，薩道義協助外交團擬定懲罰名單並向中方施壓，還私下與中方代表接觸，迫使中方接受英方要求。

賠款問題是庚子和談最重要的內容。薩道義在賠款原則、對中國財政狀況調查、對華索賠總額和付款截止期限、賠款償付方式和監督執行等問題的談判中都發揮了重要作用。

此外，薩道義還在撤軍、武器禁運、修改商約、清廷回鑾、停止科舉考試、改革總理衙門和公使覲見禮節等問題談判中也起了重要作用。

在參加八國聯軍出兵中國華北的同時，沙俄還藉口保護鐵路權益單獨出兵侵略中國滿洲（時稱滿洲），燒殺搶掠，無惡不作。圍繞交收滿洲問題，中俄之間舉行談判。出於各自在華利益的考量，英日美德等國家積極出面干涉中俄談判。以兩江總督劉坤一和湖廣總督爲首的中國東南部的「開明實力派」也極力勸阻清廷，並積極和各國政府及外交官聯繫，爭取外國支持。最後，清廷拒簽俄約，滿洲問題暫告一段落，但爲後來日俄矛盾激化並導致日俄戰爭埋下了伏筆。

綜合來看，薩道義在庚子和談中的表現既反映了英國政府和列強的在華利益、對華政策及其之間的矛盾和妥協，又反映了薩道義本人的對華認識和外交手腕。因此，對薩道義日記、信函的發掘整理和研究，將有助於進一步認識《辛丑條約》談判時的中國政局、中外關係史和 國際關係史。

謹以此文獻給我遠在天堂的爺爺，
也獻給我深愛的家人！

邊文鋒著《「東亞通」薩道義與庚子和談》序

　　說起 19 世紀末 20 世紀初「世紀之交」時期對中國影響較大的著名英國人，人們往往會列舉中國總稅務司赫德、傳教士李提摩太以及實際上是澳大利亞人的英國《泰晤士報》記者莫理循等人，有關他們的研究論文和著作相當多。然而，很少人會提到當時的英國駐華公使薩道義（Ernest Mason Satow，1843～1929），在中國史學刊物上甚至難以找到一篇專門研究薩道義的論文，更不用說專著了，許多人對這個名字都感到很陌生。其實，他是一個對近代英中關係和英日關係都十分重要的人物。他 1884～1889 年任英國駐暹羅（今泰國）總領事（後改稱公使），1895～1900 年任英國駐日本公使，1900～1906 年任英國駐華公使。而且他早在 1862 年就曾來過中國上海和北京，以後長期在日本工作，寫過大量有關日本和中國、朝鮮、泰國的著作和文章，是一個名副其實的「東亞通」，備受歐美和日本學術界關注和推崇。

　　至於 19 世紀與 20 世紀「世紀之交」影響中國歷史進程的重大事件，人們自然會列舉 1900 年的庚子事變（包括義和團運動、八國聯軍侵華戰爭和沙俄侵略中國東北）與庚子和談（包括中外《辛丑條約》談判和中俄滿洲問題談判）。有關庚子事變與庚子和談的經過和分析研究的中外論文著作也已經很多。但是關於庚子和談的一些鮮為人知的細節和內幕，以及在中外談判中居於舉足輕重地位的英國駐華公使薩道義的表現和作用，卻至今仍缺乏深入挖掘和梳理。

　　因此，可以說邊文鋒的這部由北大博士論文修改、補充和深化而成的著

作《「東亞通」薩道義與庚子和談》作了一項開拓性和創新性的研究，具有填補這段歷史研究中某些空白和薄弱環節的學術意義。

作者邊文鋒 2007 年考入北京大學歷史學系，在我指導下攻讀近現代中外關係史方向的博士學位。求學期間，他學習很刻苦勤奮，而且擔任歷史學系 07 級博士班班長工作也很認真負責。記得每次我上博士班的中國近代史研究課程時，他不僅課間主動幫我擦黑板和倒開水，而且課後還一直送我回到藍旗營公寓住處。當然，這一路上也是我們交流聊天和討論學術的好機會。他的博士論文選題也是經過我們反覆切磋商量後決定的。我曾對他說希望他能做一個前人很少研究過的課題或是一個史學界還不太熟悉的歷史人物。我們曾探討過若干題目，當他提到以前在中國人民大學清史研究所攻讀碩士學位時曾在所裡資料室看到過美國學者列森編撰的《日俄爭奪下的朝鮮和滿洲（1895～1904）》一書詳細介紹了鮮為人知的英國駐日和駐華公使薩道義的資料。他此前已對該書做了不少研究，我聽了也很感興趣，覺得這可能是一個國內學術界尚待深入挖掘的新課題，值得試一試。當然，作為博士論文題目開題的可行性條件還在於史料夠不夠支撐其研究，於是他開始了摸底和發掘史料的艱苦歷程，並為此積極做了一定的語言和知識上的儲備。除了各地圖書館和檔案館收藏的中國、英國、美國、日本和俄國的各種中外文檔案和有關文獻外，他還為此去過日本關西大學和俄羅斯聖彼得堡大學訪學和收集資料。特別是在日本埼玉縣女子短期大學宮澤真一教授的幫助下，看到了大量薩道義的日記稿本等珍貴原始資料，尤其是薩道義 1900～1906 年任英國駐華公使期間的日記簡直就是當年庚子和談的一部實錄（宮澤教授多年來致力於整理、編輯《薩道義日記》，由新加坡 Gale Asia 出版社分冊陸續出版，現已出版 6 冊），這為邊文鋒研究這個課題提供了紮實和創新的史料來源。

對於論文的框架結構，我們也再三推敲修改，從最初打算論述薩道義的一生集中到 19 世紀末 20 世紀初「世紀之交」的庚子和談，從庚子和談的全面論述再聚焦到懲凶、賠款等關鍵問題。通過薩道義的活動，書中揭示了庚子和談的種種內幕和細節，論述了談判過程中中外之間的種種周旋、角力和討價還價，以及列強政府之間、在華外交團內部的種種矛盾、爭執、妥協和博弈，有助於進一步深入認識 19 世紀末 20 世紀初庚子和談期間的中外關係、東北亞國際關係和晚清中國政局。在論文寫作過程中，由於我對學生論文要求比較嚴格，因此，從大學工科本科畢業的邊文鋒常感到壓力很大，但他仍

頑強刻苦努力，反覆修改，有時甚至將整個章節推倒重寫，在論述和文字上
也一再推敲修飾。爲此，他付出了艱苦的勞動，但「功夫不負有心人」，終於
在 2012 年 7 月完成了論文，並順利通過了畢業論文答辯，獲得了北大歷史學
博士學位。

　　邊文鋒畢業後來到人民日報社工作，由於本職工作很忙，只好在工作之
餘熬夜修改加工論文，尤其是又增補了第六章《薩道義與中俄滿洲問題談
判》，使全書內容更加充實全面。經過數年的打磨修改，終於完成了這部近 40
萬字的專著，並在我的推薦下，受到臺灣花木蘭文化事業有限公司的慧眼賞
識，將其列入該公司《古代歷史文化研究輯刊》系列，予以出版發行。此舉
能使其辛苦耕耘的學術成果在海峽兩岸以至國際學術界得到傳播共享，作爲
他的博士生導師，我感到十分欣喜，同時也祝願邊文鋒今後「百尺竿頭」繼
續努力，在薩道義研究和東北亞國際關係（史）研究領域作出更多成績。

北京大學歷史學系教授、博士生導師　王曉秋

2018 年 12 月 8 日

於北京大學藍旗營公寓史海遨遊齋

邊文鋒著《「東亞通」薩道義與庚子和談》序

王曉秋

目次

1869 年，薩道義攝於巴黎，時年 26 歲。

PORTRAIT OF THE RT. HON. SIR ERNEST SATOW, G.C.M.G.

中年時期的薩道義

緒　論

一、選題緣由

　　十九世紀末二十世紀初，由於在中日甲午戰爭中慘敗，中國面臨嚴重的民族危機，列強掀起了瓜分中國的狂潮。1899～1900 年，中國華北大地上爆發了聲勢浩大的義和團運動，矛頭直指外國侵略勢力〔註1〕，結果導致帝國主義發動八國聯軍（英國、日本、美國、法國、德國、沙俄、奧匈和意大利）侵華戰爭。以慈禧太后和光緒皇帝爲首的清廷被迫離開北京城，倉皇西逃。隨後，中國與列強開始長達一年之久的「庚子和談」，最終於 1901 年 9 月 7 日，清政府與十一個國家（除上述出兵八國外，還有西班牙、比利時與荷蘭等國）的全權代表簽署《辛丑條約》，這是中國近現代史上最爲喪權辱國的條約，雖未割地，但賠款數額之巨、條件之苛刻則前所未有，中國在半殖民地半封建社會的深淵裏越陷越深，中國人民更加處於水深火熱之中。

　　義和團運動、八國聯軍侵華和《辛丑條約》談判是中國近現代史上的幾個重大事件，歷來受到中外學術界高度關注，尤其是在長期革命史觀的影響下，中國學術界對其傾注大量注意力。雖然中外學術界對《辛丑條約》談判進行過較多研究，但中國學術界的研究大多偏重於運用中文材料，對外文檔案和文獻史料的挖掘和應用不夠充分。考慮到《辛丑條約》是中國與多達十一個國家所簽訂的條約，聯軍侵華行動也涉及八個國家，無論如何，在對《辛丑條約》談判進行研究時，外國檔案不能缺席，否則就無法釐清當時複雜的

〔註 1〕有關義和團運動的戰略意圖問題，學術界有較多爭論。有學者認爲義和團眞實目的是「反清滅洋」，但出於策略考慮，改爲「扶清滅洋」或「順清滅洋」，而有學者則認爲義和團的眞實目的就是反抗洋人侵略勢力。

中外關係和國際關係。

隨著時代發展和對外學術交流增多，中國學者學術視野越來越開闊，掌握的外語語種逐漸增多，相關的人文社會科學知識也更加完備。隨著外國檔案逐漸解密和開放，中國學者得以弄清越來越多的歷史真相，其中最為典型的代表是華東師範大學特聘教授相藍欣所著《義和團戰爭的起源》（上海華東師範大學出版社，2003年），相教授精通五六門外語，因此得以解讀各國檔案，該書出版後在國際上引起很大反響，有力推動了有關義和團運動時期的國際關係史研究。該書結論頗具顛覆性，作者認為引發義和團戰爭的主要原因是「中外雙方在交流方面的誤解和一系列由此引起的非常事件」〔註2〕。美國學者周錫瑞（Joseph W. Esherick）撰有專著《義和團運動的起源》（江蘇人民出版社，1995年）。此外，日本學者在該研究領域裏建樹頗豐，例如：佐藤公彥所著《义和团的起源及其运动》、小林一美所著《义和团战争と明治国家》（东京汲古书院，1986年）等，都值得關注。

外交談判是一門藝術，既考驗直接或間接談判者的綜合能力，更是各國綜合實力的較量，涉及軍事、政治、經濟和文化等多方面。近代中國積貧積弱，「弱國無外交」、「落後就要挨打」是中華民族從百年中國近代史中汲取的慘痛教訓。

「庚子和談」是近代中國外交面臨的嚴峻考驗之一。這是因為參加《辛丑條約》談判的各國公使多達十幾位，其中有些國家在談判期間還更換過公使（或代表）。參與過談判的外國公使（或代表）包括英國公使竇納樂（1900年10月25日離開）和薩道義（1900年10月20日抵達）、法國公使畢盛（1901年5月卸任）和鮑渥（1901年5月接任）、德國公使穆默、美國公使康格（1901年2月回國）和柔克義（1900年8月底任美國談判專使，1901年2月底接任駐華公使，至1901年9月回國）、日本公使西德二郎（1901年1月底卸任）和小村壽太郎（1901年1月底接任）、俄國公使格爾斯、意大利公使薩爾瓦葛、奧匈帝國公使齊幹、西班牙公使葛絡幹、比利時公使姚士登與荷蘭公使克羅伯。綜合來看，國內外學術界對上述歷史人物在庚子和談中表現的研究相對薄弱。儘管英國駐華公使（竇納樂和薩道義）並非駐華外交使團領袖，但由於英國仍是當時世界上數一數二的強國，英國在華商業利益最重，中國海關

〔註2〕相藍欣：《義和團戰爭的起源》，華東師範大學出版社，2003年12月第1版，第358頁。

外籍雇員中英國人占多數，且身居要職，英國在義和團運動中損失很大。因此，英國是《辛丑條約》談判中的重要主角之一，很有必要對英國公使及英國政府在《辛丑條約》談判中的角色進行詳細研究。英國學者楊國倫所著《英國對華政策（1895～1902）》是該領域裏的優秀成果，有助於讀者系統瞭解英國政府當時的外交政策。

以往中外學術研究主要是利用各國外交檔案，相對來說都刻板，看不出其中複雜的博弈過程及外交官的心路歷程。只有將當事人日記、信函和各國官方正式外交檔案結合起來，才能更好地理解當時複雜的中外關係和國際時局，揭開塵封多年的歷史內幕。

英國駐華公使薩道義（Sir Ernest Mason Satow，1843～1929）就是庚子和談時值得深入挖掘並研究的一位重要歷史人物。他數十年如一日，詳細記載著任職期間的所見所聞，為後世學者留下了寶貴的第一手資料。薩道義在庚子和談期間的日記十分詳細，此外，他還給其上司、同事和友人們寫了不少關於中國局勢的報告或信函，內含許多官方外交檔案中未曾記載的重要史實。結合薩道義日記、信函、外交公函和各國外交檔案，可以展現一個生動鮮活的英國外交官在那個特殊時期的職業經歷，也可以更好地瞭解英國當時的對華政策。

2005 年下半年，當我還在中國人民大學清史研究所攻讀中國近現代史專業碩士學位時，就像當年年輕的薩道義偶然間獲得一本記錄額爾金勳爵出使中國和日本情況的書籍，他如獲至寶，認真閱讀起來，從此與東方建立起難以割捨的緣分一樣，我偶然在清史所資料室找到一本由美國學者列森（George Alexander Lensen）編撰的《日俄爭奪下的朝鮮和滿洲（*1895～1904*）——來自英國駐日公使（*1895～1900*）和駐華公使（*1900～1906*）薩道義的觀察》〔註3〕，從此我對薩道義本人及其著作開始了長達十多年的學術研究，並將持續下去。該書詳細記載薩道義在擔任英國駐日公使和駐華公使期間，對列強激烈角逐的中國滿洲地區和朝鮮半島外交活動的觀察，而時間跨度正好涵蓋東北亞近現代史上三個重大國際事件：中日甲午戰爭（1894～1895）、義和團運動和八國聯軍侵華戰爭（1899～1901）和日俄戰爭（1904～1905）。這三大事件對中日俄三國近現代史和整個世界近現代史都具有重要意義。

〔註 3〕George Alexander Lensen: *Korea and Manchuria Between Russia and Japan (1895～1904)——The Observation of Sir Ernest Satow (British Minister Plenipotentiary to Japan (1895～1900) and China (1900～1906).* (Tokyo) Sophia University & the Diplomatic Press.1966 (reprinted in1968).

　　概言之，在甲午戰爭敗於日本，使中國進一步深陷半殖民地半封建社會的深淵，刺激了列強瓜分中國的狂潮，中國失去對朝鮮傳統宗主國的權益，也促使中國人民從「天朝上國」美夢徹底醒來；在甲午戰爭中戰勝中國，日本獲得巨額戰爭賠款和割讓臺灣及澎湖列島，一躍而成爲亞洲強國，刺激了其侵略擴張的野心，但由於俄法德「三國干涉還遼」，日本被迫「吐出」遼東半島，於是日本將矛頭指向沙俄，積極備戰，但由於勢單力薄，日本選擇與英國結盟，最後在日俄戰爭中戰勝沙俄，進而成爲世界強國，進一步刺激了其侵略擴張的野心，將矛頭指向了最強對手美國，最終慘敗；對於俄國來說，由於看到日本在中日甲午戰爭中的實力和野心，先是通過與法德等國聯合干涉，迫使日本吐出遼東半島，進而染指朝鮮半島和中國滿洲，同時修建西伯利亞大鐵路，但最終在日俄戰爭慘敗給日本，其波羅的海艦隊在對馬海峽被日本聯合艦隊全殲。這導致俄國境內危機四伏，爆發了 1905 年的未遂革命，也是 1917 年十月革命的預演。此後，無論是沙俄、蘇聯還是俄羅斯聯邦時代，都對當年敗給日本耿耿於懷，積極謀求復仇，成爲影響日俄關係的重要因素。從甲午戰爭到日俄戰爭的這十年，眞可謂塑造了近現代東北亞國際關係史發展的重要軌跡，至今仍有重要的借鑒意義，值得深入挖掘和研究。

　　薩道義既有專業學者的嚴謹，也有職業外交官的敏銳，他在這段時期的日記中詳細記載了各國外交官與駐在國（日本或中國）政府官員及社會各界之間頻繁而複雜的互動。該書是薩道義在擔任駐日和駐華公使期間所寫日記的摘錄部分，雖然不全，但能夠反映中國滿洲和朝鮮問題的概況。

　　其中，薩道義在庚子和談期間所寫日記、他與英國政府和各國政要之間頻繁往來的電報信函爲我們揭示了以往中外學術界很少瞭解的庚子和談詳細內幕。各國駐華公使之間各懷鬼胎，既有勾心鬥角，也有合作競爭，還有與中國談判代表團討價還價，這一切都反映了各國不同的在華利益考量。

　　作爲西方著名的外交官兼東方問題（尤其是日本問題）專家，薩道義在歐美及日本學術界享有盛名，甚至在俄羅斯〔註4〕也頗爲人關注，可謂名符其

〔註4〕2011 年 3 月 2 日至 5 月 31 日，作爲訪問學者，筆者前往俄羅斯聖彼得堡大學歷史系訪學，俄國指導教授告訴筆者，在前蘇聯時代，薩道義的日本研究成果作爲資產階級唯心派知識分子的代表受到廣泛批判，但在蘇聯解體後，俄羅斯學者們又開始重新評價薩道義的日本研究成果。當然，由於 20 世紀以來，英國力量勢微，俄國更看重以美國學者賴肖爾爲代表的美國日本學研究成果。

實的「東亞通」。但與日語和英語學術界形成鮮明對照的是，中國學術界除曾
將其外交學經典著作《外交實踐指南》（*A Guide to Diplomatic Practice*）〔註5〕
翻譯成中文外，對薩道義的其他著作則知之甚少，也缺乏對薩道義本人外交
行為和外交思想等方面的深入研究。檢索中國學術期刊網，也沒有發現一篇
關於薩道義的研究論文，更不用說中文出版的研究著作了，而中國國家圖書
館卻收藏有不少各國出版的研究薩道義本人及其著作的英日文著作。值得高
興的是，2017 年 7 月，有關薩道義系列著作的第二本中譯本終於出版了，薩
道義晚年所撰寫的名著《明治維新親歷記》（A Diplomat in Japan）由（上海）
文匯出版社出版，這是「西方知日第一書」，有助於瞭解「時代大變局下看日
本如何找出路」。〔註6〕

　　最近幾年，薩道義的日記、信件、公函和著作等在國外相繼被整理出版〔註
7〕，尤其是在日本學者宮澤眞一教授的努力下，薩道義一生所撰日記手稿得
以重新編輯出版，這反映了國際學術界對這位被譽為「西方日本學大家」的
學者型外交官的持續重視和興趣所在，可以預見將有更多相關研究成果出
現。2019 年是薩道義逝世 90 週年，據悉，國際學術界和相關國家政府將舉辦
盛大學術研討會紀念並深入研究這位著名的東方問題研究專家，以期推動東
西方文化的交融和理解。其實，關於薩道義的中文資料也不少，散見於《清
實錄》、《東華錄》、《清季外交史料》和《清光緒朝中日交涉史料》等歷史檔
案中，也散見於諸如李鴻章、張之洞、劉坤一、盛宣懷和榮祿等清末高官政
要的日記或文集當中。此外，日本方面的檔案、時人日記和文集當中也時有
記錄。我們應盡可能地綜合各種資料進行研究，既可以加深對薩道義外交活

〔註5〕（英）薩道義：《外交實踐指南》，中國人民外交學會編譯室譯，北京：世界
　　　　知識出版社，1959 年。

〔註6〕（英）薩道義著，譚媛媛譯：《明治維新親歷記》，文匯出版社，2017 年 7 月
　　　　第一版。

〔註7〕據筆者考察，最近幾年來英語學術界整理出版的薩道義的著作和日記主要
　　　　有：1.*The semi-official letters of British envoy Sir Ernest Satow from Japan and
　　　　China (1895～1906)*,edited by Ian Ruxton,published by Lulu press;2.*The diaries of
　　　　Sir Ernest Satow,British Envoy in Peking (1900～06)*, (volume one and two) edited
　　　　by Ian Ruxton,published by Lulu press;3.*The correspondence of Sir Ernest Satow,
　　　　British Minister in Japan,1895～1900*, edited by Ian Ruxton,published by Lulu
　　　　press;4.*The diaries and letters of Sir Ernest Mason Satow (1843～1929), a
　　　　scholar-diplomat in East Asia*,selected,edited and annotated by Ian C. Ruxton,
　　　　published by the Edwin Mellen press.

動和思想的瞭解，也可以管窺當時英國政府的東亞政策，更有助於深化對近代東亞國際關係史的研究。

綜其一生來看，薩道義與中國的淵源頗深。早在 1862 年 1 月至 8 月，他就曾作爲英國外交部實習翻譯生來中國上海和北京短暫生活和考察過，這段經歷雖然很短暫，但有助於他學習中文和體驗中國社會。他還考察了中國政局及對外關係，對北京和上海的地理狀況比較熟悉，這一切都有利於他後來在華開展外交工作，這也是他得以出任英國駐華公使之職的重要因素。在 38 年後的 1900 年夏秋之際，正是憑藉其早年來華經歷和多年來豐富的外交生涯，薩道義對中國局勢作出了相對理性客觀的分析，這在一定程度上有助於英國政府出臺相對理性的對華政策。

薩道義在日本生活和工作近三十年，期間雖未再次來華，但其工作性質決定了他與中國問題分不開。他多年來勤於寫日記，對 1874 年日本侵略臺灣事件及中日談判都有詳細記載，這是後世學者們研究該問題的重要參考資料。另外，他關心中日關係，曾多次認眞核對日本政府（送給英國駐日公使館參考）有關中日之間的外交照會，並將其翻譯成英文，供英國駐日公使館和英國政府高層決策。薩道義尤其關心中日之間有關琉球問題的交涉，曾先後於 1872、1879 和 1880 年寫過三篇有關琉球問題的文章，成爲後來學術界研究琉球問題和英國政府制定對琉球問題政策的重要參考資料。從這三篇文章中我們可以看出薩道義對中國和日本文化均頗有深刻理解，熟悉中日之間的交涉內幕。

在擔任英國駐日公使期間（1895～1900 年），薩道義與中國的關係也很密切，他基本上全程參與並見證了期間中日之間和中英之間的諸多重要外交談判。薩道義的日記和信函經常記載他與中國文人、外交官、政治家們之間的交往，通過仔細挖掘這些寶貴歷史資料，將有助於更好地理解當時的中外關係。

作爲薩道義擔任英國駐華公使期間（1900～1906 年）參與的第一個也是最重大的事件，庚子和談最終簽署了《辛丑條約》，各項條款上都被打上薩道義及英國政府的深刻烙印。英國當時仍是世界數一數二的強國，在中國擁有巨大商業利益，中國海關外籍雇員中英國人佔據多數，且大都身居要職。他們對中國各方面情況都很瞭解，因此能夠在庚子和談中佔據主動。薩道義在賠款、懲辦、觀見禮儀、清廷回鑾以及中俄滿洲談判等諸多問題上立場強硬，但也不乏變通讓步。因此有必要充分利用薩道義的日記、信函和各國外

交檔案等原始資料，系統而深入地研究薩道義及英國政府與庚子和談的關係，這有助於更好地認識《辛丑條約》的談判進程和內幕，深化對當時中外關係和國際局勢的理解。

二、學術史綜述

（一）有關薩道義本人及其論著的學術研究綜述〔註8〕

作爲英國的著名外交官兼東方問題研究學者，薩道義著述頗豐，並經歷和見證了東亞歷史上許多重大事件，因此，國際學術界對薩道義本人及其著作頗爲重視。

1843 年 6 月 30 日，薩道義出生於英國倫敦郊區的克萊普頓（Clapton），其父是瑞典商人，他於 1825 年由里加移民到英國，其母爲英國人。1861 年，年僅十八歲的薩道義畢業於倫敦大學學院（London University College），1862 年至 1883 年歷任英國駐日公使館實習翻譯及領事等職務，1884 年轉任英國駐曼谷總領事，不久出任公使，1889 年任駐烏拉圭公使，1893 年任駐摩洛哥公使，1895 年任駐日公使，1900 年任駐華公使，1906 年離開中國回國任職，曾短暫擔任海牙國際仲裁法庭（the Court of Arbitration at the Hague）的英方代表和第二屆海牙和平會議（the Second Peace Conference）的四名英方全權代表之一，1907 年退休，從此專心寫作和講學，1929 年在英國去世。

薩道義常駐日本近三十年，並在暹羅（今泰國）任職五年，後來還擔任英國駐華公使，這爲其從事東方問題研究提供了便利條件。其中，尤以日本問題研究頗有造詣，備受學界和政界推崇。綜合來看，薩道義的東方問題研究主要分爲以下四個階段：

第一階段：1862～1884 年，薩道義任英國駐日公使館中下級外交官。他以極大熱情投入對東方問題尤其是日本問題的研究，成就顯著，內容涵蓋政治、外交、軍事、歷史、地理、宗教和語言等諸多領域，他還參與創建日本亞洲協會（the Asiatic Society of Japan），並爲該協會撰寫了很多關於日本問題的研究論文。薩道義的很多研究成果都爲英國政府制定東亞政策奠定了堅實基礎〔註9〕，同時奠定了其西方日本問題研究先驅的地位。

〔註 8〕 日本學術界對薩道義及其著作的研究情況主要參考：（日）武內博 編著《来日西洋人名詞典》，日外アソシエ-ツ，1995 年。

〔註 9〕 最典型的是 1866 年發表《英國策論》，奠定了英國在幕末維新時期的對日政

　　第二階段：1884～1895 年，薩道義先後英國任駐曼谷總領事、英國駐烏拉圭公使和英國駐摩洛哥公使。他雖在遠離東北亞之地任職，但仍然關注東北亞問題，並撰寫了不少有關東方問題的論著。

　　第三階段：1895～1906 年，薩道義先後任英國駐日（1895～1900）和駐華公使（1900～1906）。他致力於繁忙的外交活動，著述雖不多，但豐富的外交實踐爲其以後的學術研究積累了第一手資料。

　　第四階段：1906～1929 年，薩道義卸任駐華公使之職回國，直至去世。他積極撰寫自己外交生涯的回憶錄，並結合自己多年外交實踐經驗，撰寫外交理論方面的著作。

　　作爲一位著名的外交家和學者，薩道義著述頗多。據不完全統計，自他首次被派駐日本（1862 年）至離世（1929 年）的六十餘年間，共撰寫日本問題研究的論著近五十部（篇），有關其他領域的研究也著述頗豐（**主要著作和論文目錄詳見附錄**）。

　　1862 年 9 月，薩道義離開中國前往日本後不久，在日本研究領域裏初試鋒芒是其對生麥事件及薩英戰爭與談判的詳細記載和研究，這是後世學者們在研究該問題時的重要參考資料。然而，薩道義眞正發表的第一篇論文是 1864 年在《北華捷報》上發表的文章，介紹因殺害兩名英國軍人而被處死的日本浪人的情況。

　　1865 年，根據自己親身參與的英美法荷四國聯合艦隊炮轟下關軍事行動經歷，並參考日方檔案記載，薩道義寫出《有關遠征下關行動的日方記錄》。

　　1866 年，薩道義發表《英國策論》，系統提出英國在幕末時期的對日政策，後來爲英國政府所採納，也引起日本學界、政界的高度關注。

　　薩道義在日本期間多次翻譯日本著名的歷史文獻，如：賴山陽所著《日本外史》等。薩道義還對日本神道文化有過較多研究，寫過《伊勢神宮》和《純神道的復活》等文章。他還就日本古代風俗寫過三篇論文，探討日本風

策的基礎：薩道義在 1872 年發表文章《琉球筆記》、1879 年 7 月和 1880 年 2 月又分別爲英國駐日公使館撰寫了兩篇有關中日琉球問題交涉的備忘錄，奠定了英國在此問題上的基本政策。詳見：*British documents on foreign affairs (Reports and papers from the foreign office confidential print)*. Part 1, Series E (Asia, 1860～1914), Volume 2 (Korea, the Ryukyu Islands, and the North-East Asia, 1875～1888), Maryland University Publications of America, 1993, p.62～68. & p.70～74.

俗的古今之別。此外，他還留下許多膾炙人口的日本各地遊記。

　　1906 年，薩道義卸任英國駐華公使之職後，回到英國專心寫作，這是他的思想成熟時期，爲後世留下許多經典著作。

　　1917 年，薩道義結合自己多年外交生涯，寫出一部國際關係理論史上的經典著作——《外交實踐指南》，這是他對國際關係研究領域做出的重大貢獻。

　　1921 年，薩道義根據其親身經歷寫出一部回憶錄《一位在日外交官》，詳細記錄了幕末明治時期日本與西方列強關係史。這是後世學者研究幕末和明治初期日本政局和東亞國際關係史的重要參考資料。

　　以下是日本學術界對薩道義及其著作研究的學術簡史，從中可以發現，日本學者對薩道義本人及其著述很感興趣，他們在薩道義 1929 年去世前即開始對其進行研究，迄今仍經久不衰。

1、對《英國策論》的研究

　　1866 年，年僅二十三歲的薩道義發表《英國策論》，系統闡述英國政府在日本幕末維新時期應該採取的方針政策，認爲英國應該支持維新派推翻幕府統治。該文發表後影響很大，受到英國政府及日本各界人士的密切關注，在很大程度上影響了英國政府的對日政策。因爲英國政府支持日本倒幕維新運動，所以在維新成功後，明治政府感謝英國政府的大力支持，英國在日本的利益得以保護和發展，也奠定了英國與日本近代以來良好關係的基礎。作爲初出茅廬的年輕人，薩道義能有此洞見，著實難能可貴。因此，日本學術界對這篇文章很關注，甚至考察該文的原始文本。

　　吉野作造：《サトウ著「英国策論」を紹介するに当たりて》，載《新旧時代》2（1），1926 年。

　　《英国策論》（サーアーネスト・サトウ），載《新旧時代 2（1）》，1926 年。

　　石井孝：《発見された「英国策論」の原文について》，載《日本歴史（149）》，1960 年。

　　広瀬靖子：《英国策論の原文掲載問題について》，載《日本歴史（161）》，1961 年 11 月。

2、對薩道義生平的整體研究

　　渡辺修二郎：《明治前後日本の事情に精通し国交及び学界に功労ありしアーネスト・サトウ氏》，載《明治文化発祥記念志》，大日本文明協会，1924

年。

新村出：《薩道先生景仰錄》，載《ぐろりあ・そさえて》，1929 年，ぐろりあ叢書 1。

《アーネスト・サト》（文学遺跡巡礼英学篇 32）（高橋靖子），載《学苑》9（7），1942 年 7 月。

福井文雄：《アーネスト・サトウについて》，載《朝日新聞》，1965 年 8 月 23 日。

牧一：《The Right Ron. Sir Ernest Satow の日本渡来について》，載《共立女子短期大学紀要 11》，1968 年 2 月。

玉井美枝子、高橋由美子：《アーネスト・サトウ》，載《近代文学研究叢書》31，昭和女子大学，1969 年。

外国人居留地比較研究グルプ：《アーネスト・サトウ》，載《外交時報 1144》，1977 年 4 月。

木村毅：《アーネスト・サトウの伝記》，載《日本古書通信 397》，1977 年 5 月。

B・M・アレン〔著〕《アーネスト・サトウ伝》，庄田元男訳，平凡社。

3、薩道義對基督教在日本傳播狀況的研究

薩道義是一位虔誠的基督徒，他對基督教在日本的傳教事業很關注，並在此基礎上形成了自己獨特的傳教觀點，這可以從他後來到中國處理因教案而引起的外交糾紛中得到驗證。

1888 年，薩道義最早是在任英國駐暹羅總領事任內撰寫並私自刊印《日本耶穌會刊行書志解說（The Jesuit Mission Press in Japan, 1591～1610）》，該書系統回顧了早期在日本傳教的耶穌會士們出版書籍情況。1899 年，該書正式出版，引起日本學術界高度重視。

村上直次郎：《日本耶穌會刊行書解題》，載《日本耶穌會刊行書志解說》，明治文化研究會編，警醒社書店，1926 年。

新村出：《南蛮文学研究の源泉》，載《日本耶穌会刊行書志解説》，明治文化研究会編，警醒社書店，1926 年。

石田幹之助：《サトウ氏の「日本耶穌会刊行書志」に就いて》，載《日本耶穌会刊行書志解説》，明治文化研究匯編，警醒社書店，1926 年。

石田幹之助：《南蛮研究に於けるサトウ氏の功績》，載《東京日日新聞》，

1929 年 8 月 31 日。

　　池田栄三郎、吉野作造編：《サトウ先生著述目録》，載《日本耶穌会刊行書志解説》，明治文化研究会編，警醒社書店，1926 年。

　　4、對薩道義著述整體情況的研究

　　（1）1921 年薩道義所撰寫有關其駐日生涯的回憶錄

　　田中萃一郎：《Sir Ernest Satow:A Diplomat in Japan》，載《史學》1（1），1935 年 10 月。

　　アーネスト・サトウ著，坂田精一　訳：《一外交官の見た明治维新》（上下），岩波書店，1960 年。

　　（2）薩道義對日本神道的研究

　　薩道義前後在日本生活和工作近三十年，對日本文化有深刻瞭解，尤其是其對日本神道的研究更是爲日本學者所關注。同時，日本學術界還比較薩道義同其他兩位西方著名日本問題研究學者阿斯頓（Aston）與張伯倫（Chamberlain）在此問題上觀點的異同。

　　橋本四郎：《英国人の神道研究—サートウとアストンとチュンバリン》，載《書物展望》6（3），1936 年 3 月。

　　アーネスト・サトウ〔著〕庄田元男編訳：《アーネスト・サトウ神道論》，平凡社。

　　（3）對薩道義回憶錄的研究

　　Bernald M.Allen: *The Rt.Hon.Sir Ernest Satow, G.C.M.G. a memoir*, London, K. Paul, Trench, Trubner, 1933.

　　渡边修太郎：《アーネスト・サトウの回想》，載《伝記》60（9），1943 年。

　　5、對薩道義在日本生活遺跡的研究

　　日本國內至今仍保存很多有關薩道義在日本生活和工作時的遺跡，這成爲日英關係史上的重要見證。薩道義特別喜歡日本的櫻花，他在英國駐日公使館前面栽種的一棵櫻花樹至今還存活著，筆者 2010 年 4 月曾應邀前往英國駐日大使館參加學術活動時，親眼見過這株櫻花樹。同時，也有不少日本學者對薩道義的這個特殊愛好進行研究。

　　木村毅：《アーネスト・サトウの遺片》，載《あんとろぼす》2，1946 年

8 月。

Tatsumaro Tezuka: *Sir Ernest Satow and Cherry Trees- Some Corners associated with Foreigners in Tokyo* III, Tokyo Municipal News 6(2), 1965.5.

6、從日本幕末維新時國際關係角度去探討薩道義與近代日本的關係

Gordon Daniels:*The British Role in the Meiji Restoration: a reinterpretive note*. Modern Asian Studies 2(4), 1968.

石井孝：（增訂）《明治维新の国際環境》，吉川弘文館，1973 年。

アーネスト・サトウ：《英使サトウ滯日見聞記維新日本外交秘録》，維新史料編纂事務局訳編，維新史料編纂事務局。

7、對薩道義在日本旅行經歷的研究

薩道義特別愛好旅行，他在駐日期間幾乎走遍了日本的山山水水，這既有利於加深他對日本國情的瞭解，也留下了很多膾炙人口的遊記，這成了後世學者們研究當時日本社會風俗的重要參考資料。

今井一良：《サトウと七尾──大阪行を共にした英国書記官ミットフォードの記録》，載《石川県郷土史学会志》4。

坂崎弥一郎：《アーネスト・サトウの能登加賀紀行》，載《石川県郷土史学会志》8，1975 年 12 月。

鈴木敏夫：《きりしたん坂とアーネスト・サトウ》，載《地志と歷史》8，1976 年 3 月。

アーネスト・サトウ編著，莊田元男訳：《明治日本旅行案内》（上、中、下巻），平凡社，1996 年。

アーネスト・サトウ〔著〕庄田元男訳：《日本旅行日記》，平凡社，1992 年。

アーネスト・サトウ編著，庄田元男訳：《明治日本旅行案内東京近郊編》，平凡社，2008 年。

8、對薩道義日記的研究

由於薩道義數十年如一日地堅持寫日記，他留下了數量龐大的個人資料，這成為後世學者研究幕末和明治時代的日本及東北亞國際關係史的重要參考資料，日本學者很早就開始對薩道義的日記進行研究，其中成就最大的當屬學者萩原延壽。他先後在《朝日新聞》上連載薩道義的日記，後又結集出版，成為很受讀者歡迎的流行讀物，他是日本學術界最早研究薩道義並取

得豐碩成果的學者之一。

　　廣瀨靖子：《西南戰爭雜抄》（上下），載《日本歷史》261，263，1970 年
2 月。

　　萩原延壽：《遠い崖─サトウ日記抄（第一部）》，載《朝日新聞》，1976
年 10 月 12 日～1982 年 4 月 9 日。

　　萩原延壽：《遠い崖─アーネスト・サトウ日記抄 1》，載《朝日新聞》，
1980 年。

　　以下是薩道義日記其他部分的名稱，均分別發表在後來《朝日新聞》上：
2、《薩英戰爭》；3、《英國策論》；4、《慶喜登場》；5、《外國交際》；6、《大
政奉還》；7、《江戶開城》；8、《帰國》；9、《岩倉使節団》；10、《大分裂》；
11、《北京交涉》；12、《賜暇》；13、《西南戰爭》；14、《離日》。

　　尤其值得指出的是，近年來，日本埼玉縣女子短期大學退休教授宮澤眞
一以一己之力，重新錄入、編輯和研究薩道義數十年來所寫日記的手稿，截
至 2018 年 10 月，《Diaries and Travel Journas of Ernest Satow （1861～1926）》
已經由 Gale Asia 出版社陸續出版了六冊，剩下數冊不久也即將完成。這些珍
貴的原始資料得以整理出版，是對 2019 年即將迎來逝世 90 週年的薩道義最
好的紀念，同時也將推動東西方文化的進一步交流與融合。

　　**相對日本學術界來說，歐美學術界對薩道義的研究顯得較爲薄弱，主要
代表有：**

　　1、*Early Japanology: Aston, Satow, Chamberlain,* Greeen press, Westport,
Connecticut, 1998.

　　該書詳細收錄了「西方日本學早期三大家」（阿斯頓、薩道義和張伯倫）
的著作並進行比較，可以讓讀者全面瞭解英國的日本學早期狀況。

　　2、イアン・C・ラックストン著，長岡祥三、関口英男訳：《アーネスト・
サトウの生涯：その日記と手紙より》，雄松堂出版，2003 年。

　　該書作者是薩道義日記整理者 Ian C.Ruxton，由日本學者譯成日文。由於
Ruxton 多年來系統整理薩道義的日記，所以對薩道義研究有深刻獨到的見
解，是薩道義研究領域的紮實著作。

（二）有關《辛丑條約》研究的學術史回顧

　　由於本書主要涉及義和團運動和《辛丑條約》談判時期的中外關係史，
所以筆者主要介紹相關領域的學術史回顧。義和團運動和義和團戰爭（八國

聯軍侵華）不僅是中國近代史上的重大事件，也深刻影響了世界近代史上的發展，所以備受國際學術界的重視，成果豐碩。

1、國際學術界對《辛丑條約》研究的成果

英國學者楊國倫（Leonard Kenneth Young）著有《英國對華政策（1895～1902）》。這是一本系統研究從 1895～1902 年間英國對華政策的專著，利用大量各國外交檔案及當事人的日記，尤其是英國外交部、殖民地部、海軍部、陸軍部、內閣及英國駐華使領館的檔案，也多次引用薩道義日記，具有較高學術性和可讀性，是筆者寫作本文時重點參考的著作。該書認為，從甲午戰爭到八國聯軍期間，中英兩國都處於重大轉折時期。英國開始積極參與列強在華勢力範圍的劃分，並開始放棄傳統的「光榮孤立」政策，試圖尋找盟友，終於在 1902 年締結「英日同盟」，這是英國對外政策的一次歷史性大變化。〔註10〕從英國對外政策的宏觀角度能夠更深入分析庚子和談的歷史背景。

值得注意的是，參與八國聯軍侵華行動的各國軍人和在華外交官們有很多人都留下信件、日記、回憶錄或研究著作，都為後世學者們進行研究提供了重要的原始資料。

最著名的莫過於聯軍統帥瓦德西所著《拳亂筆記》〔註11〕，從中我們能看到許多有關薩道義及英方行動的記載；英美兩國學者弗雷德里克·A·沙夫和彼得·哈林頓共同編著《1900 年：西方人的敘述——義和團運動親歷者的書信、日記和照片》〔註12〕，詳細記載了聯軍的軍事行動；英軍隨軍記者喬治·林奇（George Lynch）著有《文明的交鋒》（*The War of The Civilizations*），真可謂「一個『洋鬼子』的八國聯軍侵華實錄」〔註13〕；前法國海軍軍官皮埃爾·綠蒂（Pierre Lotti）著有《在北京最後的日子》，〔註14〕詳細記錄了法軍在華侵略和掠奪的情形，是帝國主義分子罪行的自供狀。

〔註10〕（英）楊國倫著《英國對華政策（1895～1902）》，劉存寬、張俊義 譯，中國社會科學出版社，1992 年，序言。

〔註11〕（德）瓦德西著，王光祈譯：《瓦德西拳亂筆記》，上海書店出版社，2000 年。

〔註12〕（美）弗雷德里克·A·沙夫和（英）彼得·哈林頓編著，顧明譯注：《1900 年：西方人的敘述——義和團運動親歷者的書信、日記和照片》，天津人民出版社，2010 年 1 月第 1 版。

〔註13〕（英）喬治·林奇著，（美）王錚、李國慶譯：《文明的交鋒》，國家圖書館出版社，2011 年 7 月第 1 版。

〔註14〕（法）皮埃爾·綠蒂（Pierre Lotti）著，馬利紅譯：《在北京最後的日子》，上海書店出版社，2006 年 9 月第 1 版。

值得一提的是，當時有許多隨軍記者用相機記錄下八國聯軍侵華時的情形，其中既有聯軍作戰的情形，也有當時中國民生百態，為我們提供了十分鮮活直觀的素材。由中國人權發展基金會和中國第一歷史檔案館共同主編的《外國人鏡頭中的八國聯軍：辛丑條約百年圖志 1900～1901》（*The eight-power allied forces through foreigners' camera an illustrated record of the protocol of 1901*）〔註 15〕就是其中的主要代表。

代表德國政府全程參與庚子和談的德國駐華公使阿爾方斯·馮·穆默（AlfonsvonMumm）所著《德國公使照片日記：1900~1902》於 2016 年 3 月由福建教育出版社翻譯出版，這是穆默於在職兩年間（1900 年 6 月至 1902 年 7 月）遊歷中國各地所攝制及收藏的私人照片集，共收錄照片 600 餘幅，大多攝製於庚子事變期間。該書對深入瞭解義和團運動及庚子和談期間的中國社會風貌及中外關係頗有幫助。

2、國內學術界對《辛丑條約》研究主要表現在以下幾方面：

（1）著作

陸玉芹著有《穿越歷史的忠奸之變——庚子事變中「五大臣」被殺研究》（中國社會科學出版社，2010 年 3 月第 1 版），該書運用傳統史學方法並結合政治學、戰爭學、國際法學和心理學等相關理論，將許景澄、袁昶、徐用儀、立山和聯元等五大臣被殺事件放在近代中國社會變遷大背景中，採取個案和群體結合、敘述和議論結合的方法，對五大臣被殺現象作細緻分析，並對五大臣行為作出客觀評價。本書為在民族危機嚴重的形勢下理性引導民眾的排外情緒，避免民族災難的發生提供了一個新視角。

央視《探索·發現》欄目編：《晚清秘史之庚子國變》（中國民主法制出版社，2006 年 2 月第 1 版）是配合中央電視臺《探索·發現》欄目而出版的解說詞，從嚴格意義上講並非學術著作。

程棟主編：《與列強開戰——大清帝國的最後一搏》（天津教育出版社，2005 年 7 月第 1 版），本書以圖文並茂形式勾勒義和團運動的興衰、八國聯軍侵華和《辛丑條約》談判的概況，有助於我們從宏觀上去把握這段歷史。

程歗和張鳴主編《十億白銀無量血——辛丑條約》〔註 16〕，這是一本普及歷史知識的優秀讀物。

〔註 15〕外文出版社，2001 年第一版。
〔註 16〕中國人民大學出版社，1992 年第一版。

此外，南開大學歷史學院教授李永勝在其北京大學歷史學系博士論文基礎上出版《清末中外修訂商約交涉研究》〔註17〕，該書也涉及《辛丑條約》談判時情形，有助於考察薩道義在其中所起的作用。

復旦大學歷史系教師戴海斌著有《晚清人物叢考》（上海三聯出版社，2018年 9 月出版），作者治學嚴謹，堅守自我，以「考據」把握晚清的「人物」，關心歷史中的「人」。書中涉及的很多人物形象在筆者本書中都有涉及，值得重點關注。

（三）論文

1、有關義和團運動研究的綜述

在義和團運動和庚子和談等重大歷史事件的「逢五」「逢十」年份，中國學術界一般都會召開學術研討會，同時也有學術史綜述性文章出爐，茲列舉典型文章如下：

劉天路、蘇衛智：《50 年來義和團研究述評》（載《文史哲》2003 年第 6 期），作者認為，建國以來義和團研究在很長時間主要圍繞著運動的性質及作用、是否反封建、是否構成中國近代史上的第二次革命高潮等問題展開討論。1980～1990 年代，隨著研究領域和拓展和學術話語的轉移，更具學術性的課題（如：義和團的組織源流、思想文化、宗教信仰、社會背景等內容）日益受到學者的關注。研究範圍擴至華北遊民、民間結社、教民心態、鄉村社會、社區精英和基層控制等領域。

王學典：《語境、政治和歷史：義和團運動評價 50 年》（載《史學月刊》2001 年第 3 期），作者認為百年來，占支配地位的對義和團的評價意見，主要不是來自學術本身，而是源於對中國現狀和未來走向的觀察和判斷，並指出了 20 世紀人們據以言說義和團的語境經過以下四次變遷：從五四時期的啟蒙語境、1920～1940 年代的反帝國主義救亡語境、1950～1960 年代的反西方冷戰語境、1980 年代的反封建新啟蒙語境，再到 1990 年代的反激進新保守主義語境等。

程歡、趙樹好：《義和團百年研究回眸》（載《教學與研究》2000 年第 5 期），作者認為，義和團百年研究經歷了一個同歷史並進的發展過程。在中國近代史上，很少有歷史事件像義和團這樣引起過如此長期眾說紛紜的討論，諸如義和團的起源、政治口號、思想意識和社會心態、義和團與清政府的關

〔註17〕北京大學學位論文（未刊）。

係、義和團的歷史地位等，一直是中外學術界爭論不休的話題。隨著時代發展和研究方法的改進，討論呈現出逐漸深化的態勢。

陶飛亞、趙美慶：《義和團運動與義和團戰爭學術論證會綜述》（載《上海大學學報（社會科學版）2009 年第 4 期》），文章介紹了 2008 年 11 月 8～9 日中國義和團研究會和上海大學歷史系聯合主辦「義和團運動與義和團戰爭學術論證會」的情況。全國各界 20 餘位專家學者就義和團運動與義和團運動研究中「如何深入開展義和團研究」、「義和團運動 110 周年國際學術討論會的主題和議題」等諸多問題進行了熱烈討論。

黎仁凱：《建國以來義和團時期中外關係研究述評》（載《近代中國與世界（第三卷），社會科學文獻出版社，2005 年》），作者認為，認真回顧和思索建國 50 年來的研究歷程，雖取得不少成績，但研究還存有薄弱環節，老問題研究不夠充分，缺乏理論概括，新的開拓也嫌不足，研究方法有些簡單化，資料的搜集整體尚不能完全適應學術研究的需要等。值得一提的是，作者還特意分析了就中俄滿洲問題談判這一歷史事件研究的不足之處，對本書寫作有一定的借鑒意義。

南京政治學院歷史系學員吳瓊與徐暉聯合撰寫《近十年來關於義和團運動若干問題研究綜述》（載《吉林大學社會科學學報》2000 年第 5 期），作者認為，1990 年代，中外學術界針對義和團運動的性質、起迄時間、階段劃分和影響作用、該時期外國對華政策等方面的探討尤為集中深入。

孟祥才、傅崇蘭：《三十年來我國義和團研究述評》（載《齊魯學刊》1980 年），作者認為，1949～1980 年這三十年來的義和團研究大體歷經三個階段：從 1949 年至 1965 年，是義和團研究深入發展並取得豐碩結果的階段，基本上掃蕩了帝國主義和地主資產階級在義和團問題上製造的重重迷霧，恢復了義和團運動作為中國人民反帝愛國運動的本來面目；從 1966 年至 1976 年，是義和團運動研究遭到林彪、「四人幫」及其走卒瘋狂破壞的時期，「隱射史學」橫行；從 1976 年後，在「雙百」方針指引下，相關史學研究逐漸走向正軌。

山東師範大學歷史系孫占元：《十年來義和團運動研究述評》（載《山東社會科學（雙月刊）》1990 年第 3 期），作者系統回顧了改革開放後十餘年來，學術界對義和團的源流、對義和團「扶清滅洋」口號的評價、義和團與清政府的關係、八國聯軍侵華時清政府內部主戰主和與愛國賣國的關係、義和團的局限性及性質等問題的研究情況。

　　路遙：《義和團運動述評》（載《近代史研究》1982 年第 2 期），作者認為，建國以來，廣大史學工作者對義和團運動進行了大量的研究，取得了顯著的成績。他們糾正了過去國內外資產階級學者對義和團所施加的種種誣衊，恢復了它的本來面目。但為了反對那種否定農民鬥爭在歷史上起積極作用的論調，在充分肯定義和團運動時，卻忽視了對其落後性的考察，因而對義和團評價有過「拔高」傾向。文革十年給義和團研究帶來嚴重干擾，但並未產生深遠影響，史學界對義和團評價的分歧仍是建國以來爭論的繼續。自 1978 年中共十一屆三中全會後，義和團研究中出現了許多新課題。

　　耿向陽：《西方義和團研究述評》（山東大學碩士學位論文，2008 年），在對西方義和團運動研究做出比較詳盡的述評後，作者認為，西方學者研究中國史，應注重運用中文史料，從事件發生當時當地的實際情況出發，去探究與事件有關的中國內部綜合因素，探究事件在中國內部的發展變化和影響。文章有助於我們更好地把握國際學術界的相關研究動態。

2、八國聯軍與《辛丑條約》談判

　　國內學術界對八國聯軍與《辛丑條約》談判之間關係的研究比較多，有學者從戰爭和軍事角度出發，分析清軍抗擊八國聯軍入侵時的作戰情況；有學者從國際法角度來考察庚子和談；有學者考察八國聯軍時教案交涉情況。

　　李嘉穀在《〈辛丑條約〉與沙俄帝國主義》〔註 18〕一文中詳細考察了沙俄在義和團運動時期對中國人民所犯下的滔天罪行；魏宏運、王黎兩位學者在對天津等地實地考察後撰寫《沙俄是八國聯軍侵華的元兇》〔註 19〕一文，指出沙俄對華侵略野心最大，造成傷害也最深。

　　杜春和《從〈榮祿存札〉看〈辛丑條約〉的簽訂》〔註 20〕指出，榮祿在《辛丑條約》談判過程中起了重要作用，全國許多大小官吏，特別是其親信爪牙，事無鉅細都向他稟報或密陳，積累了大批函札。這些函札多已散失，中國社科院近代史研究所收藏有部分《榮祿存札》共三十二冊，大都是《辛丑條約》簽訂前後的各方來函，對研究帝國主義侵略者強迫中國簽訂《辛丑條約》的過程及其對中國政治經濟的危害和人民群眾的反抗鬥爭等都提供了不少原始資料。作者因參加整理該存札，得以先睹為快。

〔註 18〕載《社會科學戰線》，1978 年第 4 期。
〔註 19〕載《南開學報》，1980 年第 4 期。
〔註 20〕載《歷史檔案》，1984 年第 4 期。

　　廖菲《八國聯軍設立的天津都統衙門》〔註 21〕探討了八國聯軍侵華時期
在天津成立的傀儡政權——都統衙門的存廢始末，其中，俄國起了主導作用；
季雲飛《也評反對八國聯軍戰爭中的主和派與主戰派》〔註 22〕則探討了八國
聯軍侵華時期主張對外友好而被處死的六位清政府大臣與強硬主戰的英年、
趙舒翹等人之間的關係；張海鵬在《試論辛丑議和中有關國際法的幾個問題》
〔註 23〕中探討了義和團運動期間諸如圍攻公使館、殺害外國公使、懲辦禍首
等問題的國際法意義；蘇衛智《八國聯軍沒有始終如一的主謀》〔註 24〕，認
為在八國聯軍侵華過程中，其實各國之間矛盾很多，並體現在軍事領域，這
在一定程度上影響和掣肘了聯軍軍事行動的效果；李岫《〈辛丑條約〉與晚清
外使覲見》〔註 25〕分析了庚子和談時列強在改革公使覲見禮儀問題上的立場
和中方態度，但未涉及薩道義在其中的角色問題。

　　此外，趙春晨《論八國聯軍侵華戰爭的若干特點》〔註 26〕、林華國《有
關八國聯軍戰爭的幾個問題》〔註 27〕、劉恩格和邢麗雅《八國聯軍入侵後的
反洋教鬥爭》〔註 28〕等文章也推動了有關對八國聯軍侵華問題的研究。

　　山東大學歷史學院教授兼圖書館館長、中國義和團運動研究會副秘書長
蘇衛智《試論八國聯軍對直晉邊境的侵犯》〔註 29〕一文認為，八國聯軍侵華
戰爭的軍事活動基本集中於順直地區，對河北省的侵略主要分佈在冀東北、
冀西北和冀中南三個方面。對冀中南的侵略包括保定府及其周圍地區、沿運
河地區和直晉邊境三部分，本文僅涉及直晉邊境。聯軍對直晉邊境的侵犯，
從地點上看，主要集中在北、中、南三個方向；從時間上看，大體可分為前、
中、後三個階段。他的另一篇論文《八國聯軍統帥及各國司令官史實補正》〔註
30〕糾正了對八國聯軍研究的一些史實錯誤。

　　陳少英：《「八國聯軍」侵華戰爭與〈辛丑條約〉——中國近代國恥備忘

〔註21〕載《歷史教學》，1984 年第 6 期。
〔註22〕載《江海學刊》，1990 年第 2 期。
〔註23〕載《近代史研究》，1990 年第 6 期。
〔註24〕載《文史哲》，1991 年第 1 期。
〔註25〕載《北方論叢》，1991 年第 2 期。
〔註26〕載《歷史教學》，1997 年第 2 期。
〔註27〕載《清史研究》，2000 年第 4 期。
〔註28〕載《北方論叢》，1988 年第 1 期。
〔註29〕載《河北大學學報（哲學社會科學版）》，1992 年第 1 期。
〔註30〕載《河北大學學報》，1997 年第 1 期。

錄之八》（載《中華魂》2002 年 12 月），這是一篇普及歷史知識的文章。

3、列強對華政策整體研究

《英國藍皮書有關義和團運動資料選譯》是研究薩道義及英國政府對華政策的重要資料，該書譯者胡濱撰寫《義和團運動期間帝國主義列強在華的矛盾和鬥爭》〔註31〕一文，對義和團運動時列強在華利益紛爭進行詳盡解析。

張玉芬《論義和團運動時期帝國主義的對華政策》〔註32〕一文介紹了各國在十九世紀末二十世紀初採取的對華政策，一種是「利益均霑」，一種是劃分勢力範圍的部分佔有政策，並分析了列強在對華政策上的矛盾和衝突。

崔丕《義和團運動前後帝國主義列強侵華政策的再認識》〔註33〕及李宏生《義和團運動與國際公正輿論》〔註34〕等文章都對當時的宏觀政策背景有所涉及。

楊宏浩：《試析 19 世紀末帝國主義列強侵華方式和類型》（載《攀枝花學院學報》2012 年 8 月 15 日）。

吳文燦：《義和團運動時，攻陷北京的是英、美、德、日、法、俄、奧、意八國，為什麼以後簽訂辛丑條約時又加上了比、西、荷三國？它們根據什麼理由也來中國分贓？》（載《史學月刊》1957 年 1 月 21 日），本文標題超長，內容有助於普及歷史知識。

黃文德：《北京外交團的發展及其以條約利益為主體的運作》（載《歷史研究》2005 年第 3 期），指出從 1860 年代中期到 1920 年代後期，北京外交團的政治力量常受其成員團組成變動、國際情勢、各國勢力範圍和各國對華條約利益關係等因素影響，很少達到完全「全體一致」。

張曉宇：《庚子事變後「懲凶」問題的國際法分析》（載《暨南學報（哲學社會科學版）》2015 年第 4 期），指出列強以國際法原則之名行壓制清廷之實，其對中國法律的「尊重」和「援引」是技術性的利用。清政府引用的國際法詞彙很泛化，對公使團抗議無力。

4、列強對華政策的國別研究

國內學術界對列強對華政策的研究，基本涵蓋參與八國聯軍及庚子和談的

〔註31〕 載《山東師院學報》，1980 年第 5 期。
〔註32〕 載《遼寧師院學報》1983 年第 4 期。
〔註33〕 載《東北師大學報》，1985 年第 6 期。
〔註34〕 載《山東師大學報》，1992 年第 1 期。

主要六個強國（英、美、日、法、德、俄），尤其是對俄美兩國在義和團運動期間的對華關係研究很多。至於另外兩個微不足道的出兵國家（意大利、奧匈帝國）的對華政策，中國學術界對它們的研究迄今仍爲空白。以下分國別述之。

【關於日本】王魁喜《義和團運動時期日本的侵華政策》〔註35〕一文指出，日本借鎮壓義和團運動之名向中國大量增派侵略軍，其侵略意圖引起其他列強及清政府內洋務派官僚的不滿。

華東師大歷史系易惠莉撰文《晚清日本外交官在華的多方活動（1898～1901）——小田切萬壽之助致盛宣懷函解讀》（載《近代中國》2012年第1期）。作者解讀1898年至1901年期間日本駐上海總領事小田切萬壽之助致盛宣懷的五封函稿，是那一時期中日兩國關係演變進程之重要見證。這些函稿既反映小田切在滬的活動已遠超作爲領事的工作職能和範圍，預示今後他在日中外交關係領域的能量，又反映盛宣懷涉足清廷最高層的政治。

【關於沙俄】李節傳《俄國對義和團的初期政策》〔註36〕一文指出，俄國早期對義和團運動實行有限干涉政策與其實際行動相距甚遠，因爲俄軍始終站在鎮壓行動的最前哨。同時指出：1900年俄國從其東西方外交總戰略出發，對義和團運動實行有限干涉政策，不謀求侵華聯軍的領導權，不當主角，以保持「行動自由」。不過，儘管俄國這個政策制定較早，眞正付諸實施卻在1900年7月4日以後。在此之前，即八國聯軍在天津時期，俄國實際行動卻與官方政策相距甚遠，俄軍幾乎始終站在鎮壓義和團運動的最前哨，成爲侵略天津的元兇。

董志勇《甲午戰後十年清政府的對俄政策》〔註37〕一文則系統探討從1895～1905年間清政府與俄國之間非常複雜的關係；宋秀元《義和團時期沙俄對我國東三省的侵略》〔註38〕一文以清軍機處檔案爲根據，揭露沙俄在夥同八國聯軍入侵中國的同時又大肆出兵侵佔東北三省的罪行。

【關於德國】丁名楠《德國與義和團運動》〔註39〕一文指出，德國是侵華戰爭積極參與者之一，其陸軍元帥瓦德西擔任聯軍總司令，無數愛國同胞死於侵略軍屠刀之下。德國還夥同其他帝國主義向中國勒索巨額賠款，留下

〔註35〕載《東北師大學報》，1987年第2期。
〔註36〕載《河北師範大學學報》，1988年第4期。
〔註37〕載《西北歷史資料》，1981年第2期。
〔註38〕載《歷史檔案》，1982年第2期。
〔註39〕載《近代史研究》，1990年第6期。

極不光采的記錄。

【關於美國】夏保成《義和團與美國對華政策》〔註 40〕一文指出，美國在義和團前後的對華外交政策是關心美國在華利益，但又不希望過深捲入中國事務，提出「門戶開放」政策，力圖攫取更多商業利益；王曉青《義和團運動時期美國對華政策新探》〔註 41〕一文認爲，19 世紀後期，美國出於經濟利益的需求，追隨英國外交政策，提出「門戶開放」的對華政策，而庚子和談時期美國的表現也是其對華政策的體現；韓國學者金希教《義和團運動與美國對華政策》〔註 42〕一文認爲，大致在義和團運動時期，帝國主義列強開始在形式上強調「保全中國的領土和主權的完整」。這一措辭與鴉片戰爭以來列強堅持要求取得並擴大租借地和勢力範圍的舊擴張方式有所不同。美國則是這一改變的主要代表，其「門戶開放」政策非常鮮明地成爲新的帝國主義擴張方式的集中表現。

【關於英國】劉志義《論義和團時期英國的對華政策》〔註 43〕一文認爲，英國在義和團運動及庚子和談期間的政策爲其後對中國進行大規模的經濟侵略打通道路。文中也提到了薩道義在此過程中施展種種手法，使英國大部分要求得以實現。

江天岳：《英、法艦隊與清末變局——以對義和團運動和辛亥革命的干預爲例》（載《江海學刊》2016 年第 3 期），從軍事角度探討英法兩國在庚子和談中的角色有一定的參考價值。

安徽大學張茜茜同學的碩士論文《1899～1901 年英國對華政策》（2014 年）也涉及本書的研究內容，可資參考。

【關於法國】葛夫平撰有《論義和團運動時期的法國對華外交》〔註 44〕一文，難能可貴的是，該文利用了法國外交檔案探討法國在八國聯軍及庚子和談中的作用，指出在義和團運動時，雖然法俄有同盟關係，法國在某些問題上與俄國保持一致，但其對華政策並不完全被法俄同盟所左右，而是把維護列強的聯合一致置於對華外交的最優先地位。

邵興國：《法國與義和團運動》（西南交通大學碩士論文，2007 年 10 月），

〔註40〕 載《吉林大學學報》，1992 年第 3 期。
〔註41〕 載《歷史教學》，1993 年第 1 期。
〔註42〕 載《近代史研究》，1998 年第 4 期。
〔註43〕 載《東嶽論叢》，1994 年第 3 期。
〔註44〕 載《近代史研究》，2000 年第 2 期。

這是有關法國對華政策研究的新成果，但作者似乎並未完全掌握相關研究的最新進展，也未能很好地利用法方資料。

5、對義和團、庚子和談與清政府之間關係的研究

該領域研究成果頗豐，分別有：

林華國：《庚子宣戰與「假照會」關係考辯》〔註45〕，針對惲毓鼎在庚子年間關於宣戰的說法，作者利用《景善日記》、（袁昶）《亂中日記殘稿》、（吳永）《庚子西狩叢談》等書進行考辯，認為惲毓鼎是一個懼外媚外甚至以充當漢奸為榮的人物，他不可能對這場尖銳複雜的中外衝突作出客觀的、符合實際的反映。

劉聖宜：《淺論庚子事變肇禍諸臣》，作者將諸位「禍首」分為謀竊神器的守舊派，意氣用事的排外者，愚弄群眾的陰謀家等三類，他們並非「愛國」〔註46〕。

歐陽躍峰：《清朝頑固派與義和團運動的興起》〔註47〕，作者認為，在義和團運動興起階段，掌握著中央政權和山東、直隸等省地方政權的清廷頑固派基本實行了「剿撫兼施，以撫為主」的政策。

安靜波：《也評庚子宣戰》〔註48〕，作者認為，慈禧所謂「一決雌雄，大張撻伐」，完全是對列強干預她廢帝立儲「一時動氣」的衝動，而其所謂主張也完全是置國家、民族利益於不顧的一場政治鬧劇，給中華民族帶來空前浩劫。

關於「乙亥建儲」問題的研究成果很多，分別有北京大學歷史學系教授郭衛東：《「乙亥建儲」若干問題考析》〔註49〕、《光緒帝位危機與外國干預》（載《故宮博物院院刊》1993 年）；吳仁安：《晚清光緒季年的「乙亥建儲」醜劇和愛新覺羅・溥儁的「大阿哥」之「立」與「廢」》（載《江南大學學報（人文社會科學版）》2014 年第 1 期）；孫昉、孫向群：《乙亥建儲與晚清政治危機》（載《北方論叢》2009 年第 5 期）；徐松榮：《論乙亥建儲與義和團運動》（載《求索》2001 年第 1 期）；李成甲、魏均：《從「乙亥建儲」看慈禧的對外宣戰》（載《唐都學刊》1996 年第 1 期）；張禮恒《乙亥建儲評析》（載《聊城師範學院學報（哲學社會科學版）》1990 年第 3 期）等，在此不一列舉。

〔註45〕　載《北京大學學報》，1987 年第 2 期。
〔註46〕　載《華南師範大學學報》，1987 年第 3 期。
〔註47〕　載《安徽師大學報》，1987 年第 4 期。
〔註48〕　載《湘潭大學學報》，1990 年第 1 期。
〔註49〕　載《浙江學刊》，1990 年第 5 期。

郭衛東：《「乙亥建儲」若干問題考析》〔註50〕。

李德徵：《清政府在義和團時期的人事變動》〔註51〕，作者認爲，庚子後晚清政局的發展趨向如下：第一，滿族親貴革職的多，被殺的多，殉節的多，實力大損。而漢族官員升轉晉級的多，由外官調進中央的多，實力大增；第二，慈禧爲了鞏固皇族權勢，決心借推行新政爲名改革官制；第三，慈禧在庚子後不管是舊職官的留用，還是新職官的任命，又都以絕對忠誠於自己和取悅列強爲原則。

值得注意的是，筆者在薩道義日記及信函中經常可以發現，李鴻章與薩道義等外交使節聯動，干涉或推動清廷的人事安排，詳見正文。

黎人凱、邊翠麗：《義和團運動興起發展時期的直隸地方官》〔註52〕；邊翠麗：《義和團運動後期的直隸地方官》〔註53〕和邊翠麗：《義和團運動高潮時期的直隸地方官》〔註54〕。這是河北大學馬列部教師對義和團運動時期河北政局及人事變動的系列考察文章，其中涉及直隸布政使廷雍之死這一歷史事件，對拙著有一定的借鑒和參考價值。

俞大華：《東直督撫與義和團運動的興起》〔註55〕。

王守謙、張明水：《赫德：〈辛丑條約〉簽訂的幕後操刀手》（載《尋根》2012 年 12 月 10 日）

吳劍傑：《張之洞與〈辛丑條約〉簽訂後的商約談判──以「裁釐加稅」爲例》（載《中國經濟與社會史評論》2012 年第 1 期）

李欣霏：《李鴻章在〈辛丑條約〉談判前滯留在滬原因初探》（載《長春師範學院學報》2004 年第 23 卷第 5 期）

鍾康模：《張之洞在〈辛丑條約〉開議前後的言行評析》（載《歷史教學》1987 年 5 月 1 日）

蔡晨：《1900 年清政府圍攻東交民巷使館事件》（載《北京檔案》2018 年第 5 期）

劉宏：《清廷守舊派對義和團迷信的認可與利用》（載《河北學刊》2012

〔註50〕載《浙江學刊》，1990 年第 5 期。
〔註51〕載《近代史研究》，1991 年第 2 期。
〔註52〕載《河北大學學報》，1993 年第 1 期。
〔註53〕載《河北大學學報》，1999 年第 1 期。
〔註54〕載《歷史教學》，1999 年第 4 期。
〔註55〕載《清史研究》，2000 年第 4 期。

年第 1 期）

　　劉芳：《核心與外圍：「東南互保」的範圍探析》（載《江蘇社會科學》2016
年第 4 期）

　　復旦大學歷史系青年教師戴海斌近年來深耕晚清政治史和外交史，成就
頗豐。他撰文《〈辛丑條約〉談判前後的中方「全權」問題》（載《歷史研究》
2018 年第 4 期），奕劻、李鴻章作爲清政府授命的「全權大臣」，是對議定《辛
丑條約》直接負責的外交代表。「全權」並非義和團運動後產生的新問題，其
產生過程與戰爭性質、戰時交涉情勢以及中樞和地方關係的變動密不可分。
作者認爲庚辛之際的「全權」問題，牽動清朝內政、外交多方面的變化，這
些變化也影響到歷史長遠走勢。

　　他的另一篇文章《庚子事變期間的「南」與「北」——從南北函電往來
看奕劻、榮祿的政治作用》（載《歷史教學問題》2018 年第 1 期）。作者通過
梳理南北函電往來的相關文獻，特別是「虎城密電」等關鍵文本的考證分析，
可從東南視角觀察奕劻、榮祿的政治作用，對當時複雜的南北關係有所理解，
同時證明孔祥吉先生關於「奕劻在義和團運動中的廬山眞面目」的論說存在
誤讀。此外，他還撰有《〈辛丑條約〉議定過程中的一個關節問題——從「懲
董」交涉看清政府內部多種力量的互動》（載《北方民族大學學報（哲學社會
科學版）》2012 年第 1 期）。

　　西南大學歷史學院王剛《從樞臣、全權大臣、東南督撫的互動看〈辛丑
條約〉的形成》（載《歷史教學（下半月刊）》2017 年第 11 期），庚辛議和時
期，清政府的政務程序十分特殊，行在朝廷、全權大臣與東南的劉、張二督
之間形成三角政治。作者認爲《辛丑條約》之所以代價巨大，三方關係不協
是重要原因。

　　朱英、唐論撰文《奕劻與庚辛議和》（載《史學集刊》2017 年第 5 期）指
出：在庚辛議和過程中，奕劻因西人所重而得以與李鴻章同列全權大臣，以
宗室懿親臨危受命，馳赴京師，整頓京師秩序，晤商各國公使，籌備議和。
在議和交涉中，西人挾勢凌壓，使全權大臣並無多少斡旋餘地。雖然大局難
挽，但關係宗社安危，心餘力絀的奕劻仍在「懲凶」、「賠款」等條目上有所
爭取，尤其是在中俄專約問題上，更是力陳己見。作者認爲，縱觀奕劻在議
和中的表現，雖無可圈可點之處，但也堪稱歷任其難，始終以維護宗廟社稷、
祖宗基業爲宗旨。

　　上海社科院歷史研究所的徐鋒華撰文《中外激盪下李鴻章的北上心態與庚子政情》（載《社會科學》2016 年第 12 期）指出：1900 年春夏，由北方義和團事起演變出朝野紛爭、中外激盪之危局，民族危亡將遠放南國邊陲、處於政治邊緣的李鴻章再次推向歷史前臺，成為中外停戰和談的焦點人物。隨著形勢變化，李鴻章的北上心態也幾經起伏。

　　河北師範大學歷史文化學院董叢林撰文《「東南互保」相關事局論斷》（載《晉陽學刊》2018 年第 2 期）指出：「東南互保」清朝方面的涉局人員中角色狀況頗為複雜，作者從策謀、主持、加盟等基本類別予以揭示和分析，展現其結構狀況。「互保」之事的過程亦頗曲折微妙，有基本成局，相關約章卻呈「原則議定」而無「簽署」的特別情狀。劉坤一、張之洞是局內共同決策、主持的大員，其職分條件和作用上亦有細微差別，而李鴻章、袁世凱就此局而言只是「加盟」者，但在其中乃至更大局面上有著各自的特殊角色，發揮著他人無法替代的作用。「東南互保」成為抗衡清廷撫用義和團、對外開戰的一種應對時局的「模式」，這在當時清方的政治格局中特別凸顯，是只能存在於特定情勢下的一種政治景觀，但又直接牽繫著政治格局的後續演變。

　　北京大學歷史學系講師韓策撰文《行在朝廷·全權大臣·東南督撫：辛丑議和與清廷「三角政治」》（載《國家人文歷史》2016 年第 11 期）。1901 年 12 月 8 日，河南省城開封吸引著四面八方的目光。慈禧太后與光緒皇帝從西安回鑾的車隊已在此停歇 25 天。不久前，經過近一年的馬拉松式談判，清政府終與列強簽訂了屈辱的《辛丑條約》。此刻，兩宮準備起駕還京，雖然前路仍然布滿荊棘，但相比於去年倉皇西狩的狼狽相，已經從容太多。這天，慈禧太后通過光緒皇帝特發懿旨一道，為一年來使大清國轉危為安的大臣們「論功行賞」，榮登懋賞之列的 7 位都是響噹噹的人物。

　　魯東大學歷史文化學院嚴永嘩撰文《論李鴻章的外交思想》（載《開封教育學院學報》2018 年第 8 期）。李鴻章作為清政府的封疆大吏和洋務運動的倡導者，為維護清政府的利益，他提出並努力踐行著「外須和戎，內須變法」的思想。其中，「外須和戎」的外交戰略旨在將國家的損失降到最低，並為「內須變法」創造較為良好的外部條件。「外須和戎，內須變法」思想對當時的政治、經濟、文化、軍事等方面都產生了很大影響，也為當代中國外交政策的制定提供了一定的啟示。

呂曉青、艾虹撰文《度勢量力：〈辛丑條約〉談判前李鴻章心路歷程研究》（載《唐山師範學院學報》2014 年第 6 期）。《辛丑條約》的主要談判代表和簽訂者之一的李鴻章，爲保證議和局勢的穩定，恢復自身的國內外政治影響力，打擊政治敵對勢力和義和團，並最大程度上減少議和所背負的罵名，自接到北上命令至眞正赴京津議和期間，在廣東、上海兩地反覆遷延北上，與清政府展開較量。對李鴻章北上議和過程的心路歷程研究，有利於更爲全面地認識和評價李鴻章本人。

中國社科院近代史所研究員馬勇撰文《由內政而外交：重評義和團戰爭的一個視角》（載《社會科學論壇》2013 年第 6 期）。作者認爲，如果結合 1898年後中國內部政治發展演變，分明可以覺察到清廷內部圍繞著「大阿哥事件」的權力鬥爭始終左右並深刻影響著中外關係。義和團戰爭其實只是中國內部政爭的延續，由內政而外交，再由外交反制內政。各國公使和各國政府不明底裏配合了清宮內部的權力廝殺，到後來還是清廷內部比較明瞭世界大勢的力量出手遏制了這場衝突，化危爲機，引領中國一切歸零從頭開始，踏上政治變革不歸路。

東華大學雷瑤同學的碩士論文《庚辛議和中的大吏因應（1900.7～1901.9）》（2010 年 12 月）內容也與本書有關，可資參考。

6、對教案與義和團之間關係的研究

教案是晚清中外交涉的重點，也是義和團運動爆發的重要原因，因此中外學術界的相關研究成果頗多。

程爲坤：《義和團運動後的教案和清政府的對策》〔註56〕。

馮士鉢：《十九世紀中國教案——義和團研究中一些新的探索》〔註57〕。

胡繩武、程爲坤：《義和團運動後的官紳與教案》〔註58〕。

劉恩格、邢麗雅：《論義和團運動與反洋教鬥爭的關係》〔註59〕。

邵雍：《義和團運動後會黨的反洋教鬥爭》。〔註60〕

牛敬忠：《近代綏遠地區的民教衝突——也說義和團運動爆發的原因》（載《內蒙古大學學報（人文社會科學版）》2001 年第 4 期）

〔註56〕載《貴州文史叢刊》，1987 年第 2 期。
〔註57〕載《歷史教學》，1988 年第 2 期。
〔註58〕載《史學集刊》，1989 年第 1 期。
〔註59〕載《齊齊哈爾師範學院學報》，1989 年第 1 期。
〔註60〕載《歷史教學》，1989 年第 6 期。

劉泱泱《義和團運動時期的湖南衡州教案》〔註 61〕一文細緻描述湖南近代史上規模最大的教案之始末，並探討清廷和列強對待該教案的態度。事實上，薩道義也對該教案很關注，並起了一定作用。

著名中外關係史專家戚其章撰有《近代教案與義和拳運動的興起》〔註 62〕一文，戚先生認爲教案是中國近代特有的歷史現象。自鴉片戰爭以降，教案迭出，遍及全國。義和團運動以前的教案大致可分爲四個發展時期：第一時期，從 1846 年到 1860 年，是始發和興起的時期；第二時期，從 1860 年到 1884 年，是發展和擴大的時期；第三時期，從 1884 年到 1894 年，是進一步發展和深化的時期；第四時期，從 1894 年到 1898 年，是高潮時期。這四個時期的教案各有其特點，如：第一時期傳教士非法潛入內地案爲其他時期所未有；第二時期歸還教堂舊址案和內地置產案大量增加；第三時期反對法國教會爲法國侵略軍充當內應案爲這一時期所僅有；第四時期拳會反教案廣泛發生。但民教衝突案爲四個時期所共有，構成近代教案的基本內容。

孫長來《反洋教鬥爭和義和團運動關係略論》〔註 63〕一文指出，有論者認爲晚清反洋教鬥爭與義和團運動有所區別，理由是：其一，趙三多領導的反洋教鬥爭第一次打出「扶清滅洋」的旗號；其二，這次鬥爭是以義和拳名義發動的第一次反教鬥爭；其三，義和團直接參加了反對八國聯軍侵華的戰爭等。但作者不敢苟同上述觀點，認爲兩者並無根本不同，義和團運動實際上是一次大教案。

趙樹好《義和團運動後教案特點的量化分析》〔註 64〕一文認爲，晚清多達 1700 多起教案實際上是在列強對華侵略總背景下造成的，批駁近年來有學者認爲是中西方之間文化衝突造成的觀點。

7、對庚子賠款問題的研究

對庚子賠款問題的研究應是《辛丑條約》研究中成果最多的領域。學術界主要研究《辛丑條約》簽訂後中外雙方在賠款償付及返款利用問題上交涉，尤以對美國退回庚款問題的研究成果最多。本文只選擇庚子和談期間賠款問題研究。在賠款問題上，現有學術研究主要側重賠款來源和後來償付問題，

〔註61〕 載《求索》，1991 年第 1 期。
〔註62〕 載《貴州社會科學》，1991 年第 4 期。
〔註63〕 載《社會科學輯刊》，1996 年第 3 期。
〔註64〕 載《河南大學學報》，1998 年第 6 期。

而關於賠款過程研究多是簡要介紹，例如：李星《庚子賠款的議定》一文介紹賠款的總額和分配情況，側重於列強的「分贓」計劃。

方勇《〈辛丑條約〉：美國與七國對抗，要求減少賠款》（載《史海煙雲》）一文分析美國在賠款總額確定問題上與各國抗衡的原委，其中提到光緒皇帝與麥金利總統的書信往來。作者認爲清政府和美國在當時都屬於弱國，因此在賠款問題上美國難以扭轉局勢。

宓汝成在《庚子賠款的債務化及其清償、「退還」和總清算》〔註65〕一文中詳細介紹了中國十四項對外賠款的分配、追加、後來「退還」和清算。

劉克祥利用大量中文官方檔案進行研究，撰寫《庚子賠款與清政府的捐稅剝削》〔註66〕一文，主要討論清政府爲了償付賠款所採取的財政措施。

梁義群《庚子賠款與晚清財政的崩潰》〔註67〕一文主要介紹清政府爲了償付巨額賠款所採取的捐稅政策，從而招致人民的反抗，導致清王朝財政的崩潰並加速其覆滅進程。

張建斌《庚子賠款中央與地方爭論補議》（載《中國經濟史研究》2018年第3期）指出：自《辛丑條約》簽訂日到首個還款日的近5個月內，以劉坤一和張之洞領銜的各地督撫接連致電西安行在軍機處，商討中央能否對地方籌款予以折扣，減少還款金額，減輕地方負擔。清廷先是允諾督撫所提建議，予以折免三成，隨後以還款方式由按半年改爲按月償付爲由，否定地方提議的減免方案。作者認爲本次爭論牽涉行在軍機處、在京談判全權大臣、地方督撫、總稅務司等多方關係，反映了庚子事變後中央與地方的財政關係和政局變化。

涂俊才：《庚子賠款與中國教育》（載《華中農業大學學報（社會科學版）》2005年第4期，總第58期）

8、義和團運動、庚子和談與中國地方之關係

義和團運動及八國聯軍侵華戰爭波及中國華北各地，因此分地域進行相關研究就很有必要，相關文章很多，茲簡單列舉數篇：

王培潔：《北京與〈辛丑條約〉》（載《蒼生文學》2013年第1期，總第91期）。

〔註65〕載《歷史研究》1997年第5期。
〔註66〕載《歷史教學》1962年第6期。
〔註67〕載《社會科學輯刊》1992年第3期。

薛理勇：《〈辛丑條約〉與上海濬浦局》（載《上海：海與城的交融》，2012年8月22日）。

邊文鋒《薩道義與〈辛丑條約〉談判中取消北京會試的問題》（載《北京社會科學》2012年第3期），這是中文學術界對薩道義的第一篇研究論文，希望能起到「拋磚引玉」之作用。

張華：《庚子賠款在山東》（載《山東省農業管理幹部學院學報》2005年8月）。

郭大松、劉本森：《袁世凱與山東義和團》（載《山東師範大學學報（人文社會科學版）2010年55（2）》）。

李文海、朱滸：《義和團運動時期江南紳商對戰爭難民的社會救助》（載《清史研究》2004年第2期）。

高慶吉《「天津之戰」後〈辛丑條約〉中爲何沒有割地條款》（載《天津政協》2015年9月15日）。

整體來看，有關北京、天津、山東、河北等地的研究較多。

9.相關史料整理情況

中國第一歷史檔案館編輯出版《庚子事變清宮檔案彙編》，其中《〈辛丑條約〉談判卷》通過匯總清廷奏摺、上諭、電報、外務部檔案和總理衙門檔案等，提供了許多有關庚子和談的第一手中方檔案資料。其中包含大量有關英國政府對華政策和薩道義外交活動的資料，也是本文利用的最新中方檔案之一。

國家清史編纂委員會編譯組：《紅檔雜志有關中國交涉史料選譯》（張蓉初譯）（內部資料，2005年10月刊印）也是本文參考的重要資料，爲我們提供了很多俄方信息。

綜上所述，在對義和團運動與庚子和談的研究中，中外學術界重點討論各國對華政策與庚子賠款情況，尤其對各國退還部分庚子賠款情況更爲詳細。但令人遺憾的是，對有關英國駐華公使薩道義在其中所起作用的研究至今仍爲空白。中文學術界目前尚無專門探討薩道義的論著，國際學術界雖有不少關於薩道義的論著，但缺乏對薩道義在華期間活動的研究。中文學術界對庚子和談研究尚未充分利用薩道義的日記和信函，也缺乏對《辛丑條約》談判過程進行詳細梳理。事實上，列強在對華談判過程中政策並非始終如一，而是隨中國政局和國際關係變化而變化，有很多反覆變化。通過研究薩道義的日記及信函，並結合中外官方檔案，我們可以更全面地釐清當時複雜的中

外關係和國際背景。

三、本書資料來源

本書主要利用公開和未公開發行的薩道義日記及電報信函〔註68〕、《英國外交檔案》〔註69〕、《英國藍皮書有關義和團運動資料選譯》、《1901年美國對華外交檔案》、《日本外交文書》、《紐約時報》(*New York Times*)、《泰晤士報》(*The Times*)、《清季外交史料》、《清光緒朝中日交涉史料》、《李鴻章全集》、《張之洞全集》和《庚子事變清宮檔案彙編》等第一手資料。

近年來，以英國學者 Ian C.Ruxton 和日本學者宮澤眞一爲代表的學者對薩道義日記進行詳細整理並陸續出版，這極大方便了各國學者對薩道義及其著作的研究。Ruxton 已編輯整理出版多本薩道義的著作，其中包括薩道義任駐日公使和駐華公使期間的日記和信函等，而日本埼玉縣女子短期大學宮澤眞一教授則對薩道義 1862～1895 年間及 1906 年卸任離華之後至 1929 年去世期間的日記進行仔細整理，現已陸續出版，這與 Ruxton 所整理的材料正好形成互補，可以構成一個完整的薩道義生平圖譜。幸運的是，筆者 2010 年在日本訪學期間，得以認識宮澤眞一和 Ruxton 等學者，宮澤教授甚至將其辛苦多年整理的薩道義 1862～1868 年間日記未刊稿相贈，筆者爲其承擔了部分校對工作。薩道義在這段時間的日記有助於筆者更好地理解薩道義早期與中國之間的關係。筆者在此特別感謝宮澤教授的慷慨相贈。

在各國外交檔案（如英國外交檔案、英國議會藍皮書、美國外交檔案和日本外交文書等）中，也存有大量有關薩道義的報告和信函等，這構成有關薩道義研究資料的主要官方來源，但都比較正式和古板，普通讀者難以看出其背後的思想和細節。只有將各國官方外交檔案與薩道義私人日記及信函結合起來研究，才能還原一個生動活潑、有血有肉的西方著名學者型外交官的形象。

〔註68〕Ian C.Ruxton：*The diaries and letters of Sir Ernest Mason Satow (1843～1929), a scholar-diplomat in East Asia*, Edwin Mellen press.; *Ernest Satow Diaries (1861～1868)*（未刊稿，日本埼玉縣女子短期大学教授宮澤眞一整理，关西大学陶德民教授作序）；*The Diaries of Sir Ernest Satow, British Envoy in Peking (1900～1906), (Volume 1,1900～1903),* edited and annotated by Ian C.Ruxton, published by Lulu Press Inc.,April 1, 2006.

〔註69〕*British Documents On Foreign Affairs (Reports And Papers From The Foreign Office Confidential Print),* Maryland University Publications of America, 1993.

　　事實上，中國外交檔案中其實也包含大量有關薩道義的內容，以《清光緒朝中日交涉史料》爲最。此外，《李鴻章全集》和《張之洞全集》也詳細記載了李鴻章、張之洞與薩道義及外交團成員之間多次磋商會晤的情況。

　　近年來 Ganesha Publishing 重新出版了薩道義的大多數著作，這有利於我們更好地瞭解薩道義的外交思想和近代東北亞國際關係史。

　　事實上，當年的國際輿論對薩道義這位國際知名的學者型外交官也十分關注，中日兩國的報刊自不待言，就連著名《紐約時報》和《泰晤士報》也曾詳細報導薩道義在華生活和工作的情況，其中很多深度報導可以同薩道義日記和信函相互印證，彌補官方檔案及薩道義私人資料的不足。

四、本書創新之處

　　利用公開出版的各國外交檔案和薩道義日記信函未刊稿，筆者對英國駐華公使薩道義在晚清時期在華活動的第一件也是最重要的大事——庚子和談（含中外《辛丑條約》談判和中俄滿洲問題談判）——進行詳細研究。

　　綜合來看，本書創新之處在於：

　　首先，對中文學術界來說，本書突出利用了薩道義大量未刊的日記檔案等原始資料，介紹中國學術界不太瞭解的薩道義生平、著述和活動，深入揭露《辛丑條約》談判中的許多內幕與細節，有助於進一步認識《辛丑條約》談判中的列強之間的分歧、焦點和實質。尤其值得一提的是，筆者將《辛丑條約》談判與中俄滿洲問題談判緊密結合起來綜合考察，有助於釐清各國複雜多變的對華政策。

　　其次，對以日本和英美爲代表的國際學術界來說，對薩道義在日本任職近三十年期間活動的研究成果豐富，但絕大多數研究都只是利用英文和日文資料，很少全面有效地利用中文檔案資料。而對薩道義在中國任職期間（1900～1906）活動研究的成果更少，即使有，也多是利用英文和日文資料，缺少對中文資料和中國近代史背景的瞭解。基於此，筆者正是利用中文、英文和部分日文檔案資料，並結合中、英、日、美等國近現代史知識，對薩道義在華外交活動和東北亞國際關係史進行綜合研究。

　　例如，結合英、美兩國外交檔案及《紐約時報》的相關報導，筆者首次系統挖掘出 1900 年 12 月 24 日外交團向中方談判代表正式遞交的聯合照會的具體出臺過程，揭露了其中生動有趣的外交談判內幕，比如「死刑」和「不

可更改」等措辭的保留與否等。

　　本書還討論薩道義對中國動亂局勢情形及其原因的分析、他對軍事問題的看法及他參與處理一起中國官員涉嫌密謀圍攻西什庫教堂的案子等內容，都有助於深化對庚子和談具體過程及各國對華政策的研究。

五、結構框架

　　本書共分為緒論、正文和結論三大部分，其中正文共分為七章。

　　正文第一章介紹薩道義與中國的關係概況，分為：1862 年上海之行和北京之行、薩道義的中國觀介紹，並通過考察他的讀書世界來瞭解薩道義的知識結構，這有助於理解他的外交和學術成就。

　　第二章介紹薩道義在庚子和談前的準備。1900 年 5 月，薩道義接受英國首相索爾斯伯里勳爵密令，即將前往中國接替竇納樂擔任英國駐華公使。薩道義先取道加拿大前往中國上海，在上海與中外各界人士廣泛交流，探明中國局勢並向英國政府彙報後，立即前往北京參與對華談判。薩道義在上海分別與英國駐上海總領事、中國海關英籍雇員、在華英國傳教士、各國駐上海領事或暫時逗留上海的外交官及中國官員等進行多次會談，初步瞭解北京局勢、中國財政狀況及各國對華政策，為後來對華談判奠定基礎。在前往北京途中，薩道義在大沽和天津等地會見英軍將領西摩爾、聯軍統帥瓦德西及俄德兩國公使，這有助於其瞭解中國局勢和各國政策，同時和聯軍軍方建立良好關係。在後來對華談判過程中，正是聯軍與外交團互相配合，使列強在對華談判中始終掌握著主動權。

　　第三章介紹薩道義與外交團對華聯合照會的提出。1900 年 12 月 24 日，外交團向中國代表團正式提出聯合照會，內含十二款強硬要求。這是庚子和談的一個標誌性事件。此前，為了開展對華談判，各國紛紛提出各自談判條件。法國最早提出六點要求，這成為各國政府和外交團對華談判的基礎，外交團經過兩個多月十幾次會議磋商，終於在 1900 年 12 月 22 日達成共識。此後，外交團與中方就具體問題展開談判。薩道義在對華聯合照會擬定過程中起了重要作用，他支持意大利公使薩爾瓦葛所提出有關控制中國財政以保證賠款順利支付的建議，主要是想爭取薩爾瓦葛等人對英國修改商約建議的支持。此外，薩道義在「死刑」和「不可更改」等措辭存留問題上也起了很大作用。

在該聯合照會出臺的過程中，薩道義進行的主要外交活動包括以下幾方面：1、對中國動亂情形及原因的瞭解和分析；2、參與因聯軍軍事行動而引起的外交活動；3、參與處理和交涉一起中方官員涉嫌密謀攻打西什庫教堂的案子。

第四章探討薩道義及英國政府在懲辦問題談判中所起作用。主要討論以下三個問題：一、薩道義與外交團對慈禧太后、光緒皇帝戰爭責任認定問題；二、薩道義與懲辦「禍首」問題談判的關係；三、薩道義與懲辦「禍從」問題談判的關係。

各國對慈禧太后在中國動亂中的責任認定問題上很一致，都認為她應負不可推卸的主要責任，但是考慮到中國局勢及列強在華利益平衡，各國均無力獨佔或瓜分中國領土，中國各地的「開明」督撫們（以湖廣總督張之洞和兩江總督劉坤一等為代表）也不贊成過於追究慈禧太后的責任。在後來中外談判過程中，各國政府及其駐北京外交團逐漸有意識地模糊處理了該問題，同時並未過多追究慈禧太后親信們的責任。

懲辦「禍首」問題是整個懲辦問題談判的關鍵。在倉皇西逃過程中，清廷於 1900 年 9 月 25 日頒佈諭旨，懲辦九名涉案王公大臣。然而，該諭旨並未令各國政府滿意，列強認為該諭旨懲辦人員有遺漏，至少需添上山西巡撫毓賢和甘軍統領董福祥。此外，列強認為清廷對上述九人的懲罰也過於寬鬆。

中外雙方在懲辦「禍首」問題上的談判主要集中在如何懲辦董福祥和端郡王載漪兩人身上。各國政府起初極力主張處死端郡王，但後來有些國家考慮到清室皇儲即位和照顧慈禧太后等因素，主張免去端郡王死刑，改為將其流放新疆。

外交團還反對清廷給予已故山東巡撫李秉衡（此人被列強視為嚴重排外者）子孫賞賜恩典之舉，迫使清廷先是撤銷李氏子孫的恩典，後來又下詔剝奪李秉衡的官職。此外，外交團要求清廷為因主張對外友好而被處死的六位中國官員恢復榮譽，並開復原職。

懲辦「禍從」問題是整個懲辦問題談判的重要內容。義和團運動期間，中國各地爆發很多教案和殺害或虐待外國人事件，薩道義除了積極參與外交團就懲辦「禍從」問題而舉行會議外，還多次與中國官員交涉具體地方教案的處理問題，其中尤以浙江衢州教案的三名主要責任人（浙江巡撫劉樹堂、浙江布政使榮銓和衢州道臺鮑祖齡）問題最為複雜。

　　第五章介紹薩道義與賠款問題的談判，這是庚子和談中最爲關鍵和複雜的內容。本章主要分爲五節：一、薩道義與賠款問題大原則的確定；二、薩道義與列強對中國財政狀況的瞭解；三、薩道義與賠款總額及付款截止期限的確定；四、薩道義與中國賠款支付方式；五、薩道義與中國賠款的監督執行。

　　薩道義支持意大利公使薩爾瓦葛所提出「控制中國財政以保證中國賠款順利進行」的建議，首先認爲該建議確實很重要，同時希望意大利公使及其他公使能夠支持英方有關修改商約的建議。薩道義及中國海關總稅務司赫德、江海關稅務司賀璧理等英國人對中國財政進行了詳細調查。此前，英國駐上海總領事哲美森所著《中國度支考》一書是各國瞭解中國財政問題的必備參考資料。外交團最後在此基礎上針對華索賠數額、利率、截止期限和賠款償付方式等重要問題達成共識。

　　第六章介紹薩道義與中俄滿洲問題談判。中俄滿洲問題交涉是庚子和談期間另一件重要的國際交涉。在參加八國聯軍出兵中國華北的同時，沙俄還藉口保護在滿洲的俄國鐵路而出兵佔領滿洲全境，這嚴重侵犯了中國的主權和領土完整，同時，也嚴重威脅列強的在華權益。在未徵得清廷同意的情況下，盛京將軍增祺派已被革職的道員周冕前往旅順與俄國駐軍將領簽訂《奉天交地暫且章程九條》（即所謂《增阿暫約》），此事被國際媒體曝光，引起舉世譁然，清廷震怒，將增祺革職（後在俄方壓力作罷），並任命慶親王奕劻、李鴻章和中國駐俄公使楊儒爲特命全權大臣，負責交涉滿洲問題。楊儒在俄都聖彼得堡與俄國財長維特、外長拉姆斯多夫分別交涉了十多次，中俄滿洲問題談判漫長且艱難，在楊儒大力爭取下，俄方終於廢除增阿暫約，另立正約。但維特口述 13 款和拉姆斯多夫所提約稿 12 條的危害程度較增阿暫約更甚，俄國提出最後約稿，限中方 15 天內簽字，且不准更改一字。在各國政府及其在華外交官的積極活動下，再加上中國長江流域地方實力派的極力勸說，清廷最終拒簽俄約。

　　第七章介紹薩道義與其他問題談判。除了懲辦和賠款問題外，修改商約談判和取消科舉考試問題的談判也對中國影響重大，薩道義在其中都發揮了重要作用，因此，筆者將其單獨列出討論。本文僅討論上述兩個問題，其實薩道義在清廷回鑾、改革總理衙門和外國使節覲見禮儀、撤軍、北京外國使館區防衛與擴建、武器禁運等問題談判上都起了重要作用。英國在華商業利益最重，因此，薩道義從談判之初就奉英國政府之命，想趁機解決修改商約

問題。爲了實現該目標，薩道義盡力做其他公使的工作，希望他們能支持英方立場。在討論中國賠款問題時，由於列強對中國是否能夠完全順利償還賠款並未達成共識，薩道義反對單純爲保證賠款而將進口關稅率增至 5%，而主張以修改商約和其他優惠措施爲補償。俄國公使格爾斯甚至主張將進口關稅率增至 10%，薩道義與格爾斯在此問題上僵持許久，後來雙方都作出妥協。這一切都表明：英國政府非常重視保護其在華商業利益。

最後是結論部分。筆者系統回顧庚子和談的背景和經過，總結庚子和談的特點，並通過考察薩道義在庚子和談中的表現來管窺當時英國政府的對華政策、複雜的中外關係和國際關係等。

第一章 薩道義的「中國行」與 「中國觀」

　　作爲近代英國著名的外交官兼東方問題專家，薩道義與中國的淵源頗深。在從事外交職業之初，他便來到中國和日本進行學習和考察，這段經歷爲其日後在學術和職業領域的輝煌成就奠定了堅實基礎。薩道義在 1862 年曾到訪中國上海和北京兩地，學習漢語，並考察當時中國的社會情況和中外關係狀況。離開中國後，薩道義即前往日本，從 1862 年至 1884 年，他任職於英國駐日本公使館，擔任中下級外交官。之後，他先後輾轉任職於暹羅（今泰國）、烏拉圭和摩洛哥等地。1895 年他回到日本，擔任英國駐日公使，至此成長爲一名高級外交官。1900 年 9 月，他重返中國，擔任英國駐華公使，並兼任英國負責庚子和談的全權代表。1906 年，他卸任回國。

　　在中國學習和工作期間，除了學習中國語言和文化之外，薩道義還切身感受中國社會的風土人情，關注中國邊疆問題和中日關係。通過對中國的詳細考察和研究，薩道義形成了其獨特的「中國觀」，這對他後來擔任駐華公使和對華談判代表都有很大影響，並在一定程度上影響了英國對華外交政策的制定。此外，基於早年對上海和北京兩個城市地理和人文情況的瞭解，即使在中國華北義和團運動高潮期間，身在英國本土休假的薩道義也能夠對北京和上海的形勢做出比較正確的判斷，斷定北京的外國使館區不會輕易被清軍和義和團攻破。他判斷來自中國上海的有關「使館區已被攻破，使館區的各國外交官和普通公民已遭殺戮」的消息並不可信，他曾多次向其上司、同事和朋友們澄清中國局勢，最後事實證明，薩道義的判斷是對的。

綜觀薩道義早年的中國之行，雖然時間不長，但為其外交和學術生涯奠定了堅實基礎。1900 年夏秋之際，此時距離薩道義初次來華經歷已有 38 年，他已不再是當年「稚嫩」的學生翻譯，而是一位老練成熟的著名學者型外交官，作為英國駐華公使和對華談判特使全程參與《辛丑條約》談判。薩道義早年來華經歷和豐富的外交經驗使得他在駐華期間（1900～1906）表現相當突出，因此有必要回顧一下他早年的中國之行。

第一節　薩道義的早期上海之行（1862 年 1 月～3 月）

薩道義與中國有不解之緣，其學習與履職經歷都與上海關係密切。薩道義的早期上海之行（1862 年 1 月至 3 月）時間雖短，但收穫不小。在學習中國語言文化之餘，他還對清軍「勾結」英法聯軍鎮壓太平天國運動的情況進行了仔細觀察。

1861 年的一個偶然機會，年僅 18 歲的薩道義從他哥（Ernest Edward Satow）那裡看到由勞倫斯・奧利芬特（Laurence Oliphant）所著《額爾金勳爵出使日本和中國記》（*The Narrative of the Earl of Elgin's Mission to China and Japan*）一書，他如獲至寶，認真研讀起來。該書記錄了 1856～1860 年間奧利芬特作為秘書跟隨額爾金勳爵〔註 1〕先後遠征中國和日本的經歷。此書激發了薩道義對東方國家的強烈興趣。此外，1853 年美國佩里艦隊叩開日本國門事件（即所謂「黑船事件」）也讓薩道義對日本興趣盎然。於是，當英國外交部為了處理有關中國或日本的事務而招募漢語或日語翻譯學生時，薩道義放棄在劍橋大學繼續深造的機會，積極報考外交部崗位，他選擇了日語方向並最終被錄取。〔註 2〕

〔註 1〕詹姆斯・布魯斯（James Bruce, 8th earl of Elgin, 12th earl of Kincardine，1811～1863），英國貴族，伯爵。1842 年任牙買加總督。1846 年任加拿大總督。1857 年 7 月任英國對華全權專使，並率領一支陸海軍赴華。12 月，與葛羅所率法軍在香港集結。12 月 29 日，英法聯軍攻佔廣州。次年春，北上天津。5 月，攻陷大沽炮臺。6 月，迫清政府簽訂《中英天津條約》。1859 年回國。不久，重任英國對華全權專使，同葛羅復率英法聯軍來華。次年 8 月，又陷大沽炮臺，攻佔天津。10 月，進北京，焚毀圓明園。按英國外交部訓令，迫清政府簽訂《中英北京條約》，割讓「粵東九龍司」一地。1861 年南下香港，依約劃割九龍。1 月 10 日，在港督府舉行受地典禮。1 月 19 日，參加接收九龍土地的儀式。旋即率英軍離港回國。1862 年調任印度總督，次年死於任上。

〔註 2〕George Alexander Lensen: *Korean and Manchuria Between Russian and Japan*

根據英國外交部爲新職員所制定的培養計劃，1861 年 11 月，薩道義從英國南安普敦（Southampton）乘船出發，途經直布羅陀（Gibraltar，在西班牙）、瓦萊塔（Valletta，今馬耳他首都）、亞歷山大（Alexandria，在埃及）、開羅（Cairo，埃及首都）、亞丁（Aden，在也門）、加勒（Galle，在斯里蘭卡）、檳城（Penang，在馬來西亞）、新加坡、香港等地，前往上海和北京學習漢語，同時考察中國社會情況，但其最終目的地是日本。〔註 3〕

中國當時正值 1861 年「辛酉政變」後，慈禧太后和恭親王奕訢等保守派勢力掌握清廷大權，中外反動勢力聯合鎮壓太平天國運動。作爲最早的對外通商口岸之一，上海已成爲中國重要的經濟中心，當時正處於太平軍的團團包圍之中。薩道義正是在這種時代背景下來到上海的。〔註 4〕

1862 年 1 月 16 日，薩道義抵達上海，入住英國駐滬領事館爲其安排的上海美國租界中著名的禮查飯店（Astor House Hotel）〔註 5〕。在上海學習和考察兩個多月後，3 月 25 日，薩道義和其他翻譯學生們離開上海，前往北京繼續學習和考察。

在上海期間，他結識了許多人，包括英國駐上海領事麥華陀（W.H.Medhurst Junior）〔註 6〕、領事館秘書瓊斯（C.T.Jones）〔註 7〕、米德爾頓（J.T.Middleton）

(1895 ～ 1904), The Observations of Sir Ernest Satow [British Minister Plenipotentiary to Japan (1895～1900) and China (1900～1906)], (Tokyo) Sophia University & The Diplomatic Press. first published, 1966, reprinted, 1968, p.5.

〔註 3〕 *Sir Ernest Satow's Diraries (1861～1868)*, Nov.4, 1861～Jan. 10, 1862.

〔註 4〕 1862 年，當時正值日本幕末動盪時期，日本的「千歲丸」號載著幕府政權裏的有識之士前往上海考察中國局勢。許多來華的藩士寫了許多日記和考察報告，對推動日本的幕末維新及後來的中日關係的發展起到了一定作用。

〔註 5〕 Astor House Hotel，建於 1846 年，原名禮查飯店，現在改名爲浦江飯店，筆者注。

〔註 6〕 麥華陀（Sir Walter Henry Medhurst，1823～1885 年），英國人，1839 年隨父麥都思來華。後成爲璞鼎查的隨員，參與侵佔廈門和舟山的活動，1843 年 11 月作爲英國駐上海領事巴富爾的翻譯來滬，1848 年升任英國駐廈門代理領事，1850 年赴香港任駐華商務監督署漢文正使，1854 年奉駐華公使包令之命訪問太平天國控制下的天京（今南京），同年任駐福州領事，1860 年任駐上海代理領事和領事，1865 年任駐漢口領事，1868 年復任上海領事。1870 年起，被委任爲駐上海永久領事，1874 年倡議設立格致書院，1876 年底退休回國，著有《在遠東中國的外國人》。

〔註 7〕 C. T. Jones（1837～ ？），1866 年被英國領事館開除。詳見：P.D. Coates: *The China Cousuls——British Consular Officers (1843～1943)*, Oxford University Press, 1988, p.62.

〔註8〕、副領事馬克哈姆（J.Markham）〔註9〕、溫切斯特（C.A.Winchester）
〔註10〕、賈米爾森（R.A.Jamieson）等外交官。此外還有達拉斯（Barnes Dallas）
〔註11〕，此人是理查德森（Charles Lenox Richardson）的好友，而後者是曾在
上海生活過長達十四年之久的英國商人，後去日本發展，他就是日本近代史
上著名的「生麥事件」〔註12〕的遇害者。在薩道義結束中國之行抵達日本後
不到一周，日本就發生了「生麥事件」，正因為這層特殊關係，薩道義在其日
記中詳細記載了該事件的經過和善後談判。薩道義日記成為研究幕末維新時
期日本歷史和東亞國際關係史的重要資料，國際學術界的相關研究都繞不開
薩道義當時對日本情況的詳細記載。可以說，作為一位享譽世界的東方問題
（尤其是日本問題）研究專家，薩道義的學術起點就是他對「生麥事件」及
其善後談判的記載和研究，而此事與上海也有一定的關聯。

　　綜觀薩道義一生的外交和學術生涯，早期不到一年的中國學習和生活經
歷對其影響很大。他初步理解中國問題，接觸中國各界人士，學習中國語言、
文化和歷史，也瞭解上海和北京等地的地理狀況，考察中國政局和中外關係，
初步顯露出一名學者型外交官的必備素質。

　　薩道義此次上海之行為期兩個月，內容主要包括學習中國文化和漢語，
並考察當時的中外關係。

一、學習之旅

　　為了學習漢語，薩道義在上海期間，通過聘請中文老師和參閱字典等途
徑提高了中文閱讀能力。此外，他大量涉獵與中國文化、地理等內容有關的

〔註8〕J. T. Middleton (1839〜1877)，詳見：P. D. Coates: *The China Cousuls——British Consular Officers (1843〜1943)*, p.85.

〔註9〕J. Markham (1835〜1871)，詳見：P. D. Coates: *The China Cousuls——British Consular Officers (1843〜1943)*, p.49.

〔註10〕C. A. Winchester (1820〜1883)，詳見：P.D.Coates:*TheChina Cousuls——British Consular Officers (1843〜1943)*, p.36.

〔註11〕*Ernest Satow Diaries (1861〜1868)*, Feb. 5, 1862.

〔註12〕生麥事件是江戶幕府末期殺傷外國人的一次事件。1862 年（日本文久 2 年）8
月，進行幕政改革的島津久光從江戶回藩，途經橫濱附近生麥村時，薩摩藩
士以四名英國人騎馬行走攪亂隊列為由，砍死其中一人，砍傷二人。英國要
求幕府和薩摩藩懲處兇犯和支付賠償費。幕府支付了賠償費十萬英鎊。但當
時正值攘夷運動興盛之際，肇事者薩摩藩拒絕英國的要求。英國為了報復，
翌年派艦隊炮擊鹿兒島（即「薩英戰爭」）。以此為轉機，薩摩藩轉而採取開
國方針，與英國接近。

書籍，但也從未間斷學習其他語言文化（如希臘語、日語和德語等）。

薩道義聘用同事賈米爾森（Jamieson）的漢語老師英（Ying）先生來輔導自己學習漢語並講解中國文化。之後，薩道義與同事米德爾頓簽訂協議：薩道義每天在米德爾頓的辦公室裏幫忙一小時，作爲交換，米德爾頓每天晚上則負責解答薩道義關於中文的各種疑問。

薩道義到上海後不久即購買了有關漢語語法和會話的書籍並自學，但他覺得漢語很難學，其學習進展緩慢。1862 年 1 月 20 日，他購買了後來擔任英國駐華公使的威妥瑪〔註 13〕所著《尋津錄》（*Hsin Ching Lu*）一書，這是一本專門幫助外國人學習中文發音和語法的教材。1 月 29 日，薩道義從慕維廉〔註 14〕（William Muirhead）牧師處獲贈一部麥都思〔註 15〕所著詞典（第一版）。3 月 8 日，薩道義從慕維廉牧師那裡花 10 美元買到最新版本的麥都思所著《漢語字典》。此外，薩道義還多次想嚮慕維廉牧師借衛三畏（S. Wells Williams）〔註 16〕所編纂《廣東話詞典》（*Canton Dictionary*）和湯姆（Thom）所著《中

〔註 13〕威妥瑪（Sir T. Francis Wade，1818～1895），英國駐華外交官兼漢學家，劍橋大學首任中文教授，是中文羅馬注音法的首創者，著有《尋津錄》（Hsin Ching Lu）等漢學著作。1867 年撰寫漢語教科書《語言自邇集》，成功發展了用拉丁字母寫漢字地名的方法，一般稱作「威妥瑪拼音」或「威妥瑪式（Wade System）」，成爲中國地名、人名及事物名稱外譯之譯音標準。

〔註 14〕慕維廉（William Muirhead，1822～1900），英國傳教士，於 1847 年受倫敦教會派遣到上海傳教，在華 53 年。著有《中國和福音》等，譯著《大英國志》、《新約聖經注解》和《古聖任經》等。

〔註 15〕麥都思（Walter Henry Medhurst，1796～1857 年），英國傳教士，自號「墨海老人」，漢學家，1796 年生於英國倫敦。1816 年被英國倫敦會派往馬六甲。麥都思在馬六甲學會馬來語、漢語和多種中國方言，並幫助編輯中文刊物《察世俗每月統記傳》。1819 年，麥都思在馬六甲被任命爲牧師，在馬六甲、檳城和巴達維亞傳教，並用雕版法和石印法先後印行 30 種中文書籍。在南洋活動的 20 多年中，他獨立編寫、發表的中文書刊達 30 種之多，爲近代地理知識和歷史知識在中國的傳播起到了促進作用。其主要作品有：《中國的現狀與傳教展望》（1838）、《漢英字典》二卷、《英漢字典》二卷、《爪哇與巴鏊島旅行記》（1829）、《福建方言字典》（1832）、《尚德者 神理總論》（1833）、《中國内地一瞥——在絲茶產區的一次旅行所見》（1845）、《中文、韓文和日文對照詞彙》、《探討「上帝」一詞的正確翻譯法》（1848）、《中國説書趣聞錄》（1871）等。

〔註 16〕衛三畏（S.Wells Williams，1812～1884），是最早來華的美國新教傳教士之一，也是美國早期漢學研究的先驅者，是美國首位漢學教授。從 1833 年 10 月 26 日抵達廣州，直到 1876 年返美，在華共 43 年。先後出版十多部關於中國的書籍，内容包括政治、經濟、歷史、文學、文字等諸多領域，如《簡易

文會話》（*Chinese Speaker*）等書，但一直都沒能借到。

2月3日，薩道義發現許多中國人玩麻將遊戲（他在日記中將其記爲「多米諾骨牌」）和擲骰子賭錢，就請他們用漢字寫下遊戲名稱。

2月7日，薩道義花一百文錢買了一副中國象棋，他仔細研究棋面上漢字。後來還請中文老師教自己如何下棋。同日，他用鉛筆寫下一些商店門面上諸如「正大光明」和「保障海隅」等大字，雖不知那是什麼意思，也不知爲何要寫在那裡，但這一切都讓他興趣盎然。此外，他還請上海的店主們教自己如何念中國對聯。

2月13日，英國領事麥華陀告訴薩道義說，要想學好中文和中國文化，就應該直接去讀《論語》等儒家經典，薩道義對此深以爲然。〔註17〕於是，3月3日，他又花一百文錢買了半部《論語》。〔註18〕這是薩道義初步接觸中國的傳統文化。綜觀其後來的外交和學術生涯，薩道義對中國傳統文化有深刻理解，他熟悉中國的傳統典籍，這有助於他理解中國人的思維和行爲方式，從而更好地開展對華外交活動。

薩道義是一位好學之人，實地考察和勤奮學習的習慣始終貫穿其一生，他總是利用各種機會來學習，這從其在中國時的表現就可見一斑。

在上海期間，通過連日地仔細觀察，薩道義發現：中國有錢有勢階層的人養尊處優，生活很奢侈。此外，中國人不知文明禮讓，但都很淳樸老實。

1862年1月17日，薩道義觀察到這樣一個細節:中國人彼此之間從不握手，而總是彎腰磕頭。在中國，有身份有地位的人從不走路，總是騎馬或乘轎，還有人隨時服侍。〔註19〕1月28日，薩道義還觀察到：中國人走路時從來不知禮讓。有一次，薩道義故意撞倒了一位未給他讓路的中國人，此舉嚇

漢語課程》（Easy Lessons in China，1842）、《官方方言中的英漢用詞》（An English and Chinese Vocabulary in the Court Direct，1844）、《中國地志》（A Chinese Topography，1844）、《中國商務指南》（A Chinese Commercial Guide，1844）、《中國總論》（The Middle Kingdom，1848）《英華分韻撮要》（Tonic Dictionary of the Chinese Language of Canton Dialect，1856）、《漢英拼音字典》（A Syllable Dictionary of the Chinese Language，1874）等。回國後，他在耶魯大學任漢文教授，經常舉辦關於中國問題講座，並著有《我們同中華帝國的關係》（Our Relations with Chinese Empire，1877）、《中國歷史》等。

〔註17〕 *Ernest Satow Diaries (1861～1868)*, Feb. 13, 1862.
〔註18〕 *Ernest Satow Diaries (1861～1868)*, Mar. 3, 1862.
〔註19〕 *Ernest Satow Diaries (1861～1868)*, Jan. 17, 1862.

跑了不少旁人。〔註20〕此外,薩道義還認為中國人老實淳樸,根本就沒有偷竊的念頭。薩道義此前曾有意無意間給了中國人很多機會,但他們都沒有偷他的任何東西。〔註21〕

然而,薩道義卻認為中國人喜歡撒謊。根據其日記記載,薩道義雇傭的小男僕曾多次找藉口不好好服務,這令他很生氣。更為嚴重的一次是,在北京外國人社區裏服務的中國小男僕們集體撒謊,都稱自己母親生病,他們要回家去照顧母親。最後發現他們其實是出去玩耍了。

對於上述薩道義對中國人性格的觀察和認識,今天的讀者們肯定「見仁見智」,可以持保留意見。

二、考察太平天國運動時的中外關係

自1851年起,中國大地爆發了聲勢浩大的太平天國運動,經過最初政治和軍事上的輝煌後,太平天國運動先後遭遇北伐失敗(1855年)和天京事變(1856年)等重大挫折,實力損失很大。但在後期,天王洪秀全啓用其族弟洪仁玕總理政務,並重用陳化成和李秀成等年輕將領,使得太平天國運動再度轉入高潮。但這時清政府內部發動「北京政變」(1861年),以慈禧太后和恭親王奕訢等為代表的保守派上臺,列強也撕下之前的中立偽裝,清軍與英法聯軍勾結,共同對付太平軍。太平天國運動面臨著被中外反動勢力聯合剿殺的命運,而作為富庶之地的「魚米之鄉」,江浙地區(尤其是上海)更是成為雙方爭奪的焦點。薩道義的早年日記對此也有詳細記載。

1862年1月16日,初抵上海,薩道義就切實感受到戰爭的緊張氣氛。當天午飯過後,大街上拉響太平軍來犯的警報。年輕的薩道義對此並不害怕,反而十分興奮,他甚至將頭探出旅館房間的窗戶觀望,只見大街小巷都站滿了人,幾乎所有人都非常緊張。為防萬一,薩道義也回屋取出自己的手槍防身。〔註22〕1月18日中午時分,社會上有傳言說:太平軍離上海城只有一英里遠,人心惶惶,但薩道義發現英國領事館人員對此都很淡定,於是他也就淡然了。〔註23〕

在上海期間,薩道義還仔細考察了中外關係,內容主要包括以下幾個方面:

〔註20〕 *Ernest Satow Diaries (1861～1868)*, Jan. 28, 1862.

〔註21〕 *Ernest Satow Diaries (1861～1868)*, Feb. 17, 1862.

〔註22〕 *Ernest Satow Diaries (1861～1868)*, Jan. 16, 1862.

〔註23〕 *Ernest Satow Diaries (1861～1868)*, Jan. 18, 1862.

（一）英法軍隊在上海的駐防與調動

1862 年 1 月 19 日，薩道義與友人沿著蘇州河（Soo-chow）與洋涇浜（Yang-King-Pang）之間的河道考察，看到許多中國人在遠處田間勞作。在不遠處，薩道義等人參觀了英法軍隊的陣地，那裡有數門大炮，他們登上城牆，發現上面布滿槍炮眼。從城牆上向遠處眺望，視野極佳，可以將整個城市一覽無遺。城牆附近有許多房屋。城牆高約 30 英尺，底部厚約 12 英尺，矮牆厚約 2 英尺。薩道義參觀的這段城牆由英屬印度錫克族士兵（Sikhs）把守。〔註24〕

1862 年 2 月 15 日，薩道義注意到：由米歇爾（J.Michell）將軍所率部隊乘英國軍艦「珍珠號（Pearl）」從香港駛抵上海，目的是爲了加強在上海的英國軍事力量。〔註25〕

（二）中外軍隊聯合鎮壓太平軍

薩道義此次上海之行觀察的重點是中外軍隊聯合鎮壓太平軍，在其日記中共記載四次。

第一次：薩道義得知，在 1862 年 1 月 19 日的一次中法聯軍的軍事行動中，駐紮在吳淞口的法軍屠殺了大約一百五十名太平軍將士，清軍割下許多太平軍將士的首級或耳朵，並屍體遊街示眾。〔註26〕

第二次：1862 年 2 月 17 日下午兩點，薩道義拜訪英國駐滬領事麥華陀時聽英國領事官阿查立〔註27〕講述 Plover's Point〔註28〕遠征經歷，詳情如下：

英軍抵達目的地後，當所有人員都下船後正準備出發時，有兩位太平軍使者求見，他們表示只要英軍保證不進入當地，太平軍願意釋放所扣押的外國船隻、物資和人員，但英方並未同意。英軍繼續前進並向太平軍發起猛攻，最終佔領太平軍陣地。此前被扣留的費禮查洋行（Fletchers）〔註29〕船隻、全部人員和大部分貨物都被解救出來。此外，兩名被關押已久的寶順洋行（Dent

---

〔註24〕 *Ernest Satow Diaries (1861～1868)*, Jan. 19, 1862.

〔註25〕 *Ernest Satow Diaries (1861～1868)*, Feb. 15, 1862.

〔註26〕 *Ernest Satow Diaries (1861～1868)*, Jan. 19, 1862.

〔註27〕 阿查立爵士（阿查利），又叫阿拉巴斯特·查洛納（Alabaster, Sir Chaloner, 1838～1898），英國領事官。1855 年來華爲使館翻譯學生，1858 年英法侵略軍佔據廣州後，奉英國軍事當局命令負責押送兩廣總督葉名琛到印度。後在華南各埠任副領事、領事。1892 年退休回國。詳見：《近代來華外國人名辭典》，中國社會科學出版社，1981 年 12 月第 1 版，1984 年 6 月第 2 次印刷，第 5 頁。

〔註28〕 具體地名不詳。

〔註29〕 費禮查洋行（Fletchers），英國早期在華洋行之一。

& Co.）〔註30〕職員也被解救。太平軍五艘戰船及許多不便攜帶的財產均被英軍燒毀，但房子得以保存。此役英軍繳獲並銷毀大量槍支彈藥。

令薩道義好奇的是，儘管太平軍人數多達三百人，但他們似乎畏懼於英軍實力，或是由於他們的首領不允許，兩軍並無直接接觸，因此沒有引發大規模流血衝突。此次行動英軍共動用「科羅曼德爾」號（Coromandel）、「保鏢」號（Bouncer）和「斑鳩」號（Ringdove）等三艘軍艦。〔註31〕

第三次：1862 年 2 月 20 日，英法軍隊分乘「科羅曼德爾」號和「列那」號（Reynard）〔註32〕兩艘軍艦，配合華爾（Frederick Townsend Ward）〔註33〕訓練的中國軍隊——洋槍隊，前往鎮壓太平軍。此戰中外聯軍損失甚少，但斬獲頗多，太平軍所駐紮村莊也被付之一炬。〔註34〕2 月 21 日下午，中外遠征軍凱旋，共俘獲約三十名太平軍將士，薩道義按當時流行說法稱他們為「長毛」。薩道義看到在外灘上，華爾的洋槍隊士兵看守著那些俘虜，他們都被兩兩反綁在一起，他認為這些人不久就將被處決。軍官阿查立也抓獲了一名俘虜，但薩道義認為其實那只是一名無辜村民。〔註35〕

第四次：1862 年 3 月 1 日，薩道義前往「Imperiense」號軍艦參觀，下午聯軍遠征部隊從閔行返回，而司令官及其參謀們仍留在「科羅曼德爾」號船上。以下是此次行動詳情：

> 在 2 月 28 日晚上的軍事行動中，共有三百五十名英軍（水兵和海軍陸戰隊員）、三百名法軍和七百名華爾的洋槍隊官兵參與。聯軍駐紮在河邊，有一股從閔行過來的太平軍偵察部隊向其開火。3 月 1 日早上 7 點 45 分，聯軍抵近太平軍營寨後，兵分兩路：一路由英法軍隊進攻，一路由華爾帶領洋槍隊進攻。太平軍共約五千人，裝備精良，抵抗很頑強。此戰太平軍陣亡約一千四百人，薩道義判

〔註30〕 寶順洋行，又名顛地洋行（Dent & Co.），是十九世紀中葉在華最主要的英資洋行之一，是英資怡和洋行和美資旗昌洋行的主要競爭對手，主營業務是鴉片、生絲和茶葉。顛地洋行在中國通行的中文名稱「寶順洋行」，主要取其「寶貴和順」之意，以期在中國本地的發展有所順利。十九世紀時，它在香港、上海、天津、臺灣等地也設有商行。
〔註31〕 *Ernest Satow Diaries (1861～1868)*, Feb. 17, 1862.
〔註32〕 Reynard 是中世紀法國諷刺故事中狐狸的名字。
〔註33〕 華爾（Frederick Townsend Ward，1831～1862），美國人，是鎮壓太平軍的「洋槍隊」頭目，1862 年被太平軍擊斃。
〔註34〕 *Ernest Satow Diaries (1861～1868)*, Feb. 20, 1862.
〔註35〕 *Ernest Satow Diaries (1861～1868)*, Feb. 21, 1862.

斷所有被俘傷者都將被清軍處死。聯軍方面損失情況如下：法軍死
一人，傷數人；英軍傷五人，其中兩人傷重恐不治；而洋槍隊則傷
亡慘重。〔註36〕

　　薩道義的上述觀察表明，在太平天國運動期間，西方列強尤其是英法聯
軍在上海軍事力量強大，他們幫助清政府訓練軍隊，在聯合軍事行動中，中
外聯軍重創太平軍。此外，通過詳細考察，薩道義還高度評價上海地理位置
的重要性和優越性，認為這裡即使發展速度很慢，不久也將超過英國其他任
何一塊殖民地，所以他強烈建議英國政府將其據為己有。此前，他曾聽說英
國駐華公使布魯斯（Sir F. W. A. Bruce）已命令英國駐上海領事麥華陀將上海
道臺趕出去。薩道義認為，即使不能為英國獨佔，也要將上海置於列強的共
同保護之下。〔註37〕

　　從日記中還可以看出：薩道義對中國太平天國運動抱有一定的成見，認
為這是一種不能饒恕的叛亂行為，因此，英法聯軍和清軍針對太平軍的聯合
軍事行動是「正義之舉」。當然，薩道義對中外聯軍中某些軍人趁動亂時期濫
殺無辜和貪功冒功等行為持否定態度。

　　回顧1862年1月至3月薩道義的上海之行，可以看出：儘管薩道義更喜
歡日語和日本文化，他曾多次抱怨英國駐日本總領事阿禮國不應讓他們這些
實習翻譯生們在中國停留太久，也曾多次和同事們探討「為了學好日語，是
否有必要先學漢語？」等問題，但他對漢語和中國文化還是儘量去接觸，想
盡各種辦法學習。薩道義初步接觸中國人，瞭解中國社會文化，對正處於戰
亂狀態下的上海進行仔細考察，他敏銳地認識到上海戰略位置的重要性，並
建議英國政府獨佔上海。十分巧合的是，38年後的1900年夏秋之際，薩道義
在赴華擔任英國駐華公使之前也是奉英國政府的秘密指令，先前往上海，在那
裡仔細觀察中外局勢，為其赴華任職並開展對華外交談判做好充分的準備工作。

第二節　薩道義早期北京之行（1862年3月～8月）

　　結束在上海短暫的學習和生活之旅後，1862年3月25日，薩道義等實習
翻譯生們乘坐英國海軍軍艦「斑鳩（Ringdove）」號離開上海，於4月11日抵
達北京。他們最後於8月底離開北京，前往日本。

〔註36〕 *Ernest Satow Diaries (1861～1868)*, Mar. 1, 1862.
〔註37〕 *Ernest Satow Diaries (1861～1868)*, Feb. 16, 1862.

　　在前往北京途中，薩道義在山東、天津和大沽等地經歷過沙塵暴，到北京後也經常碰到這種天氣。當他們抵達山東煙台後，並未直接趕赴大沽和天津，而是先到大連灣停留，上岸去發信，然後前往天津。其行進路線如下：上海—煙台—大連—白河—大沽—天津—通州—北京。1862 年 8 月底離開中國前往日本時，薩道義在日記中詳細記錄了自己從北京到天津的路線：京都（即北京）—干家園—張家灣—李二寺—馬頭—河西務—蔡村—楊村—浦口—汗口—桃花口—西沽—天津。〔註 38〕這是兩條截然不同的路徑。

　　薩道義在日記中詳細記錄他們每次行進路線，並對沿途風土人情也有考察，這對其認識北京及京畿地區情況很有幫助，即使在三十多年後的 1900 年秋天，他仍對當地情形記憶猶新，這有助於其更客觀理性地判斷中國局勢。後來，薩道義對八國聯軍行進路線都能作出合理判斷，並認為各國政府不應該干涉在華各國聯軍的軍事行動。相較於其在上海時的緊張經歷，薩道義在北京的生活更輕鬆愜意。除了考察北京的歷史文化和社會風俗之外，他對這個「天朝」京城更多了幾分政治上的觀察。

一、參觀考察北京各地

　　薩道義喜愛旅行，在後來駐紮日本近三十年裏，他幾乎走遍日本各地，對日本各地山川地形地貌可謂瞭如指掌，並留下了很多膾炙人口的遊記和考察報告。然而，薩道義在駐華期間卻很少寫下關於中國各地的遊記和考察報告，也沒有寫出專著，這或許同其中文水平相對不高（相較於日語水平而言）、駐華時間不長和忙於外交活動等因素有關，但其日記仍詳細記錄了在中國的各次旅遊和參觀經歷，從某種意義上說，這也稱得上是遊記。

　　在北京期間，薩道義經常去天壇、月壇、先農壇、孔廟、國子監、翰林院和前門等地遊玩，尤其圓明園和雍和宮更是常去。他在日記中記錄了圓明園的破敗現狀和昔日輝煌，也記錄了雍和宮的精美佛像和伏地朝拜者的虔誠，還記錄了自己在翰林院附近射殺小獅子的情形，甚至曾和夥伴們一起翻牆進天壇，他感歎於中國古觀象臺雖歷經歲月滄桑卻仍然準確有效。他買了一匹小馬駒，經常和朋友們一起騎馬外出，這樣他就對北京城的地形地貌和風土人情有了直觀全面的瞭解，他甚至曾專門騎馬前往通州考察在俄國人所繪地圖上標注的一座橋，結果發現它早已不復存在。〔註 39〕這些細節都體現

〔註 38〕 *Ernest Satow Diaries (1861～1868)*, Aug. 11, 1862.
〔註 39〕 *Ernest Satow's Diaries (1861～1868)*, July 4, 1862.

了薩道義的嚴謹和執著。

　　此外，薩道義還有某些特殊愛好，例如：捕捉蝴蝶製作標本。他對舊書和古幣情有獨鍾，曾多次前往北京著名的文化集市——琉璃廠——淘書和古錢幣等，以至於琉璃廠裏許多中國商販都知道薩道義這個「古錢幣商人」。薩道義淘書的範圍很廣泛，包括數學、繪畫、農業和養蠶技術等方面書籍。

　　在北京期間，薩道義仔細觀察當地的社會風俗習慣，也發現一些難以理解甚至「愚昧」的社會現象。他認為中國城市的灑水方式落後，沒有歐洲的水車方便高效〔註 40〕；他十分不解：為什麼死於飢餓之人，卻看起來狀態很好〔註 41〕；他理解中國人燒香祈福消災拜山神的做法〔註 42〕；他體驗了中國的傳統節日和馬市，但對其背後的社會功能仍感到有些奇怪：為什麼人們要趁此機會借債或還債呢？〔註 43〕他也注意到中國有許多烏龜背馱石碑雕像，烏龜是中國信仰中的長壽標誌〔註 44〕；他還特別觀察了北京的霍亂疫情和中國人特殊的治療方式：霍亂可以通過針刺療法治好。在薩道義抵達北京後不久，北京就爆發了嚴重霍亂，是由通州等地傳染過來的，使館人員中也有染病者，經過大力搶救，終於康復。薩道義的中文老師因為肚子疼，取一枚銅錢扔進水裏，然後用它來擦破皮膚。通過這種方式，中文老師認為自己不久就將完全康復。〔註 45〕筆者認為，這似乎就是中國傳統中醫療法——刮痧。

（贔屓 xì　xì）

〔註 40〕 *Ernest Satow Diaries (1861～1868)*, Apr. 30, 1862.

〔註 41〕 *Ernest Satow Diaries (1861～1868)*, May 25, 1862.

〔註 42〕 *Ernest Satow Diaries (1861～1868)*, May 6, 1862.

〔註 43〕 *Ernest Satow Diaries (1861～1868)*, June 3, 1862.

〔註 44〕 *Ernest Satow Diaries (1861～1868)*, Apr. 25, 1862.

〔註 45〕 *Ernest Satow Diaries (1861～1868)*, July 20, 1862.

薩道義尤其注意觀察各種雕像背後所反映的中國人的善惡觀和人生觀。
1862 年 6 月 21 日，他在參觀東嶽廟（Tung Yu Miao）〔註46〕時發現那裡雕塑
非常恐怖，比如有犯人被綁在柱子上，即將被身後的劊子手斬首；還有野獸
和魔鬼面目的雕塑。〔註47〕6 月 27 日，薩道義一行十幾人前往碧雲寺、八里
莊、圓明園、白塔寺、八里灣和明湖等地遊玩。在一座寺廟裏，薩道義看到
不同石膏塑像代表地獄的嚴酷和天堂的極樂。前者表現的懲罰方式非常恐
怖：人被綁住腳倒掛起來，或是被拽住辮子即將被砍頭；如果男女通姦，則
處以相同懲罰；有人被尖銳石頭或長槍刺穿身體；有人則被取出內臟。人的
殘肢斷臂到處都是，從事這項懲罰工作的都是有著貓臉或狼臉的龐然大物。
天堂極樂世界則角色變換不多，最常見的是四處閒逛的非常開心的人們，或
是在小寺廟裏的祈禱之人。在他們腳下，一道氣流似乎要將邪惡之人帶進地
獄。〔註48〕

　　這一切都讓年輕的薩道義感到新奇，一種與西方完全不同的文明給予他
很大衝擊和震撼。

二、初識北京的「外鄉人」

　　薩道義在北京期間已展露出其政治敏銳度，北京城作為中國政治、商業
和文化中心，他從中可以捕捉到各種有用信息。薩道義在日記中詳細記載了
他在北京所遇到的各種「外鄉人」，主要包括朝鮮人、藏族人和外國傳教士。

（一）與朝鮮人的四次交往

　　中國和朝鮮自古以來保持傳統宗藩關係，朝鮮定期向中原王朝進貢，並
接受中國朝廷冊封，北京甚至有獨立的朝鮮「使館」。薩道義在北京期間曾多

〔註46〕東嶽廟：位於北京市區朝陽區朝陽門外神路街。道教正一派在華北地區最大
　　　　廟宇。素以「三多」著稱於世，即神像多、碑刻多、楹聯匾額多。始建於元
　　　　延六年（1319），由玄教大宗師張留孫和其弟子吳全節募資興建。至治三年
　　　　（1323）完工，賜名東嶽仁聖宮，主祀泰山神東嶽大帝。清道光年間擴建。
　　　　廟坐北朝南，由正院、東院、西院三部分組成。正門前有高大雄偉的三洞七
　　　　幢琉璃牌樓。正院建築主要有山門、戟門（又稱瞻岱門、龍虎門）、岱宗寶殿
　　　　（又名仁聖宮）、育德殿、玉皇殿。東院原為花園，西院為規制不一的小型殿
　　　　宇，多為民間善會修建。東嶽廟雖經重修，但其主體建築仍保持元代風格，
　　　　廟內以神像、石碑、楹聯眾多而享譽海內外，趙孟頫所書「張天師神道碑」（俗
　　　　稱道教碑）即存於廟中。

〔註47〕*Ernest Satow Diaries (1861〜1868),* June 21, 1862.

〔註48〕*Ernest Satow Diaries (1861〜1868),* June 27, 1862.

次遇到朝鮮人並和他們有交往。從他以後日記、公文報告和學術著作來看，薩道義在其四十多年的外交生涯中，始終高度關注朝鮮半島局勢尤其是日俄兩國在朝鮮（和中國滿洲）的爭奪，他竭力維護英國在遠東地區的商業利益和霸主地位。

1862 年 4 月 16 日，薩道義第一次和朝鮮人近距離接觸，他觀察到：朝鮮人白衣長褲，自腳踝以上六英尺，帽子為黑色、光亮且寬邊，為馬鬃所製，冠下是黑色馬毛所織網狀結構，可蓋住前額。〔註49〕

5 月 22 日，薩道義前往朝鮮街參觀。在一家中國人開辦的人參店裏，他發現朝鮮產的人參價格不菲。在一家專門賣朝鮮紙張的商店，他發現朝鮮紙張很大，主要是用來糊窗戶，但也可用以複製地圖等。在一家布店，他發現朝鮮布匹按 13 英寸寬度出售，這種布比美國布要粗糙。〔註50〕

此外，薩道義在日記中還兩次記載他與朝鮮人交換帽子和錢幣的交往。這些經歷都很生動有趣，從此讓薩道義與朝鮮及朝鮮問題研究結下不解之緣。他後來還寫過有關朝鮮地理狀況的研究著作。（詳見本書附錄）

（二）與藏族人交往

1862 年 5 月 9 日，薩道義與友人們騎馬前往安定門附近的佛寺（據推測應該是雍和宮，筆者注）參觀。薩道義發現，幾乎所有祈禱者都是身穿紅黃袍的西藏人，除老者外，還有許多小孩，他們可能將被訓練成為喇嘛。藏族人之中幾乎很少有人懂漢語。他們臉龐與漢族人不一樣，大都有黑眼睛，但也有些人的眼睛是淡褐色。此外，薩道義還詳細描述了藏族人祈禱時的情形。〔註51〕

這是薩道義第一次見到藏族人，在未來歲月裏，西藏問題也是他密切關注的對象之一，尤其是在 1902 年之後，英國和沙俄對中國西藏的明爭暗鬥愈演愈烈，英國甚至直接出兵侵略西藏，此乃後話。此外，薩道義將藏族人視為中國的「外鄉人」，這與事實並不相符。藏族同胞和漢族及其他少數民族都是中華民族大家庭中不可或缺的一部分。

（三）與天主教傳教士及教徒們交往

薩道義是很虔誠的基督教教徒，每週日都盡可能去教堂做禮拜，但出於

〔註49〕 *Ernest Satow Diaries (1861～1868),* Apr.16, 1862.
〔註50〕 *Ernest Satow Diaries (1861～1868),* May 22, 1862.
〔註51〕 *Ernest Satow Diaries (1861～1868),* May 9, 1862.

基本相似的宗教信仰，他對天主教在華傳教情況也很關注。1862 年 4 月 20 日，這是一個星期天，又值西方天主教的復活節，薩道義前往北堂（The Roman Catholic Church）參加禮拜，他發現：現場共有數千名中國人齊誦祈禱詞。該教堂有幾位法國籍傳教士和主教，但他們都早已接受並習慣了中國人的生活方式，已向中國政府宣誓永不返回自己的祖國。其中一位傳教士曾在羅馬接受過教育，能說流利的意大利語和法語。

薩道義得知，中國天主教徒數量多達 6 萬人，該教會得到中國政府的官方承認，而基本上所有在英國駐華公使館服務的中國僕役和苦力也都是天主教徒。〔註 52〕

北堂是位於北京皇城內的一座天主堂。1693 年，康熙皇帝因患有瘧疾，太醫束手無策，天主教士張誠（Jean-Francois Gerbillion，1654～1707）獻上「金雞納霜」，服後立即痊癒，因此，康熙下令賜建此教堂。〔註 53〕

據現代學者研究，在 1701 年時，中國共有澳門、南京和北京 3 個主教區，有 130 位傳教士和約 30 萬名教徒。〔註 54〕這是天主教在中國傳教的一個黃金時期，然而，1704 年，羅馬教皇克雷芒十一世頒佈上諭，嚴禁中國教徒祭祖祀孔，這觸怒了康熙皇帝，從而引發「中國禮儀之爭」。康熙藉此宣佈教皇無權干涉中國事務，並下令：凡是想在中國傳教的人，均須向內務府領取「永居票」。「永居票」上除姓名、年歲和入華日期等項外，還寫明「永不回復西洋」。〔註 55〕從雍正朝到鴉片戰爭時期，清廷一直實行禁教政策。1765 年，中國的教徒減至 12 萬人。〔註 56〕1811 年，嘉慶皇帝再次頒佈禁教令。北京的西堂被賣，東堂失火，教士居於南北二堂。到 1840 年，中國各地有秘密潛入傳教的幾十名傳教士，信徒不過 20 萬人。〔註 57〕而在 1860 年簽訂中法《北京條約》後，天主教士可以公開進入中國內地傳教。〔註 58〕

綜合來看，薩道義對西方宗教在華傳教情況的瞭解尚有一定誤差，但這情有可原，畢竟當時他還無法準確掌握整體情況。

〔註 52〕 *Ernest Satow's Diraries (1861～1868),* June 3, 1862.
〔註 53〕 王美秀、段琦、文庸、樂峰等著：《基督教史》，江蘇人民出版社，2006 年第一版，2011 年第 6 次印刷，第 363 頁。
〔註 54〕 《基督教史》，第 363 頁。
〔註 55〕 《基督教史》，第 365 頁。
〔註 56〕 《基督教史》，第 366 頁。
〔註 57〕 《基督教史》，第 367 頁。
〔註 58〕 《基督教史》，第 377 頁。

（今天的北堂教堂）

　　值得一提的是，北堂，也就是後來在庚子之亂中被清軍和義和團聯合圍攻的西什庫教堂，與薩道義淵源頗深。在 1900 年 6 月 20 日至 8 月 14 日的 55 天裏，西什庫教堂是除東交民巷使館區外清軍與義和團聯合圍攻外國人的另一個重點。各國傳教士在事件發生時拼命抵抗，傷亡慘重，最後被抵達北京的各國聯軍解圍。英軍在接管北京防務後，大肆搜捕義和團成員，抄沒涉案人員家產，並從中發現了清政府官員與義和團聯絡準備放火焚毀教堂的信函，從而引發又一場中外交涉〔註 59〕。1901 年，法國主教樊國梁（Pierre Marie Alphonse Favier，1837～1905 年）對北堂進行整修，突破了原先清政府規定的建築高度限制而把兩側鐘樓加高，從而確立今天的北堂外貌。此乃後話。

　　薩道義很關注西方各大宗教在東方各國（主要是中國、朝鮮、日本、越南和暹羅等）傳教情況，他後來在駐日期間（1862～1882；1895～1900）曾就基督教在日本傳教情況寫過研究論文，引起國際學術界較大關注。在其後來擔任英國駐華公使（1900～1906）期間，薩道義很關注在華傳教問題，並在涉及傳教士賠款與懲辦問題談判時立場很強硬，可謂中國外交談判代表團的強勁對手。

〔註 59〕 詳見：國家清史編纂委員會・檔案叢刊《庚子事變清宮檔案彙編》第 9 卷，辛丑條約談判・卷一，中國人民大學出版社，2003 年第一版。

三、在英國駐華公使館的生活情況 〔註60〕

在北京期間，薩道義結識了許多新同事，包括英國駐華公使布魯斯（Bruce）、代辦約翰（St.John）、尼爾（Neale）上校和威妥瑪等人。1862 年 4 月 12 日，尼爾從北京啓程前往日本，接替阿禮國擔任英國駐日本總領事一職。後來，當薩道義抵達日本後又和尼爾一起共事，共同參與和見證了英國政府與日本幕府政權之間就「生麥事件」及薩英戰爭等重大事件的交涉。薩道義在上海期間曾讀過威妥瑪所著《尋津錄》，這是一本專供外國人學習漢語的入門教材。此後，威妥瑪將接替尼爾職務，並兼任英國駐華公使館漢文秘書。經人引薦，薩道義得以拜會威妥瑪這位知名人士，威妥瑪詢問了他許多問題，主要是爲了考察他是否有語言天賦。事後，薩道義覺得自己似乎並未給威妥瑪留下好印象。

在薩道義停留北京期間，學生翻譯們接受英國公使館的管理，紀律較爲嚴格。薩道義在日記中曾記載學生翻譯們因冒犯中國人而被訓話的事情，當時甚至引起中國總理衙門大臣文祥與英國駐華公使館之間的交涉。〔註61〕

從薩道義在京四個多月的經歷可以看出，年僅 19 歲的薩道義對北京的一切都感到新奇，古老北京城也帶給他許多樂趣，從遊歷古蹟到淘寶捉蝶，都讓他著墨不少。而在北京的閱歷也爲薩道義後來外交生涯奠定了紮實基礎，除了學習中國語言文化之外，瞭解北京的政局和英國公使館情況，初識朝鮮人和藏族人，接觸天主教在華傳教士等，都使他對北京有了更深入瞭解，拓寬了他的視野，從而有助於其日後的外交決策。筆者認爲，薩道義初次北京之行對其三十八年後的 1900 年夏秋之交赴華擔任英國駐華公使及其在華外交生涯都產生了一定影響。

英國學者科茨（P.D.Coates）在評價薩道義早年中國之行時認爲，雖然當初薩道義對推遲前往日本而在中國「耽誤（kick his heels）」很不滿，但從長遠來看，薩道義的一生都受益於此次短暫中國之旅，因爲英國外交部將中國視爲遠比日本更爲重要的貿易對象，在中國任職也比在日本任職更爲尊貴。

同時，科茨還指出了英國駐日總領事阿禮國 〔註62〕 建議讓日語學生先到

〔註60〕 *P. D. Coates:The China Cousuls——British Consular Officers (1843～1943)*，薩道義的日記可以很好地補充和豐富該書的內容。

〔註61〕 *Ernest Satow's Diraries (1861～1868), June 4, 1862.*

〔註62〕 阿禮國（Rutherford Alcock，1809～1897），英國外交官。1844～1859 年先後任英國駐廈門、福州、上海、廣州等地領事。1859～1865 年，任英國駐日總

中國生活和學習一段時間的原因。這是由英國駐上海領事麥華陀（W.H. Medhurst）向阿禮國提出的，麥華陀曾訪問過日本，他指出：他能夠看懂許多商店招牌上的內容，因此，有中國漢字的基本功底將有助於日語學習。一直以來，阿禮國對英國駐日總領事館的日語翻譯生的學習進度很不滿，當時領事館成員中尚無人能夠流利地閱讀日文。因此，阿禮國才接受了麥華陀的建議。〔註63〕

　　薩道義後來在其回憶錄中這樣評論麥華陀的理論：「儘管熟悉中國漢字可能對日語學生有用，但這絕對不超過拉丁語對那些想學意大利語或西班牙語的人的必要性。」當時有一份從江戶（今東京）寄來的日文告示（note）抵達北京，但沒有任何一位中國人能夠讀出來，更無人能夠理解其意思，麥華陀的這個理論隨即被宣判無效，於是，薩道義等日語翻譯生們被立即用船送往日本學習。此舉受到英國駐日公使館代辦尼爾的熱烈歡迎，因為他急需得力人員幫助他處理對日交涉事宜。〔註64〕薩道義他們抵達日本後不到一周就發生了著名的「生麥事件」，這些實習翻譯生們很快就投入到英方與日方的談判交涉之中。

　　有意思的是，早年來華時的薩道義等實習翻譯生們以調皮和不服使館管教而著稱，但當薩道義後來擔任英國駐華公使後，他在整頓使領館內部紀律方面以鐵腕而著稱，完全沒有當初的調皮和幽默。〔註65〕這些都是早期來華經歷給他留下的寶貴財富和歷練。

第三節　薩道義的「中國觀」初探

　　從1862年初次訪華開始，薩道義幾乎從未間斷過對中國的關注與研究，即便是他調離中國期間，也是對東方問題尤其是中日關係保持高度敏感和關注。在不同階段，他對中國認識的廣度和深度都有所不同，形成了不同時期的「中國認識」，並指導其做出判斷及決策。薩道義自1862年首次來華至1906

　　領事（後改為公使）。1865～1871年，任英國駐華公使。

〔註63〕Ian C.Ruxton:The Diaries and Letters of Sir Ernest Mason Satow (1843～1929), A Scholar-Diplomat in East Asia,The Edwin Mellen Press, 1998, p.13.

〔註64〕The Diaries and Letters of Sir Ernest Mason Satow (1843～1929), A Scholar-Diplomat in East Asia, The Edwin Mellen Press, 1998, p.14.

〔註65〕The Diaries and Letters of Sir Ernest Mason Satow (1843～1929), A Scholar-Diplomat in East Asia, The Edwin Mellen Press, 1998, p.16.

年結束駐華公使任期回國，四十五年間他兩次來華都適逢中國發生重大變故，一次是太平天國運動，另一次則是義和團運動。在此期間，他對中國西藏、新疆和蒙古問題等都很關注，並在中日之間有關琉球問題交涉過程中也發揮了一定的作用。

一、薩道義首次駐日期間對中國問題的關注

薩道義的駐日外交生涯共分爲兩個階段，第一階段是 1862 年 8 月底離開中國後就去日本，直到 1884 年轉任英國駐暹羅（今泰國）總領事，期間擔任過英國駐日公使館的實習翻譯官等中下級職位。第二階段是 1895 年，他出任英國駐日公使，直到 1900 年 4 月底卸任，返回英國度假，準備接任英國駐華公使。

自從 1862 年 8 月底離開中國前往日本後，直到 1900 年 9 月底，薩道義才再次來華，在駐日期間他結識了不少中國人，其中包括中國駐日外交官和旅日文人等，薩道義甚至聘請了一位中國文人擔任其中文教師，繼續學習中文和中國文化。其間雖未再次來華，但他仍然密切關注中國問題，尤其是中日在臺灣問題和琉球問題上的外交談判，薩道義在日記中都有詳細記錄，並在後來中日兩國政府間有關琉球問題的交涉上給予英國政府科學決策參考。

（一）薩道義與中日臺灣問題交涉

1873 年琉球遭風難民在臺灣被當地高山族居民殺害，1874 年日本藉此事由派兵佔領臺灣南部，隨後，中日代表在北京談判，最後中國賠償日本 50 萬兩白銀，並在條約中承認日本出兵臺灣是「保民義舉」，言外之意，日本此舉是爲琉球難民伸冤報仇。薩道義在日記中對此事件及談判過程都有詳細記錄。日本著名學者萩原延壽所編著《北京交涉》一書記錄的就是這一重大歷史事件。

時任英國駐日公使巴夏禮和駐華公使威妥瑪在中日有關臺灣問題交涉過程中扮演了重要角色〔註66〕。據薩道義日記《北京交涉》記載，1874 年中日北京談判解決臺灣問題時，日本大久保利通使團抵達北京後頻繁拜訪威妥瑪，而在日本東京，日本政要岩倉具視等也多次和巴夏禮交換意見。〔註67〕威妥瑪在給英國外交部門的報告中也承認：正是自己建議中方向日本賠付 50

〔註66〕有關英國在 1874 年中日臺灣問題交涉的角色研究，可以參考：董林亭、王秀俊《淺析 1874 年日本侵臺期間英國調停的歷史作用——以英國利益爲研究中心》，《邯鄲學院學報》2008 年 3 月，第 18 卷第 1 期，第 66～68 頁。

〔註67〕（日）萩原延壽：《遠い涯——アネスト・サトウ日記抄１１》，（日本東京）朝日新聞社，2008 年 3 月出版，第 212～338 頁。

萬兩白銀，雖然這只是日本人最初索賠金額的十分之一，但在最後協議中特別注明：其中十萬兩是給琉球人的撫恤金。當時就有許多中外人士（例如直隸總督李鴻章和美國駐華公使西華等）都認爲正是這一條款給日本人以口實，從而藉以伸張日本對琉球的主權。〔註 68〕薩道義在日記中對該問題的記載是後來國際學術界研究該問題的重要參考資料。

中日在臺灣問題上的爭端成爲後來日本佔領琉球的一個口實，薩道義對此也做了深入研究，並多次對英國政府建言獻策。

（二）薩道義與中日琉球問題交涉

作爲西方日本學研究的「開山鼻祖」，薩道義曾於 1872 年在日本橫濱參與創建日本亞洲協會（the Asiatic Society of Japan），並憑藉其在駐日期間卓越的學術表現，奠定了他在國際日本學研究領域裏的特殊地位，被譽爲西方日本學的早期三大家之一〔註 69〕。1872 年薩道義曾爲日本亞洲協會寫過一篇文章《琉球筆記》（Notes on Loochoo），詳細介紹了琉球的歷史、氣候、物產、建築、宗教、風俗習慣、服飾、髮型和語言等，這是後世學者進行學術研究及有關國家制定對琉球政策的重要參考。從這篇文章中可以看出，薩道義對中日兩國傳統古籍相當瞭解，他甚至引用了很多古書來論證其觀點，具有較強的學術性。

琉球問題由來已久。中國明朝洪武五年（1372 年），琉球即成爲中國的藩屬國，一直向中國朝貢，並接受中國中央政權的冊封。1609 年日本薩摩藩出兵侵略琉球，強行擄掠琉球國王至鹿兒島軟禁，三年後才放回，並將琉球北部置於薩摩藩的統治，從此琉球「雙向臣屬」於中國與日本。此種狀態持續了兩百多年，直到 1868 年日本明治維新後才發生改變。1874 年中日之間臺灣問題交涉未獲得合理解決，這爲後來日本吞併琉球主權埋下了伏筆。1879 年日本政府正式對琉球「廢藩置縣」，琉球國王被勒令前往東京接受「華族」封號。與此同時，琉球王國派使節到中國乞援。中日雙方圍繞琉球問題展開激

〔註 68〕British Documents On Foreign Affairs (Reports And Papers From The Foreign Office Confidential Print) （以下簡稱 BDFA）, part 1 (From the Mid-Nineteenth Century to the First World War), SeriesE (Asia, 1860～1914), Volume2 (Korea, the Ryukyu Islands, and the North- East Asia, 1875～1888), Maryland University Publications of America, 1993, P.59～61.

〔註 69〕另兩位是阿斯頓（William George Aston，1841～1911）和張伯倫（Basil Hall Chamberlain，1850～1935）。參見：Early Japanology: Aston, Satow, Chamberlain. Volume 1, Greenwood Press, Westport, Connecticut, 1998.

烈交涉，最早是由中國首任駐日公使何如璋在日本東京與日方交涉的。

　　在中日琉球交涉過程中，中方曾經邀請美國和英國出面調停，尤其是英國駐華公使威妥瑪曾經參與中日之間臺灣問題交涉。在中日出現琉球問題糾紛時，英國駐日公使館關注到薩道義關於琉球問題的三篇文章，並於 1879 年和 1880 年先後向索爾斯伯里侯爵彙報其內容。薩道義的這些文章介紹了琉球的概況、琉球問題始末及關於此問題的中日論戰情況，這對英國官方瞭解琉球歷史及各方立場有很大幫助，爲英國政府的外交決策提供了有力支持。

　　1879 年 7 月 6 日，即日本將琉球「廢藩置縣」後不久，爲了給英國外交決策層制定政策提供依據，薩道義給寫了一份有關琉球問題的詳細備忘錄，內容主要是介紹日本明治維新後琉球試圖保持對中國和日本的雙屬地位，甚至爭取在日本管轄範圍內高度自治的經過。〔註70〕

　　1880 年 2 月 13 日，英國駐日使館代辦肯尼迪向索爾斯伯里侯爵彙報薩道義所寫第二份備忘錄，薩道義總結了日本報紙上有關琉球問題的論戰情況。薩道義不遺餘力地去核實兩位作者文章中提到過的所有材料，他向肯尼迪保證說：這些參考文獻總體上來說都是可靠的。在陳述完兩位作者的觀點之後，薩道義傾向於贊成日方所持觀點。

　　英國公使館認爲，只有將薩道義所寫兩份備忘錄結合起來，才能全面瞭解琉球問題的來龍去脈。使館代辦肯尼迪還提醒索爾斯伯里侯爵尤其要注意薩道義最後結論部分，薩道義指出：「如果將此事留給中日兩國自己去處理，他們將會妥善地解決這個問題。」〔註71〕薩道義建議英國政府在中日琉球問題交涉上保持中立，肯尼迪完全贊同此觀點。〔註72〕

　　毫無疑問，薩道義的這兩篇備忘錄和更早完成的《琉球筆記》影響了英國政府在琉球問題上的政策。英國政府據此對中日琉球問題交涉採取「密切關注，有限介入」的政策。

　　值得一提的是，有關薩道義在早期駐日期間與中國關係的研究相對比較薄弱，國際學術界除了關注薩道義早期的《琉球筆記》一文外，對他後來所

〔註70〕 *BDFA,* part 1, Series E (Asia,1860～1914), Volume 2 (Korea, the Ryukyu Islands, and the North- East Asia, 1875～1888), p.69.

〔註71〕 *BDFA,* part 1, Series E (Asia, 1860～1914), Volume 2 (Korea, the Ryukyu Islands, and the North- East Asia, 1875～1888), p.74.

〔註72〕 *BDFA,* part 1, Series E (Asia, 1860～1914), Volume 2 (Korea, the Ryukyu Islands, and the North- East Asia, 1875～1888), p.70.

寫有關琉球問題的另兩篇文章則幾乎無人關注，或許是因爲這兩篇文章嚴格意義來講更算是外交報告，在當時屬於保密文件，而非公開發表的純粹學術論文。從中我們可以看出，薩道義對中日兩國文化都有深刻的見解。

二、薩道義在駐華公使任內的「中國觀」

應該說，在其擔任英國駐華公使期間的六年（1900～1906 年）最能體現薩道義的「中國觀」。整體來說，薩道義是典型的帝國主義外交官，在他身上有濃重的西方優越感。由於在日本生活和工作了將近三十年，他對日本自明治維新後發生的巨大變化感同身受，同時他結交了很多日本高官政要，並和一位日本女子秘密組成家庭並養育子女，因此，他更認同日本文化和日本民族。與近代日本形成鮮明對比的是，近代中國發展緩慢，猶如步履蹣跚的老人，頻繁遭受「發達而文明」的外來勢力的欺侮和壓迫。薩道義及英國政府也加入到這場對他們來說是「狂歡」的欺凌和掠奪之中。在薩道義日記中，我們能夠經常看到有關英軍參與搶劫中國珍貴文物之事的記載。

不過，從薩道義的日記和信函中還是能夠看到另一種情況。他對英國傳教士在華活動有一定的限制，他主張傳教士們應作爲英國公民而非傳教士被保護。

在薩道義剛出任英國駐華公使時，曾有美國媒體分析薩道義的性格，稱他不夠強硬，或許不能勝任英國駐華公使一職，同時指出：薩道義認爲東方民族也和西方民族一樣享有相同的權利。〔註73〕倫敦和上海的英國商界也強烈反對政府任命薩道義到北京任職，因爲他們認爲他不是一個能夠充分保護他們利益的實幹家。當獲悉薩道義同竇納樂職務互換的人事變動後，「英商中華協會」公開宣佈了他們對此任命表示反對的決心，以便「盡可能最強烈地、系統地公開闡明公眾和私人的抗議，……並表示現時要求一名非凡的人」。這種惡毒攻擊可能更堅定了薩道義履職的決心。〔註74〕他後來在華的表現可謂徹底改變了英國政、商、民各界的看法，他在外交談判中對中國很強硬，盡力維護英國在華利益，並極力遏制戰略對手（主要是俄國）的擴張。

薩道義曾在日記中這樣寫到，在過去四十年裏（1860～1900 年），英國政府的對華政策走在一條錯誤軌道上。他認爲過去四十年裏中英之間沒有發生

〔註73〕 *The Diaries of Sir Ernest Satow, British Envoy in Peking (1900～1906)*, p.23.
〔註74〕《英國對華政策（1895～1900）》，第 234 頁。

戰爭〔註75〕，英國不該對中國如此「友好」，正是如此「縱容」中國，才導致發生 1900 年的中國動亂。他認為傳統的「堅船利炮」政策才是最合適的對華政策。〔註76〕

此外，在庚子和談中，薩道義曾多次強硬地主張：因為中國人很容易忘記過去所受恥辱，所以要經常教訓中國。他堅持讓京城停止會試五年，以使中國人銘記這奇恥大辱。〔註77〕

從薩道義日記中可以看出，他經常從中國傳統文化角度來分析中國問題。例如：在考慮是否追究慈禧太后的戰爭責任問題上，他認為慈禧太后和光緒皇帝之間的關係雖無血緣關係但勝似母子，不能因為過於追究慈禧太后的責任而置光緒皇帝於不仁不義之地步。〔註78〕

在 1900 年 9 月底抵達上海後，薩道義與當地英國傳教士談論中國局勢。卡塞爾主教（Bishop Cassels）告訴薩道義說，在義和團運動時所發生教案中並未發現有侮辱傳教士婦女的事件發生，只有在她們死後才有此現象發生。薩道義對此表示相信，因為他認為，以強姦婦女作為侮辱手段，這不符合中國人的習俗。〔註79〕

整體來說，薩道義的性格有複雜和矛盾的一面。他對中國等東方民族抱有一定的同情心，但又在實際問題上對東方民族很強硬；他很注意約束英國傳教士的行為，但又在傳教士問題談判中對中國很強硬；他能夠從東方民族的傳統文化角度去思考如何解決東方問題，但主要是更好地為英國在華利益服務。

三、薩道義 1906 年卸任回國後的中國認識

1900 年 9 月，薩道義作為英國駐華公使及庚子和談的英國全權談判代表開始在華履職。1906 年，他結束將近六年的駐華公使任期，返回英國。雖然後來未再回到東亞地區，但他仍然密切關注東亞問題。他對中國的認識也因

〔註75〕指第二次鴉片戰爭後，中英之間基本保持「和平」，筆者注。

〔註76〕*The Diaries of Sir Ernest Satow, British Envoy in Peking (1900～1906)*, p.11.

〔註77〕*The Semi-Official Letters of British Envoy Sir Ernest Satow from Japan and China (1895～1906)*, Lulu Press, April 1, 2007, p.244～245.

〔註78〕*The Semi-Official Letters of British Envoy Sir Ernest Satow from Japan and China (1895～1906)*, Lulu Press, April 1, 2007, p.195.

〔註79〕*The Semi-Official Letters of British Envoy Sir Ernest Satow from Japan and China (1895～1906)*, Lulu Press, April 1, 2007, p.196.

其豐富的在華履職經歷而發生較大變化，這可以從他於 1907 年爲《中華帝國：
一項整體和宗教性質的考查》（*Chinese Empire:A General and Missionary
Survey*）一書所作以下序言中管窺一二。

　　中華帝國土地遼闊，人口眾多，幾乎可以被稱爲這個地球的 sixth
quarter。過去很長時間裏，它都與西方整體發展潮流絕緣。但最近，
隨著溝通交流方式的改進，已極大縮短了其與外界的距離，中國人發
現已無法保持以前的孤立和冷漠的態度。障礙被逐個破除，中國人發
現自己有太多東西需要獲取，通過利用西方國家過去在各領域所創造
的知識來武裝自己的頭腦。

　　過去百年來，很多人持之以恆、前赴後繼地向中國人傳播基督
教知識及其對人類社會的貢獻。1807 年，作爲先驅者，倫敦會〔註
80〕（the London Missionary Society）的基督教新教傳教士馬禮遜在
廣州登陸。現在，其繼任者來自 70 個不同的教派，人數超過 3700
人，男女都有，他們在中華帝國幾乎每個重要城市都傳教、照顧病
人和普及教育等。

　　由於傳教士們的努力，我們獲得了中華帝國的語言、文化、
歷史、風俗習慣等方面的大量知識。只需提及諸如馬禮遜〔註81〕、

〔註80〕倫敦會，全名倫敦傳道會（the London Missionary Society），屬於基督新教教
　　　　派公理宗（Congregationalists），建立於 1795 年。1807 年，蘇格蘭傳教士馬禮
　　　　遜到達廣州廣傳福音。1843 年麥都思和哈信醫生（Benjamin Hobson, 1816 ～
　　　　1873）同至上海。理雅各把「英華書院」從馬六甲遷到香港。1855 年楊格非
　　　　（Griffith John，1831～1912）和韋廉臣（Alexander Williamson, 1829～1890）
　　　　同到上海，韋氏創辦「廣學會」。1861 年楊格非由上海前往湖北漢口，開闢新
　　　　傳教區。艾約瑟深入中國北方直隸地區，開創傳教區。1977 年與英聯邦傳道
　　　　會（Commonwealth Missionary Society）及英國長老會差傳委員會（Foreign
　　　　Missions Committee of the Presbyterian Church of England）合併爲世界傳道會
　　　　（Council for World Mission）。總部位於英國倫敦。
〔註81〕馬禮遜（Robert Morrison，1782～1834），是西方派到中國大陸的第一位基督
　　　　新教傳教士，他在華 25 年，在許多方面都有首創之功。他在中國境內首次把
　　　　《聖經》全譯爲中文並予以出版，使基督教經典得以完整地介紹到中國；編
　　　　纂第一部《華英字典》，成爲以後漢英字典編撰之圭臬；他創辦《察世俗每月
　　　　統紀傳》，爲第一份中文月刊，在中國報刊發展史上位居首尊；他開辦「英華
　　　　書院」，開傳教士創辦教會學校之先河；他又和東印度公司醫生在澳門開設眼
　　　　科醫館，首創醫藥傳教的方式。他所開創的譯經、編字典、辦刊物、設學校、
　　　　開醫館、印刷出版等事業，使其成爲開創近代中西文化交流的先驅。

麥都思、盧公明〔註82〕、衛三畏等人的字典和著作，理雅格〔註83〕
翻譯的中國經典著作，艾德〔註84〕、花之安〔註85〕、艾約瑟〔註86〕、
湛孖士〔註87〕和明恩溥〔註88〕等人作品，我們就應該對他們表示衷
心感謝。同時，他們也積極地向中國傳播聖經、神學著作、宗教歷

〔註82〕盧公明（Justus Doolittle，1824～1880），19世紀美國漢學家，美國公理會第
　　　　二批派往福州的傳教士，在榕創辦「榕城格致書院」和「文山女子中學」，也
　　　　積極投身反對吸食鴉片的輿論活動。著有《盧公明日記》及《華人的社會生
　　　　活（上下）》。

〔註83〕理雅格（James Legge，1815～1897），是近代英國著名漢學家，曾任香港英華
　　　　書院校長，倫敦佈道會傳教士。他是第一個系統研究、翻譯中國古代經典的
　　　　人，從1861年到1886年的25年間，將《四書》、《五經》等中國主要典籍全
　　　　部譯出，共28卷。當他離開中國時已是著作等身。理雅格的多卷本《中國經
　　　　典》、《法顯行傳》、《中國的宗教：儒教、道教與基督教的對比》和《中國編
　　　　年史》等著作在西方漢學界佔有重要地位。他與法國學者顧賽芬、德國學者
　　　　衛禮賢並稱漢籍歐譯三大師，也是儒蓮翻譯獎的第一個獲得者。

〔註84〕艾德（Ernest John Eitel，1838～1908），德國人，著有《客家人的歷史》（History
　　　　of the Hakkas）、《佛教演講錄》（Three Lectures on Buddhism）（1871）、《風水：
　　　　中國自然科學的萌芽》（Feng Shui: or the Rudiments of Natural Science in
　　　　China）（1873）、《歐洲在中國：香港史》（Europe in China: the History of
　　　　Hongkong from the Beginning to the Year 1882）（1895）、《中國佛教手冊》
　　　　（Handbook of Chinese Buddhism）（1904）、《廣州方言漢英辭典》（A Chinese
　　　　Dictionary in the Cantonese Dialect）（1877）/A Chinese－English Dictionary in
　　　　the Cantonese Dialect（增訂版，1910）

〔註85〕花之安（Ernest Faber，1839～1899），德國傳教士，漢學家、植物學家。1865
　　　　年代表禮賢會到香港，後在廣東內地傳教。1880年與禮賢會脫離關係，獨立
　　　　傳教。1885年加入同善會。翌年赴上海。1898年德國佔領青島後，移居青島。
　　　　次年死於青島。著有《儒教匯纂》、《中國宗教導論》、《中國婦女的地位》、《從
　　　　歷史角度看中國》等書，被譽為「19世紀最高深的漢學家」。

〔註86〕艾約瑟（Joseph Edkins，1823～1905），字迪瑾，畢業於倫敦大學。英國傳教
　　　　士和著名漢學家。1843年在上海傳教，與麥都思、美魏茶、慕維廉等英國倫
　　　　敦會傳教士創建墨海書館，曾赴太平天國起義軍中談論宗教問題。1863年到
　　　　北京，負責倫敦會的北京事工並創立北京缸瓦市教會，1875年獲愛丁堡大學
　　　　神學博士。1880年被中國海關總稅務司赫德聘為海關翻譯。1905年在上海逝
　　　　世，享年82歲。

〔註87〕湛孖士，又稱湛約翰牧師，（Chalmers John，1825～1899），英國人，倫敦傳
　　　　道會牧師，1868年翻譯《老子玄學，政治與道德律之思辨》。

〔註88〕明恩溥（Arthur Henderson Smith，1845～1932），生於美國康涅狄格州，畢業
　　　　於比羅耶特大學。他於1872年偕妻子來華，不久即到山東，從事傳教與救災
　　　　等工作達25年之久。《中國人的氣質》初版於1894年，面世後即在美國國內
　　　　外引起較大轟動，並被譯成法、德、日等國文字。

史、祈禱用書和論著等，幾乎包括世俗社會的歷史和科學領域裏的每個部分，他們無疑是將西方介紹到東方的翻譯家。

發生在過去數年裏的事件已喚醒中華民族的一種新精神。他們不再沉醉於天朝上國的美夢，而顯示出願意學習和渴望撥款，以獲得有助於其屹立於世界先進民族之林的知識。也許起初他們的想法是爲了確保他們的獨立和領土完整。我們應該對這種觀點抱有同情心。沒有在其疆域範圍內的安全，他們就無法將注意力集中於國家事業中最重要的部分。……

在過去近六年時光裏，我有幸生活工作在中國，與許多基督教新教徒建立了親密的私人關係，見證了他們在佈道、醫療衛生和教育等領域開展的許多工作。我也能夠證明他們在追求崇高而又自我犧牲的工作時展現出來的誠摯與熱情，他們經常遭遇狂熱反對，有時要完全與世隔絕，甚至經常冒著生命危險，但這都不能動搖他們對信念的執著。

薩道義

1907 年 2 月寫於英國錫德茅斯

在這篇序言中，薩道義認爲中國在過去很長一段時間裏都是將自己視爲天朝上國，與西方整體發展潮流絕緣。但隨著西方國家憑武力敲開中國國門以及溝通交流方式的改進，中國與外界的距離已被極大縮短，中國人發現再也無法保持以前的孤立和冷漠的態度。於是，對外開放的障礙被逐個破除，中國人開始反思要「師夷長技」，通過利用西方國家過去在各領域所創造的知識來武裝自己的頭腦。

薩道義對自 1901 年中國實行「清末新政」以來所發生的變化感到樂觀，並表示各國要支持中國完成這種蛻變。他認爲幾次中外碰撞的事件（如：兩次鴉片戰爭、中法戰爭和中日甲午戰爭等）已喚醒了中華民族的一種新精神。中國不再沉醉於做天朝上國的美夢，而願意學習和渴望獲得能夠助其屹立於世界先進民族之林的知識。不論是其初次來華時還是後來擔任駐華公使，薩道義對中國人的印象始終都比較好，因此，雖然他認爲中國這種「求變」的想法只是爲了確保中國主權獨立和領土完整，但仍應該對其抱有同情心，因爲「若無在其疆域範圍內的安全，他們就無法將注意力集中於國家事業中最

（明恩溥）　　　　　（馬禮遜）　　　　　（衛三畏）

（艾約瑟）　　　　　（花之安）　　　　　（理雅各）

（麥都思）　　　　　（威妥瑪）　　　　　（阿禮國）

重要的部分」。〔註89〕實事求是地講，這點認識至今仍有積極意義。

　　薩道義還充分肯定了一百年來傳教士在傳播西方文化及宗教知識方面的巨大貢獻，也高度讚揚了傳教士幫助他們獲得了有關中國的語言、文化、歷史、風俗習慣等方面的大量知識。薩道義認爲馬禮遜、麥都思、盧公明、衛三畏等人編撰的字典和著作，理雅格翻譯的中國經典著作，艾德、花之安、艾約瑟、湛孖士和明恩溥等人的作品使西方很好地瞭解中國。同時，各國在華傳教士們也積極地向中國人傳播聖經、神學著作、宗教歷史、祈禱用書和論著等，幾乎包括世俗社會的歷史和科學領域裏的每個部分，是將西方介紹

〔註89〕 *Chinese Empire:A General and Missionary Survey*.p.vii.

到東方的翻譯家，在佈道、醫療衛生和教育等領域也發揮了重要作用。〔註90〕

那麼，我們該如何看待薩道義的這番對華評論呢？他認爲自 1901 年開始實行的清末新政是中國走向復興的起點，這是他對中國局勢的一種解釋，平心而論，具有一定的深度和客觀性。

從清政府角度來看，這是滿族統治中國的最後十年，雖然有論者認爲「清廷已完全淪爲洋人的政府」，但實事求是地講，「清末新政」推行的很多政策都爲後來中華民國政府的建立和發展奠定了良好基礎，具有一定的歷史進步意義，值得肯定。從國民反抗意識角度來看，這也確實是中華民族奮起反抗外來侵略的高峰時期，體現了中華民族自救意識的覺醒和增強。

綜觀其一生與中國的關係，薩道義的中國觀歷經「最初的好奇、對中國燦爛的古代文明欽佩、對近代中國腐朽體制的蔑視和最後相對客觀評價」等四個不同階段，這同他的外交生涯及其對東方問題研究的不斷深入密不可分。

第四節　薩道義在中國期間的讀書情況

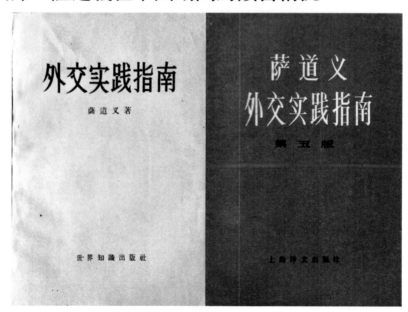

（薩道義諸多著作中首部中譯本《外交實踐指南》最
早於 1959 年出版，左爲第一版，右爲第五版。）

〔註90〕*Chinese Empire:A General and Missionary Survey*.p.viii.

　　薩道義作爲一個學者型外交官，其著作《外交實踐指南》成爲後世國際關係學界的經典之作，廣爲流傳。薩道義的學術成就得益於他廣泛的閱讀和豐富的職業生涯，通過薩道義日記和信函，我們可以看到一位著名學者型外交官的成才之路。早期在上海和北京期間，薩道義也是廣泛且大量地閱讀。

　　薩道義在 1906 年卸任駐華公使之職返回英國之前，曾在中國報紙上刊登了一則拍賣廣告，包含他上百本珍貴藏書。從薩道義的閱讀書目中，我們可以看到其涉獵範圍之廣和研究重點之精。這既成就了他在學術上的輝煌，也奠定了他在外交領域取得成績的基礎。

一、早期在上海期間讀書情況

　　據筆者不完全統計，薩道義在中國學習和生活期間，除了閱讀中文經典和必備的工具書外，還閱讀了不少其他方面的書籍，這有助於開拓視野。

　　薩道義先後閱讀了卡明（Cumming）所著《救贖臨近》（*Redemption draweth nigh*），佩里准將（Commodore Perry）所著《遠征中國和日本記》（*Expedition to China and Japan*），艾里斯（Ellis）所著《從香港到馬尼拉》（*HongKong to Manila*），霍傑森（C.P.Hodgeson）所著《在長崎和箱館的定居點：1859～1860》（*A Residence at Nagasaki and Hakodate，1859～1860*），古羅馬喜劇家泰倫斯（Terence,Wharton Booth Marriott）〔註91〕所著《兄弟》（*Adelphi of Terence*）、《岳母》（*Hecyra*）、《自虐者》（*Heantontimoroumenos*）、《宦官》（*Enuchus*）和《安德羅斯婦人》（*Andria*）等作品，維吉爾（Virgil）〔註92〕所著《埃涅伊德》（*Aeneid*），漢密爾頓（Sir Williams Hamilton）所著《形而上學講義》（*Lectures*

〔註91〕泰倫斯（Publius Terentius Afer），羅馬共和國的著名戲劇家，約公元前 195 或前 185 年到前 159 年，生於迦太基。先是被帶到羅馬爲奴，後獲釋。他一生共寫過六部喜劇（全部留傳至今），包括《婆母》（《岳母》[Hecyra]）、《兩兄弟》（《兄弟》[Adelphi]）、《安德羅斯婦人》（Andria）、《宦官》（Eunuchus）、《自虐者》（Heautontimorumrnus）和《福爾米歐》（Phormio）等代表作品都是從古希臘新喜劇（批衫劇）改編或翻譯過來，並以詩歌形式寫成。其喜劇結構嚴謹、語言文雅但欠生動，所遭非議頗多，人物内心矛盾刻畫細膩，人物形象自然。他的喜劇不如普勞圖斯的滑稽有趣，在當時僅受到有教養的觀眾喜愛，但從他死後一個世紀内開始到公元 19 世紀，被作爲學校教科書而得到傳誦。泰倫斯對後世的喜劇產生了相當大的影響，法國的莫里哀、英國的斯梯爾和謝里丹都曾模仿過他的作品。約公元 100 年時，蘇埃托尼烏斯著有泰倫斯的傳記。

〔註92〕維吉爾：（公元前 70～公元前 19），古羅馬詩人，其主要作品爲史詩《埃涅伊德》。

on Metaphysics）等。

此外，他還購買了一些中草藥方面的書籍及有插圖的中文書，內容涵蓋風景、人體構造、鳥類、植物和動物等。

從中我們可以看出，在上海期間，薩道義除了對歐洲學者的作品感興趣外，還對亞洲的中國和日本很感興趣，這都奠定了其後來學術和外交生涯的基礎。

二、早期在北京期間的讀書情況

據筆者不完全統計，在薩道義 1862 年初次來北京學習期間，他先後讀過以下書籍：《雅典娜》（*Athenaeums*）〔註 93〕、喬治・艾略特（George Eliot）所著《亞當・比德》（*Adam Bede*）、斯科特（Sir Walter Scott）所著《*Heart of Midlothian*》、斯科特（Sir Walter Scott）所著《拉美摩爾的新娘》（*Bride of Lammermoor*）、胡克（Evariste Regis Huc）所著《中華帝國》（*Chinese Empire*）第一卷、莫特・福凱（F. de la M. Fougue）《水妖記》（*Undine*）〔註94〕、德意志史詩《尼伯龍根之歌》（*Niebelungen Lied*）、漢密爾頓（Sir Williams Hamilton）所著《形而上學講義》（*Lectures on Metaphysics*）、斯賓塞（Spencer）所著《*Fairee Queen*》等。期間，薩道義主要閱讀歐洲學者的作品，只讀了一本有關中國的書籍。

但薩道義在 1862 年 4 月 30 日的日記中提到曾與朋友去琉璃廠搜尋舊書，想買《大明算書》和《西洋算書》，但因為太貴而未果。

三、任駐華公使期間的讀書情況

1900～1906 年，在華任職期間，薩道義踐行了「讀萬卷書，行萬里路」的中國古訓，足跡遍及全中國。在 1901 年 10 月底 11 月初，也就是《辛丑條約》剛簽署不久，結束過去一年忙碌工作的薩道義離開北京，南下考察中國社會，先後經過天津、威海、南京、舟山、香港等地，最後抵達廣州。1901 年 11 月 2 日，在舟山附近的花鳥山島（North Saddle Island）〔註95〕時，他閱

〔註93〕《Athenaeums》（1828～1921）是 J.S.Buckingham 創辦的一本文學評論期刊。

〔註94〕莫特・福凱（F. de la M.Fougue，1777～1843），德國作家，其作品《水妖記》（Undine）曾被中國詩人徐志摩翻譯成《渦提孩》，於 1923 年 5 月商務印書館出版。渦堤孩，是英文 water 諧音，中文意為「水」，象徵海的女兒或水妖。

〔註95〕花鳥山是浙江舟山群島中最東邊的一個小島，因為地理位置十分重要，形狀類似馬鞍，所以又稱北馬鞍島。當年也是英國殖民者覬覦的一個地方，他們甚至想從該島修建海底電線到朝鮮巨文島，以期及時掌握中國和朝鮮的局勢。

讀 Krause 所著《衰敗中的中國》（*China in Decay*）、Countess Cesaresco 所著《意大利的解放》（*Liberation of Italy*）、Mrs.Humphrey Ward 所著《埃莉諾》（*Eleanor*）。1901 年 11 月 4 日，薩道義抵達臺灣海峽附近，閱讀《克里米亞戰爭》（*War in the Cremea*）。〔註96〕

　　在結束《辛丑條約》談判後，西藏問題開始成爲薩道義關注的對象。爲了更好地幫助英國政府制定相關政策，薩道義特意寫信給友人，請他們寄來有關西藏問題的書籍和資料。〔註97〕

　　中國滿洲問題和朝鮮問題一直是薩道義關注的重點，他也一直在搜集相關領域研究的資料和書籍，這都有助於後來其更好地開展外交工作。

四、1906 年卸任離華時的情況

　　位於日本東京都文京區的東洋文庫裏存有一張薩道義的財產清單〔註98〕，記錄著 1906 年薩道義卸任英國駐華公使之職即將回國前，登報拍賣處理個人私有財產。從中我們可以得到很多信息：第一，薩道義的私人財產很多，可以想像得出他當年的生活很奢侈；第二，其藏書十分豐富，拍賣的書籍共計 128 本，涉及面非常廣，有關於世界各國的歷史、地理、文化、法律（尤其是國際法）、倫理學、社會學、神學、哲學、動植物、戲劇和詩歌等；語言類型主要是西方語言，有英語、德語、法語和拉丁語等，也有東方的滿語，加上他精通日語，粗通中文，可以說薩道義是一個百科全書式的學者；第三，他還收藏有英國傳教士、著名漢學家馬禮遜的著作。馬禮遜的英文名很容易同薩道義的好朋友、同時是英國《泰晤士報》著名新聞記者的澳大利亞人莫理循相混淆。莫理循在中國生活和工作過許多年，人脈關係深厚，興趣愛好十分廣泛，收藏了大量珍貴書籍，尤其是關於東方文明的書籍，在他離開中國前，這些藏書被日本三菱財團收購，著名的東洋文庫就是在此基礎上擴充而來。〔註99〕

〔註96〕 *The Diaries of Sir Ernest Satow, British Envoy in Peking (1900～1906)*, p.151.

〔註97〕 Ian Ruxton: *The Semi-Official Letters of British Envoy Sir Ernest Satow from Japan and China (1895～1906)*, Lulu Press, April 1, 2007, p.270～290.

〔註98〕 2010 年 4 月，筆者在日本關西大學文學部做訪問學者時，曾經前往東京查閱東洋文庫中的資料，發現了這份清單。

〔註99〕 筆者對薩道義書單上所列書籍的去向很感興趣，薩道義比莫理循更早離開中國，而莫理循又是愛書如命，本以爲薩道義的書籍或有相當部分被莫理循購得，如果此推論成立的話，在東洋文庫的書目裏很可能找到薩道義的藏書。

　　薩道義所收藏書籍中有許多是與東亞（尤其是中國）相關，涉及中國地理、民族、政治、語言、文化和宗教等近二十本藏書，爲薩道義在中國進行外交活動提供了重要材料基礎。藏書中關於中國西藏、新疆和蒙古等方面材料，更是體現出薩道義對中國邊疆民族地區的重視和興趣所在，這與其作爲老牌帝國主義強國的資深外交官身份很相符，這也是爲了更好地服務於英國政府的對華戰略，是一種所謂「文化軟實力」。同時，其藏書中還有很多關於法律尤其是國際法方面的書籍，這爲薩道義後來撰寫外交學經典著作《外交實踐指南》奠定了堅實基礎。

　　值得一提的是，1913 年，退休後的薩道義在英國拍賣自己一生中收藏的所有日文書（詳見本書附錄一：薩道義生平年表）。薩道義一生與日本結下不解之緣，常駐日本近三十年，與日本女子結婚並育有一子，寫了數十本有關日本的研究著作。對於薩道義來說，拍賣日文書籍不啻爲「剜去心頭之肉」，肯定特別難受。

　　但筆者在東洋文庫裏竟然沒有查到一本，深感遺憾！目前薩道義的這批書的去向尚未可知。

第二章　薩道義赴任中國

　　1900 年夏，當中國北方義和團運動風起雲湧時，薩道義受命前往中國，接替竇納樂擔任英國駐華公使之職，並作爲英國全權代表參與對華談判，但表面上他對外宣稱自己仍然是回日本任職，實際上卻是到上海仔細觀察中國局勢，然後前往北京任職。在上海時，薩道義與中外各界人士廣泛交流意見，詳細瞭解中國局勢。之後，薩道義作爲英國駐華公使兼英國全權代表全程參與《辛丑條約》談判。

　　上海是中國最早的對外通商口岸之一，租界林立，外國人雲集，是世界瞭解中國局勢的一個重要窗口。在那裡，薩道義與英國公民（領事、海關官員和傳教士等）、各國外交官及中國官員們詳談，瞭解中國局勢的眞相及各國政府在對華談判問題上的立場，爲後來開展對華談判做了充分鋪墊。

第一節　薩道義臨危受命赴任駐華公使

　　1900 年 4 月，薩道義尙在英國駐日本公使任內時，他接到英國首相索爾斯伯里勳爵的電報，得知英國政府有意讓他接替告病的竇納樂擔任英國駐華公使一職。當時正值英國資深政治家索爾斯伯里勳爵第三次組閣時期（1895.7～1902.7），他同時兼任外交大臣一職，直到 1900 年 11 月，由蘭士敦勳爵〔註 1〕接任外交大臣一職。薩道義就是直接受命於這兩人領導。這段時間正值索爾斯伯里勳爵的政治生涯頂峰，他「領導著可能是 19 世紀最有才幹、最富個人特色的內閣」，但是他的身體狀況並不佳。當索爾斯伯里勳爵無暇顧及時，

〔註 1〕即中文檔案中所稱「瀾侯」，筆者注。

代表他處理外交事務的是阿瑟・貝爾福、陸軍大臣蘭士敦勳爵（後擔任外交大臣）、印度事務大臣喬治・漢密爾頓勳爵、海軍大臣喬治・戈申、財政大臣邁克爾・希克恩・比奇和殖民大臣張伯倫等人。在外交部常設班子中，常務次官先後爲托馬斯・桑德森爵士和後來的弗蘭西斯・貝蒂，此二人在制定英國對華政策中起過相當大的作用。〔註2〕貝蒂是英國外交部中國處的負責人，因此，他對中國事務相對比較熟悉。薩道義在英國度假期間曾多次和貝蒂交換過對中國局勢的看法。

　　經過愼重考慮後，他表示同意。〔註3〕薩道義臨時受命並非偶然，他的語言優勢、對東方問題的深刻研究、在東亞任職多年的經歷及其在英國外交政策制定上所起重要作用等因素，都使他成爲英國駐華公使的不二人選。

　　當時，義和團運動已經在中國北方形成燎原之勢，形勢嚴峻。1900 年 5 月初，薩道義回英國度假。中國局勢越來越糟，甚至連北京使館區都被義和團與清軍聯合圍攻。薩道義回英國期間，瞭解到使館區被圍攻，當時有傳言稱義和團已將使館攻陷，並殺害了使館中的婦孺。但是薩道義根據自己早年對北京城地理結構的瞭解，認爲只要英國人守住使館區城牆，那他們就能控制住使館區前面的道路，他不相信居住在使館區裏的人們已被殺害。〔註4〕英國朝野上下都在密切關注北京局勢，對發生在中國首都的殺戮行爲感到憤慨，聲稱要夷平北京城。英國政府也在積極商討方案，甚至提出由英國政府出錢，請日本政府出兵前往中國解救被圍的英國使館。在這種情況下，薩道義堅持向其同事們澄清，認爲北京使館區不會輕易被攻破，主張英國政府應該理性地做出決策。後來，《泰晤士報》記者莫理循〔註5〕從

（莫理循）

〔註 2〕《英國對華政策（1895～1902）》，第 21 頁。

〔註 3〕Ian Ruxton: *The Semi-Official Letters of British Envoy Sir Ernest Satow from Japan and China (1895～1906)*, Lulu Press, April 1, 2007, p.193.

〔註 4〕*The Diaries of Sir Ernest Satow,British Envoy in Peking (1900～1906),* p.12.

〔註 5〕莫理循，全名喬治・厄內斯特・莫理循（George Ernest Morrison，1862 年 2 月 4 日～1920 年 5 月 30 日），澳大利亞出生的蘇格蘭人，1887 年畢業於愛丁堡大學醫科，曾任《泰晤士報》駐華首席記者（1897～1912），中華民國總統政治顧問（1912～1920）。他是一位與近代中國關係密切的旅行家及政治家。

北京發來報導稱北京的使館區還在各國軍隊保護下，證實了薩道義的判斷。〔註6〕

　　在英國期間，薩道義還與他的同事及業內朋友多次見面並討論中國問題，話題主要涉及在華列強的意圖及中國局勢。在談到日俄關係時，有人擔心日本會因爲與俄國爭奪朝鮮而發生戰爭，薩道義認爲這不太可能，並在回覆首相索爾斯伯里勳爵時稱，「目前日本並未做好發動對俄戰爭的準備，儘管到 1903 年時日本的陸海軍作戰準備能夠完成。」〔註7〕薩道義認爲除非日本獲得強力外援，否則他們將盡力避免與俄國發生戰爭。至於「強援」具體所指，薩道義並未明言，但眾所周知的是，英日關係密切，換句話說，日本只有得到英國的支持，才可能發動戰爭。這是薩道義基於其在日本任職近三十年的經驗及通過可靠消息來源所作出的判斷，而客觀事實也證明了薩道義的這一判斷。1902 年英日同盟建立，1904 年日俄戰爭爆發，這也是英國政府在遠東地區政策的一個重要轉型階段。

　　關於當時列強在中國的企圖，英國認爲列強之中主要是德國和俄國有領土企圖，英國首相索爾斯伯里勳爵認爲德皇威廉有一個圖謀中國的宏偉計劃，而俄國則企圖趁機吞併滿洲。〔註8〕此外，英國國內有人擔心《中日馬關條約》簽訂後「三國干涉還遼」事件重新上演。薩道義在此時並未意識到當時日本已趁華北動亂之機出兵佔領中國廈門之事，日本想擴大其在福建勢力範圍。這也許是因爲薩道義與日本政府關係密切，故有意忽略。

　　赴華任職前，薩道義已基本掌握了英國政府高層對中國局勢的判斷和分析。接著，他開始著手研究中英關係史，爲其在華開展工作做準備。在許多問題上，薩道義都有自己的清醒認識，例如：在傳教士問題上，薩道義表示列強應保護傳教士們的生命和財產安全，但他們必須依法傳教，遵守當地法律法規和風俗習慣，不能干涉政治。〔註9〕**薩道義認爲，在過去的四十年裏，英國對華政策上行走在一條錯誤軌道上**〔註10〕，**而唯有傳統的炮艦政策才是正確選擇。**〔註11〕這也是薩道義在庚子和談中對華態度強硬的原因之一。

〔註6〕可以參見：竇坤著：《莫理循與近代中國》，福建教育出版社，2005。

〔註7〕*The Diaries of Sir Ernest Satow, British Envoy in Peking (1900～1906)*, p.6.

〔註8〕*The Diaries of Sir Ernest Satow, British Envoy in Peking (1900～1906)*, p.18.

〔註9〕*The Diaries of Sir Ernest Satow, British Envoy in Peking (1900～1906)*, p.19.

〔註10〕指從 1860 年第二次鴉片戰爭後到 1900 年義和團運動之間的四十年，中英兩國之間沒有發生戰爭。筆者注。

〔註11〕*The Diaries of Sir Ernest Satow, British Envoy in Peking (1900～1906)*, p.11.

　　由於北京局勢緊張，外界只能通過上海這個窗口來瞭解北京的形勢，而當時有傳言稱北京當時正在瘋狂屠殺歐洲人，而且中國人已經成功地將俄法公使同其他國家公使分離開來，以免各國公使們串通消息，很多情況都讓人費解。在這種情況下，1900 年 8 月 12 日，英國外交部通知薩道義提前結束度假，立即啓程前往中國任職，先前往上海，如果有必要，還需要履行一項特殊使命。〔註 12〕當時，英國政府內部判斷中國可能爆發內戰，長江流域可能成爲主戰場，這將嚴重危害英國在華利益，他們不能對此坐視不管，因此他們決定派薩道義前往中國擔此重任。〔註 13〕

　　8 月 13 日，英國外交部官員向薩道義解釋個中原因，薩道義也得知了自己的使命詔書，內容與 1857 年英國政府頒給額爾金勳爵〔註 14〕的使命詔書類似，英國政府賦予薩道義足夠多的權限。英國外交部的計劃是：薩道義出發後，對外宣稱是回日本東京繼續履行英國駐日公使職責，但如果在途中沒有意外，就不要停留而是直接前往中國上海，在那裡與英國駐上海總領事霍必瀾（Warren）溝通並弄清楚中國局勢眞相，然後電告英國國內。在接到電報並評估中國局勢後，英國政府將正式授權薩道義，然後他就可以對外公佈自己的使命，接著趕往北京接任駐華公使一職，並全權代表英國參與對華談判事宜。〔註 15〕

　　接受使命後，薩道義立即著手進行精心準備。除了與英國外交部高層密切交流並領受政策外，他還主動向政府有關人員索要過去幾十年裏英國與中國之間所訂條約的副本，查閱各種中國地圖，並申請一個最新密碼本。〔註 16〕

　　英國政府批准薩道義趕赴中國任職時的「旅行」路線是：取道加拿大，再經過日本，然後抵達上海。這比穿過紅海前往中國的路線提前四天抵達上海。〔註 17〕而後一條路線正是薩道義 38 年前曾走過的。

　　當薩道義抵達日本神戶時，當地報紙《神戶記事報》（Kobe Chronicle）對此進行了詳細報導。他們懷疑薩道義是否立場足夠強硬，足以勝任英國駐華公使之職，但同時補充說：薩道義與一般流行觀點不同，他認爲東方民族也

〔註 12〕 *The Diaries of Sir Ernest Satow, British Envoy in Peking (1900～1906)*, p.17.
〔註 13〕 *The Diaries of Sir Ernest Satow, British Envoy in Peking (1900～1906)*, p.18.
〔註 14〕 1856～1860 年間，英法兩國分別藉口「亞羅號」事件和「馬神甫」事件，對中國發動第二次鴉片戰爭，英軍統帥即爲額爾金勳爵。
〔註 15〕 *The Diaries of Sir Ernest Satow, British Envoy in Peking (1900～1906)*, p.17.
〔註 16〕 *The Diaries of Sir Ernest Satow, British Envoy in Peking (1900～1906)*, p.18～20.
〔註 17〕 *The Diaries of Sir Ernest Satow, British Envoy in Peking (1900～1906)*, p.17.

享有和西方民族相同的權利。〔註18〕

英國學者楊國倫認為，薩道義是一個與前兩任英國駐華公使竇納樂（1895～1900年任職）及歐格訥（1892～1895年任職）不同類型的人，「他天性好學多思，有的是耐心和機智，這使他在義和團事件後解決問題的漫長幾個月裏得以在談判桌上議定事情。」〔註19〕

這裡有必要介紹一下當時英國的通訊手段。在1870年代以前，英國駐華外交官享有相對較多的行動自由，但在1870年代後，隨著通訊手段改進，英國在華外交官受到遠在倫敦的英國政府的較多控制。到19世紀末，電報通訊已成為常規方式，輔之以外交郵袋所傳遞的、寫得更詳細的快信。然而，通訊中斷仍是常有之事，特別是在義和團運動高潮時，華北大量電報局遭到破壞。於是，英國外交部被迫向中國上海、北京和日本東京等三地的英國使領館重複發出同樣指示，以期至少有一封電報能送到英國公使手中。

當時電報費用很高。在1900年，每個字需要六先令六便士。「通訊的昂貴價格顯然使政府不能充分明細地傳達它的意圖來指導其公使們的行動，同樣，也使得駐北京的英國公使們不能詳細地報告在中國首都表現出來的外交態度的微妙區別。」薩道義在義和團談判緊要關頭所作的節約努力，使他受到英國首相索爾斯伯里侯爵的申斥。〔註20〕

事實上，在庚子和談期間，美國駐華公使館就曾因海底光纜出問題導致電報內容失誤，進而影響中外談判進展的情況，詳見後文。

順便再介紹一下當時英國收集中國情報的工作。在1900年夏天英國遠征軍到達中國以前，共有五個不同機關與在華情報工作有關。這些機構分別是外交部、陸軍部情報處、海軍部情報處、印度事務部陸軍軍需兵司令兼軍需局局長所轄情報處、印度事務部的外事局。此外，還有各種獨立行動的代理人，包括駐北京的武官、駐香港英軍總司令、英國海軍中國站的海軍總司令和英國駐華使領館等，但他們收集到的情報極其殘缺不全。不同機構之間嚴重缺乏交流，也沒有統一管理，所收集的情報常使人誤入迷途。此外，英方還缺乏準確詳細的中國地圖。這些都嚴重制約著英國政府對華政策的有效實施。

當英國遠征軍撤出中國後，英軍統帥蓋士利將軍建立了一個一體化的情

〔註18〕 *The Diaries of Sir Ernest Satow, British Envoy in Peking (1900～1906)*, p.23.
〔註19〕 前引《英國對華政策（1895～1902）》，第22頁。
〔註20〕 《英國對華政策（1895～1902）》，第24頁。

報處。該部門由溫蓋特少校節制，他在華北和長江地區建立了一個情報網。起初情報只是零星彙報，後來固定為每周彙報一次。1902 年，新任駐華英軍司令曾建議將中國分成三部分來收集情報，大體分為華北、長江流域和華南，但後來因財政因素被否決。英國轉而想趁著新締結英日同盟（1902 年）之際，利用日本在華龐大的信息情報網。〔註21〕

上述背景知識有助於更好地理解本書所涉及的情報收集和處理工作。

第二節　薩道義在上海時對中國局勢的觀察

1900 年 8 月 25 日，薩道義離開英國，經過長途跋涉後，於 9 月 29 日抵達中國上海，至 10 月 9 日下午啟程前往北京，在上海共停留了 11 天。

薩道義抵達上海當天，英國駐上海領事館官員威爾金森（Wilkinson）、霍必瀾等前來迎接，還有當時著名英文報紙《北華捷報》（North China Herald）的記者里特（Bob Little）來訪。此外，他還會見了英軍將領克雷（Creagh）。當天，薩道義閱讀了許多電報，晚上就按此前的約定，向英國外交部發去一封電報，彙報以下內容：①自己已安全抵達上海；②長江流域局勢並無變化；③目前暫無北京的消息；④中國官員盛宣懷來訪，並出示清廷於 9 月 25 日頒佈的有關懲辦義和團運動涉案官員的諭旨〔註22〕，內容是將端郡王載漪、董福祥將軍等人革職之事。〔註23〕值得一提的是，這裡所指「長江流域並無變化」，主要是針對此前英國國內曾有人認為中國會爆發內戰，而長江流域將是主戰場之事。薩道義特別關注長江流域局勢，英國政府指示他要積極聯絡長江流域的兩位總督（湖廣總督張之洞和兩江總督劉坤一）。後來事實也證明，在整個《辛丑條約》談判和中俄滿洲問題交涉過程中，以英國為代表的列強政府積極拉攏張之洞和劉坤一兩人，通過他們瞭解中國政府的內部情況和對外談判的底線，並通過他們「有意」透露各國政府的對華政策，藉此向中國政府施壓或影響談判結果。

〔註21〕《英國對華政策（1895～1902）》，第 24～25 頁。

〔註22〕薩道義此處的記載與實際情況略有出入，9 月 25 日諭旨提及懲罰名單共 9 人，分別是：莊親王載勳、怡親王溥靜、貝勒載濂、載瀅、端郡王載漪、輔國公載瀾、都察院左都御史英年、協辦大學士吏部尚書剛毅、刑部尚書趙舒翹，並未包括甘軍統領董福祥和山西巡撫毓賢，這 11 人正是是《辛丑條約》談判時列強堅持要處以死刑之人。

〔註23〕*The Diaries of Sir Ernest Satow, British Envoy in Peking (1900～1906),* p.24.

　　在上海期間，薩道義廣泛接觸各界人士，包括中國官員、英國公民（領事、中國海關英籍雇員和傳教士等）、各國駐滬領事官員或暫住上海的外國公使們等，盡可能全面準確地瞭解中國局勢以及各國政府在即將舉行的對華談判問題上的可能立場，力圖爲英國政府在《辛丑條約》談判中增加籌碼，謀取更多利益。

一、與在華英國公民們交談

（一）與中國海關英籍雇員交談

　　1900 年 10 月 1 日，中國海關副總稅務司、英國人裴式楷（R.E.Bredon）〔註 24〕拜訪薩道義，他長期在中國海關任職，很瞭解中國的財政狀況和政治局勢。陪同來訪的還有中國海關統計秘書戴樂爾（Taylor Francis Edward）〔註 25〕，此人在北京使館之圍解開之前曾短暫代理過海關總稅務司一職，也非常瞭解中國財政情況，他答應不久將向薩道義提供有關過去數年中國海關收支情況的詳細資料。

　　裴式楷告訴薩道義說，列強可能想成立一個國際委員會來重組中國財政，並監管中國海關事務。考慮到中國海關的外籍雇員中英國人占大多數，裴式楷認爲該委員會最好不要兼管中國海關，而中國政府應在財政問題上掌握主動權，不能被外國顧問左右。裴式楷還認爲，在要求清廷回鑾之前，列強應要求中方嚴懲涉案的各位官員。

　　有關釐金問題，裴式楷認爲非常棘手，因爲這牽涉到不同省份的利益。

〔註 24〕　裴式楷（Bredon, Robert Edward，1846～1918），英國人，生於愛爾蘭，軍醫出身，中國海關總稅務司赫德的內弟。1873 年退伍後進入中國海關，歷任中國各重要海口稅務司。1898～1908 年任副總稅務司。1908～1910 年代理總稅務司。1911 年退休。1902 年，裴氏曾協助盛宣懷、呂海寰與英國專使馬凱爵士在上海議訂中英新商約。死於北京。詳見：《近代來華外國人名辭典》，第 55 頁。

〔註 25〕　戴樂爾（Taylor Francis Edward，1855～？）英國人，1877 年進入中國海關，在牛莊、九龍、寧波等地任幫辦、代理稅務司等職，1894 年任亞東稅務司，1900 年任上海海關造冊處稅務司。義和團運動期間，總稅務司赫德被圍在北京東交民巷，與外界消息隔絕。南洋大臣劉坤一接受上海領事團建議，派戴氏爲代理總稅務司。1902 年，清政府又派戴氏與海關稅務司裴式楷、賀璧理三人助呂海寰、盛宣懷和英國代表馬凱簽訂中英通商新約（《中英馬凱條約》及附件，又名《續議通商行船條約》），1919 年辭職回英國。詳見：《近代來華外國人名辭典》，第 468 頁。

有關修改稅則問題，裴式楷認為這應和其他商業問題在中外和平談判時一併提及，然後談判訂立單獨的商業與通航條約。同時，他透露日本政府很可能會同意修改稅則。〔註26〕

在10月8日寫給英國首相索爾斯伯里勳爵的信中，薩道義透露說，裴式楷向他建議懲辦端郡王載漪等涉案王公大臣之前，應首先要求清廷回鑾，從西安返回北京。〔註27〕

通過與裴式楷和泰勒等專業人士的交流，薩道義基本上掌握了中國的財政收入來源、基本狀況和各國在此問題上的立場。在後來《辛丑條約》中國賠款問題的談判中，薩道義據此提出並堅持英國政府的相關政策和主張。

（二）與英國駐上海領事館官員交談

英國駐上海代總領事霍必瀾〔註28〕能力很強，深受英國外交部重視，英國政府曾指示薩道義抵達上海後向他瞭解中國局勢詳情。英國政府傾向於任命霍必瀾負責英國與長江流域兩位總督（劉坤一和張之洞）的聯絡工作。抵達上海後，薩道義同霍必瀾詳細溝通了在華情報搜集工作以及如何處理清廷和慈禧太后等問題。薩道義對霍必瀾的才華也很看重，後來曾向英國外交部申請調他到北京公使館任漢文秘書，但英國政府遲遲未作決定。

1900年9月30日，霍必瀾向薩道義建議，鑒於此前英國駐華使領館在中國動亂中情報收集工作的不足，應該在北京使館內部專門設立一個情報收集處理部門，由一位高級官員負責，並配備一至兩名優秀翻譯官。〔註29〕10月1日，中國海關副總稅務司裴式楷來訪時，也談到英國公使館從中國人那裡獲得情報能力太差，他建議薩道義選擇同情並善待中國人、耐心而不粗魯、也不高高在上的英國官員負責此事。〔註30〕

在中國內亂責任認定的問題上，霍必瀾曾向劉坤一和張之洞等人表示包括英國在內的列強不會過多追究慈禧太后及其親信們的責任，但劉、張二督

〔註26〕 *The Diaries of Sir Ernest Satow, British Envoy in Peking (1900～1906)*, p.24.

〔註27〕 Ian Ruxton：*The Semi-Official Letters of British Envoy Sir Ernest Satow from Japan and China (1895～1906)*, Lulu Press, April 1,2007,p.195.

〔註28〕 霍必瀾（Warren,Sir Pelham Laird，1845～1923），英國領事官，1867年來華為使館翻譯學生，1883年代理福州副領事，1883～1884年代理臺灣領事，1886年實任領事。1893年任漢口領事，1899～1901年任漢口總領事，1901～1911年任上海總領事。詳見：《近代來華外國人名辭典》，第500頁。

〔註29〕 *The Diaries of Sir Ernest Satow, British Envoy in Peking (1900～1906)*, p.26.

〔註30〕 *The Diaries of Sir Ernest Satow, British Envoy in Peking (1900～1906)*, p.26.

都要求列強對此給予更多保證。〔註31〕

　　10月7日，薩道義與霍必瀾一起草擬致英國外交部電報，彙報張之洞和劉坤一兩位總督對慈禧太后的上述看法，並表達了霍必瀾的觀點：如果列強堅持處死慈禧太后的話，將會遭到「開明」督撫們及全中國的抵制。目前很難廢黜慈禧太后，一旦恢復和平，列強可以迫使她隱退。在薩道義離開上海前往北京後，霍必瀾將再去拜訪這兩位總督。〔註32〕

　　當天，前英國駐上海總領事、時任中英公司董事哲美森〔註33〕（George Jamieson）拜訪薩道義，談及在華的英商組織——中國協會（China Association）〔註34〕即將召開會議之事，薩道義重申自己不希望在華英商群體干預英國政府具體政策的態度。談及任命一位清廷攝政之事，薩道義認為有必要確保「開明」督撫們及各國駐華公使們的一致同意，要按中國合適的先例並選用一個合適的中國稱謂。在軍事問題上，薩道義表示希望各國聯軍明年春季能夠追擊偏安於西安的清廷，同時應向長江流域的「開明」督撫們宣佈聯軍目的是為幫中國人「清君側」。如果督撫們不願意，列強應向他們表明各國必須這樣做。同時，各國公使之間也應就此事協調一致。〔註35〕

（三）與英籍傳教士們交談

　　傳教問題是中國華北爆發義和團運動的一個重要原因，而英國在華傳教士群體規模很大，所引發的教案很多，因此，薩道義來華的一個重要使命是就各國傳教士（主要是英國傳教士）賠償問題與中方達成協議。薩道義對在華傳教士團體的態度是應保護傳教士生命財產安全，但應讓他們依法傳教，遵守中國當地的法律法規與風俗習慣。薩道義表示，如果該政策獲得英國政

〔註31〕 *The Diaries of Sir Ernest Satow, British Envoy in Peking (1900～1906)*, p.26.

〔註32〕 *The Diaries of Sir Ernest Satow, British Envoy in Peking (1900～1906)*, p.28.

〔註33〕 哲美森，又稱喬治・賈米森（George Jamieson，1843～1920），英國領事官。1864年進駐華領事界，1891年任駐上海領事兼「大英按察使司衙門」按察使。1897～1899年任駐上海總領事。1900年任中英公司董事，與北京政府接洽各種鐵路借款。哲氏研究中國商法，著有《關於河南省地稅的報告》（Report on Land Taxation in the Province of Honan）（1905）和《中國的家庭和商業法》（Chinese Family and Commercial Law）（1921）等書。詳見：《近代來華外國人名辭典》，第237頁。

〔註34〕 這是19世紀末十分活躍的在華英商聯合組織，其中文名稱為「英商中華社會」，有時也翻譯成「中國協會」。本文從後者。

〔註35〕 *The Diaries of Sir Ernest Satow, British Envoy in Peking (1900～1906)*, p.29.

府批准，他期待大多數傳教士能贊成該政策，但自己不敢冒風險強制推行此政策。〔註36〕在英國休假待命期間，薩道義曾多次向教會人士表達上述觀點，並均獲得大家的贊同。這也奠定了後來薩道義駐華期間對傳教士問題態度的基礎。

1900 年 9 月 30 日，即薩道義抵達上海後第二天，他參加了由中國內地會（The China Inland Mission）〔註37〕主教蓋士利（Cassels,William Wharton）〔註38〕主持的禮拜活動。10 月 6 日，卡塞爾主教及其他教會人士拜訪薩道義，薩道義再次表達上述觀點，也獲得他們的贊同。10 月 7 日，中國協會主席安德森（F.Anderson）來訪，薩道義奉勸安德森不要干涉英國政府的對華政策，不要做超越傳教範圍之事。〔註 39〕

可以看出，薩道義在傳教問題上的態度是主張合法傳教，且不能干預中國政治。為此，薩道義也與傳教士團體及其領袖人物進行積極溝通，尋求他們的支持。

二、與各國駐華外交官及軍事將領交談

在北京形勢並不明朗、不為外界所知的情況下，上海成為一個「世界之窗」，對外傳遞各種信息，紛繁複雜，各國外交使節也多聚集於此，瞭解各方態勢。薩道義在抵達上海後並未暴露自己的真實身份，他仍以赴日任職為名，在上海廣泛接觸各國使節和軍事人員，大量收集有關中國政局的信息，為後來在北京開展工作打下了堅實基礎。

〔註 36〕 *The Diaries of Sir Ernest Satow, British Envoy in Peking (1900～1906)*, p.19.
〔註 37〕 中國內地會（China Inland Mission，CIM）是一個基督教的差會，於 1865 年由戴德生創辦。1862 年戴德生在英國布萊頓成立寧波差會，招募到首位志願者宓道生並派往中國寧波。1865 年 6 月 25 日，戴德生將寧波差會改名為中國內地會，並確立中國內地會的原則：要召一群宣教士，可以全家遷到中國，且一定要願意遷到中國的內陸地區（後稱內地）。中國內地會的宣教中心在上海，逐漸把宣教工作傳至中國的內陸地區。20 世紀 50 年代撤出中國內地後，中國內地會改名為海外基督使團（the Overseas Missionary Fellowship）。海外基督使團現有大約一千名宣教士，分別來自東亞十個國家和地區（包括日本、韓國、菲律賓、印尼、新加坡、馬來西亞、泰國、巴基斯坦及中國臺灣和香港地區等），向 17 億非基督徒繼續傳揚福音。
〔註 38〕 蓋士利（Cassels,William Wharton，1858～1925）英國教士，1885 年來華傳教。1890 年被派為內地會川東監督。1895 年當選為安利甘教會華西主教。在華四十年，死於保寧。詳見：《近代來華外國人名辭典》，第 75 頁。
〔註 39〕 *The Diaries of Sir Ernest Satow, British Envoy in Peking (1900～1906)*, p.28.

（一）與日本駐上海領事和官員交談

由於薩道義曾長期在日本任職，與日本外交使節交往甚密。因此，在薩道義抵達上海後不久，日本駐上海領事及官員主動拜訪，表示日本政府希望與英國政府加強合作，並就中國局勢方面交換意見。

1900 年 10 月 1 日，日本駐上海總領事小田切萬壽之助〔註40〕來訪，他告訴薩道義說，日本可能會反對德國政府所提出的處決「禍首」的要求（當時，德皇威廉二世已下令要捉拿「禍首」），但若發現只有日本持這一立場的話，日本將會放棄。薩道義表示自己不瞭解英國政府對此問題的立場，但他個人傾向於認為：列強應該讓中國政府自行懲罰她淘氣的「孩子」，而非越俎代庖替中方這樣做。

小田切萬壽之助還和薩道義交流了對長江流域的兩江總督劉坤一和湖廣總督張之洞兩人的看法。小田切精通中文，自認為很瞭解這兩位總督，他認為張之洞優柔寡斷、猶豫不決。這正好印證了薩道義從其他途徑得到的消息。〔註 41〕後來事實證明，無論是英日還是其他國家，各自的在華外交官都與劉張二督關係密切，來往頻繁。

（兩江總督劉坤一）　　　　　　　　　　（湖廣總督張之洞）

〔註40〕小田切萬壽之助（1868～1935），日本領事官，銀行家。1887 年任天津領事官隨員，同年調任北京公使館隨員。1902～1905 年任駐上海總領事。1906 年辭領事職進橫濱正金銀行，不久升為總裁。1913 年，他是五國銀行團的日本代表。詳見：《近代來華外國人名辭典》，第 360 頁。

〔註 41〕 *The Diaries of Sir Ernest Satow, British Envoy in Peking (1900～1906),* p.24.

10 月 2 日，日本官員 Yendo〔註 42〕特意拜訪薩道義。兩人都表示要加強英日雙方合作，遠藤則表示薩道義過去曾在日本長期任職的經歷、與日本政治家們的深厚友誼以及熟悉日本事務等因素都有利於這種合作。〔註 43〕

因為過去在日本生活和工作多年，是著名的「日本通」，薩道義與日本各界人士尤其是高官政要之間建立了良好關係。同樣，薩道義在駐華期間也與日本駐華使領館官員保持著密切聯繫，他們互通情報，協調立場。在一定程度上，外交官之間的良好關係可以反映兩國之間的合作程度。在 1902 年英日同盟締結過程中，薩道義同樣扮演了重要角色。

（二）與美國談判專使柔克義交談

在義和團運動後期，隨著八國聯軍的軍事行動進展迅速，各國政府也著手準備同中國進行談判事宜。除了薩道義是英國新任命的特使外，美國政府特意派柔克義為談判使，前往中國輔佐美國駐華公使康格，負責對華談判事宜。德國政府也任命穆默為新任駐華公使，接替不久前在義和團運動中遇害身亡的克林德男爵。

（柔克義）

在薩道義逗留的這段時間裏，柔克義也正好在上海。他從美國出發後前往上海和北京，與美國公使康格交流意見，之後便將前往南京和武昌兩地，分別同兩江總督劉坤一和湖廣總督張之洞會談，表達美國政府對兩位總督的信任和支持，以表彰他們在義和團運動期間實施「東南互保」行動，並進一步聽取他們對中國局勢的看法，以便美國政府制定合理的對華政策。〔註 44〕

在上海期間，柔克義特意前往拜會薩道義。他告訴薩道義說自己即將前往拜訪兩江總督劉坤一，瞭解局勢。柔克義表明了自己對中國問題的觀點，即：首先要敦促清廷回京，再談懲辦「禍首」官員之事。他也認同應由中國政府自己決定，而不是由外國人「越俎代庖」。在追究戰爭責任問題上，柔克義認為慈禧太后必須負主要責任，她應退位。至於有些地方督撫們擔憂列強要求懲辦的中國官員太多，會造成很大影響，柔克義認為應向「開明」督撫

〔註 42〕 具體姓名不詳，待查，筆者注。
〔註 43〕 *The Diaries of Sir Ernest Satow, British Envoy in Peking (1900～1906),* p.27.
〔註 44〕 《1901 年美國對華外交檔案》，第 3 頁。

們聲明：列強不會過多追究責任。應嚴厲懲罰圍攻使館和衛隊、殺害或虐待傳教士等惡行，但同時應讓中國人明白：維持中國繁榮與領土完整是各國政府一致的對華政策。此外，柔克義還反對各國聯軍立刻從北京撤退，因爲這將給中國人造成「外國人逃跑了」的錯覺。薩道義表示自己並不代表英國政府發表意見，但可以請柔克義轉告長江流域兩位督撫說，在上述問題上，英國政府與美國政府的政策完全相同。〔註 45〕柔克義還透露說，目前美國正處於困境之中，因爲美國國會剛通過決議，十萬人規模的常備軍只能保留到 1901年 6 月 30 日，所以應盡早將軍隊送回國內復員。〔註 46〕

（三）與其他國家外交官交談

荷蘭駐華公使克羅伯（Knobel）當時也在上海，他後來也全程參與了《辛丑條約》談判。10 月 4 日和 7 日，薩道義先後與克羅伯兩次會晤，克羅伯告訴薩道義有關使館區被圍前後的詳細經過。〔註 47〕

奧匈帝國駐華公使齊幹（Czikann）是與薩道義一起橫跨太平洋來到中國履職的，兩人在旅途中相識，他後來也全程參與了《辛丑條約》談判。〔註 48〕他在上海逗留一段時間後將前往天津。齊幹告訴薩道義說，是俄國駐華公使格爾斯（de Giers）暗中慫恿義和團和清廷反對派去激怒德國和英國，但最後發現走得太過，以致無法收拾局面。〔註 49〕

比利時駐華公使館成員賈爾牒（Cartier de Marchienne, Emile Baronde）〔註50〕也在上海，他告訴薩道義說俄華銀行董事濮科第（Pokotilov）〔註 51〕已宣

〔註 45〕 *The Diaries of Sir Ernest Satow, British Envoy in Peking (1900～1906)*, p.26.

〔註 46〕 Ian Ruxton：*The Semi-Official Letters of British Envoy Sir Ernest Satow from Japan and China (1895～1906)*, Lulu Press, April 1, 2007, p.197.

〔註 47〕 *The Diaries of Sir Ernest Satow, British Envoy in Peking (1900～1906)*, p.27& p.28.

〔註 48〕 *The Diaries of Sir Ernest Satow, British Envoy in Peking (1900～1906)*, p.22.

〔註 49〕 *The Semi-Official Letters of British Envoy Sir Ernest Satow from Japan and China (1895～1906)*, p.199.

〔註 50〕 賈爾牒男爵（Cartier de Marchienne, Emile Baronde，1871～1946），比利時外交官，1898 年任駐華使館參贊，1899～1900 年任代辦，1910～1917 年任駐華公使，後調任比利時駐英大使。詳見：《近代來華外國人名辭典》，第 388 頁。

〔註 51〕 濮科第（1865～1908），俄國外交官，1887 年進俄國外交部，1888 年來華，爲俄使館翻譯學生。1898 年任華俄道勝銀行董事，1905 年繼雷薩爾爲駐華公使。1908 年死於北京。濮氏研究蒙古學，著有《基於漢文資料的明代東部蒙古史（1368～1634）》、《五臺山的過去與現在——1899 年 5 月旅行報告》（俄文，1893 年）及《朝鮮與中日衝突》（俄文，1895）等書。詳見：《近代來華外國人名辭典》，第 388 頁。

稱俄國將佔據鐵路不放鬆。他同時透露如下傳言，即：聯軍統帥瓦德西元帥
已向中國宣戰，並將佔領吳淞和江陰炮臺。〔註52〕這裡所指鐵路之事是指當
時俄國佔領由英國政府投資建立的山海關至北京鐵路，這嚴重侵害了英國的
在華利益。英俄兩國圍繞著該鐵路問題進行了長久交涉，也是庚子和談時兩
國制定對華政策時的重要參考因素。

　　通過與各國外交官進行會談，薩道義知曉了北京使館區被圍的詳細經過
以及俄國外交官在其中所扮演的角色，他明白自己面臨的將是一個非常難對
付的對手。

三、與中國官員們交談

　　1900 年 9 月 29 日，即薩道義抵達上
海第一天，中國官員盛宣懷〔註53〕就來拜
訪。他向薩道義出示了 9 月 25 日清廷懲辦
「禍首」的諭旨。10 月 6 日下午，盛宣懷
再次拜訪薩道義。他提及在五年前中日甲
午戰爭（1894～1895 年）中英國未能幫助
中國、隨後俄法德三國干涉還遼、沙俄近
來逐漸蠶食中國滿洲領土等事。薩道義表
示中國確實應該吸取過去的經驗教訓，但

（盛宣懷）

〔註52〕 *The Semi-Official Letters of British Envoy Sir Ernest Satow from Japan and China
(1895～1906)*, p.199.

〔註53〕 盛宣懷（1844 年 11 月 4 日～1916 年 4 月 27 日），字杏蓀，又字幼勖、荇生、
杏生，號次沂、又號補樓、別署愚齋、晚年自號止叟。漢族，祖籍江蘇江陰，
出生於江蘇常州，死後歸葬江陰。清末官員，秀才出身，官辦商人、買辦，洋
務派代表人物，著名政治家、企業家和慈善家，被譽「中國實業之父」、「中國
商父」、「中國高等教育之父」。盛宣懷創造了 11 項「中國第一」：第一個民用股
份制企業輪船招商局；第一個電報局中國電報總局；第一個內河小火輪公司；
第一家銀行中國通商銀行；第一條鐵路幹線京漢鐵路；第一個鋼鐵聯合企業漢
冶萍公司；第一所高等師範學堂南洋公學（今交通大學）；第一個勘礦公司；
第一座公共圖書館；第一所近代大學北洋大學堂（今天津大學）；創辦中國紅
十字會。
他熱心公益，積極賑災，創造性地用以工代賑方法疏濬了山東小清河。盛宣懷
一生經歷傳奇，成就不凡，創辦了許多開時代先河的事業，涉及輪船、電報、
鐵路、鋼鐵、銀行、紡織、教育等領域，影響巨大，中外著名，垂及後世。

目前最重要是懲辦罪魁禍首。英國政府會保護和支持那些承認並遵守條約和國際法的人，但要嚴懲攻擊使懲館及屠殺無辜群眾之行為。懲辦「兇手」問題應該盡快解決，而不應拖延。盛宣懷向薩道義建議：列強可以威脅說要逮捕慈禧太后，但僅僅是一個威脅就已足夠（He suggested threatening to pursue the Empress, a threat would be sufficient.），薩道義表示，對英國政府來說，一旦發出類似威脅，就一定會執行到底。〔註54〕在10月8日寫給英國首相索爾斯伯里勳爵的信中，薩道義表示自己不相信盛宣懷所說的任何話。〔註55〕

那麼，我們應該如何看待薩道義日記中所記載的盛宣懷此番言論呢？在中國封建社會的道德倫理中，盛宣懷此番言論可被視為大逆不道，如果被舉報是要殺頭的。也許盛宣懷在此只是策略性地向英方建議，並非出自其本心，但同時能看出盛宣懷確有媚外情結。

薩道義在10月8日給首相索爾斯伯里勳爵的信中表示，很有必要在次年春季時對西安發動遠征。他認為這並不困難，可以從漢口開始溯漢江而上。為達此目的，列強應該說服長江流域兩位總督（張之洞和劉坤一）同意這樣做，藉口就是「清君側」。如果督撫們拒絕這樣做，那就應該由列強來代勞。薩道義通過調查瞭解後發現，清廷在西安主要是通過漢江來獲得物資補給，所以各國聯軍可以在漢口將運輸通道切斷，以此向中方施壓。〔註56〕

10月6日上午，上海道臺余聯沅〔註57〕攜翻譯前來拜訪薩道義。余道臺可謂中國官員中的「開明派」，主張對外友好。在華北義和團運動高潮期間，他曾違抗清廷旨意，以中方首席代表身份與各國駐滬領事簽訂《東南互保條約》〔註58〕。薩道義向他們重申了自己的觀點，即：攻擊使館和屠殺無防範

〔註54〕*The Diaries of Sir Ernest Satow, British Envoy in Peking (1900～1906),* p.27.

〔註55〕Ian Ruxton: *The Semi-Official Letters of British Envoy Sir Ernest Satow from Japan and China (1895～1906)*, Lulu Press, April 1, 2007, p.195.

〔註56〕*The Semi-Official Letters of British Envoy Sir Ernest Satow from Japan and China (1895～1906)*, Lulu Press, April 1, 2007, p.197.

〔註57〕余聯沅（1844～1901年），晚清政治人物。字晉珊，湖北孝感縣人。18歲中舉，光緒三年（1877年）中榜眼，授翰林院編修、充國史館協修，後由御史升巡城御史、四川監察御史、江西按察使，浙江巡撫，1899年任福建布政使，後調淞、滬、太兵備道。上海道任上，抗旨以中方首席代表與各國領事簽訂《東南互保條約》，是大清帝國處在風雨飄搖中的頭號風雲人物。1901年11月，因病身亡，終年57歲。官至湖南布政使巡撫。上海曾為之建立「余公祠」。

〔註58〕東南互保：1900年6月，英美帝國主義與清南方各省督撫達成「東南互保」協議。義和團運動興起後，英深恐波及屬其勢力範圍的長江流域，便策動

能力的婦女兒童等行為罪不可赦，應當嚴懲那些命令、默許或漠視這種行為
的大小官員們。〔註59〕

　　由此可見，薩道義在上海期間主要是通過英國駐上海方面的負責人瞭解
中國財政狀況及其他國家的動態。此外，他重點與日本和美國兩國駐華外交
官進行溝通，薩道義雖然宣稱自己不瞭解、也不代表英國政府的觀點，但是
都表示將與日、美保持一致立場。在懲辦問題上，多數國家都表示要嚴懲罪
魁禍首，但應由清政府執行而非由列強越俎代庖。通過薩道義的日記也可以
看出，不論是英國還是美國，都與兩江總督劉坤一和湖廣總督張之洞有著密
切聯繫，尤其是英國更看重長江流域的勢力範圍，在庚子和談過程中，英國
始終保持與劉、張二人的密切溝通。通過在上海對北京形勢及各國對華政策
的瞭解，薩道義基本完成了其使命，他向英國首相詳細彙報了在上海的所見
所聞，並開始動身前往北京，接替竇納樂擔任英國駐華公使，並兼任英國參
與庚子和談的全權談判代表。

第三節　薩道義在大沽和天津的活動

　　薩道義在離開上海前往北京途中，曾取道大沽和天津，因為天津是中國
北方重要的戰略要地和信息集散地，當時俄國公使格爾斯已由北京撤到天
津，德國公使穆默也正在天津。

一、在大沽的主要活動

（一）與英軍將領西摩爾交談

　　由於當時英國將領西摩爾〔註60〕率軍在大沽駐守，薩道義先抵達大沽。

　　兩江總督劉坤一、湖廣總督張之洞等與列強合作，經買辦官僚盛宣懷從中牽
　　線策劃，由上海道余聯沅出面，與各國駐滬領事商定《東南保護約款》和《保
　　護上海城廂內外章程》，規定上海租界歸各國共同保護，長江及蘇杭內地均歸
　　各省督撫保護。清室向十一國宣戰後，兩江總督劉坤一、湖廣總督張之洞、
　　兩廣總督李鴻章和閩浙總督許應騤、四川總督奎俊、鐵路大臣盛宣懷、山東
　　巡撫袁世凱，即和各參戰國達成協議，稱東南互保。此舉使得清廷顏面掃地，
　　革命勢力得到發展。

〔註59〕 *The Diaries of Sir Ernest Satow, British Envoy in Peking (1900～1906), p.27.*
〔註60〕 愛德華・霍巴特・西摩爾（Edward Hobart Seymour，1840～1929），英國海軍
　　　　元帥。曾參與第二次鴉片戰爭、指揮八國聯軍侵華戰爭。

1900 年 10 月 12 日，他拜見西摩爾將軍。薩道義向西摩爾透露了英國首相索爾斯伯里勳爵的重要指示：薩道義要重視與其他各國公使和軍隊指揮官們保持協調溝通。首相還指示，如有必要，聯軍應在明年春季對中國發起一場清剿行動。西摩爾透露：由於當時俄國借滿洲駐軍爲由佔領了山海關，各國紛紛對此表示抗議。於是，聯軍統帥、德國元帥瓦德西下達軍事命令，部署佔領山海關和鐵路控制部隊的分佈，並準備聯合佔領山海關。此外，西摩爾與薩道義還探討了關於冬季聯軍登陸地點的選擇問題。〔註 61〕

（西摩爾）　　　　　　　　　　（瓦德西）

（二）與奧匈公使齊幹交談

當天，薩道義還拜訪了正在大沽的奧匈公使齊幹。兩人討論了俄軍在山海關一帶軍事行動的情況，這加深了薩道義對俄國在華企圖的警惕。〔註 62〕在之後的對華談判中，齊幹也是薩道義在外交團內部努力爭取的盟友之一，兩人在許多問題上都持有共同立場。

二、在天津的主要活動

（一）與聯軍司令瓦德西交談

1900 年 10 月 13 日，薩道義抵達天津後不久，首先拜訪當時正在天津的聯軍統帥瓦德西元帥。瓦德西剛從德國趕到中國，他奉德皇威廉二世之命執行「懲罰中國」任務。瓦德西之所以能擔任聯軍統帥，是列強之間妥協的結

〔註 61〕 *The Diaries of Sir Ernest Satow, British Envoy in Peking (1900～1906)*, p.31.
〔註 62〕 *The Diaries of Sir Ernest Satow, British Envoy in Peking (1900～1906)*, p.31.

果。由於初來乍到，瓦德西急於在中國迅速打開局面，以樹立自己的權威，並盡量為德國謀取更多利益。

這是薩道義與瓦德西之間的首次見面，更多的只是寒暄問候，並未談論政治問題。瓦德西向薩道義透露了自己的行程：他次日將前往北京。同時，瓦德西還向薩道義透露說，清廷已正式任命慶親王奕劻和李鴻章擔任對外談判全權大臣。〔註 63〕

（二）與俄使格爾斯交談

接著，薩道義前往拜會俄國駐華公使格爾斯。格爾斯是 1900 年 9 月底從北京撤到天津的。兩人相談甚久。格爾斯並不瞭解 10 月 8 日剛剛傳到上海的法國政府所提六點建議〔註 64〕，所以薩道義將自己所知相關消息詳細告訴了他。格爾斯告訴薩道義說，德國皇帝威廉二世已下令捉拿中國端郡王載漪及其他「禍首」官員，並談到以下三個問題：第一，9 月 25 日清廷所頒諭旨上所列犯人名單是否齊全？第二，對這些犯人的量刑是否適當？第三，是否有措施能確保各國公使們的特使監督對犯人的刑罰？

對於第一個問題，格爾斯認為清廷諭旨中漏掉了山西巡撫毓賢和甘軍將領董福祥兩人。至於第二個問題，他認為除非由特別審判法庭宣判，否則無法判斷是否量刑適當。至於第三個問題，他認為：若懲辦地點在北京，那將由各國公使們派代表到場監督；若懲辦地點在地方，那將由各國駐當地領事館派代表到場監督。

格爾斯認為列強目前首先要做的就是將那些犯事官員們革職查辦，否則他們將動用行政力量干擾清廷及列強對他們的審判和懲辦。格爾斯透露說他已將自己的這些觀點彙報給俄國政府。

格爾斯認為中國政府可能會同意將所有「犯案」官員均繩之以法，但在對待端郡王載漪問題上或許不同，將比較麻煩。可能的做法是將端郡王流放發配到新疆烏魯木齊。值得一提的是，載漪最後正是被清廷流放至新疆，可見格爾斯的預見性很強。

薩道義就此評論道：是否由各國公使代表們到現場監督懲辦中國「犯案」

〔註 63〕 *The Diaries of Sir Ernest Satow, British Envoy in Peking (1900～1906)*, p.31.

〔註 64〕 1900 年 10 月 4 日，法國駐美代辦致美國國務卿備忘錄稱，法國提出以下六條作為在按慣例核實全權證書之後立即開始談判的基礎。詳見：《1901 年美國對華外交檔案》，第 27 頁。

官員，這並非很重要的事情。只要將此事公之於眾，就有重要官員能保證實施。薩道義也同意格爾斯的觀點，即：確實應該將犯事官員革職查辦。若清廷果眞這樣做，就表明其對外態度比較友善，而列強也應鼓勵他們進一步改善。

　　薩道義還告訴格爾斯說，自己現在尚無正式職務，上述內容只能代表個人意見。〔註65〕

　　這是薩道義首次和格爾斯會面，雖然此前在上海時薩道義已從其他公使那裡得知俄國在義和團運動中扮演了並不光彩的角色，也知道俄使格爾斯據說並不被俄國沙皇所信任，隨時有可能被其他人取代。但從後來談判經歷來看，格爾斯是薩道義十分強勁的對手。薩道義對俄使格爾斯的這些認識與清政府任命的特命全權大臣李鴻章頗有相似之處，李鴻章後來回顧中俄滿洲問題談判時說格爾斯似乎並沒有事務決定權，他只知憤怒和焦慮。〔註66〕

（三）與德使穆默交談

　　10月13日白天，薩道義主動前往拜訪新任德國駐華公使穆默，但因後者外出而未果。當天晚些時候，穆默回訪薩道義。兩人談話內容與薩道義和格爾斯之間所談內容相差不多，只是穆默不同意格爾斯關於首先要將犯事官員革職查辦的觀點，他認爲這樣中國政府可能會假裝答應，然後說照辦了。穆默認爲格爾斯這樣做的目的（其實也是俄國政府之目的）並非爲了實施最後的戰略規劃，而只是爲了平息目前的問題。相反，穆默認爲如果當前局勢得不到合理解決的話，類似問題仍將在一兩年後爆發出來。穆默透露說自己可能會去北京，並留部分下屬在那裡。〔註67〕穆默的上述觀點在後來的中外談判中多次得到驗證，在懲辦中國「犯事」官員問題上，清廷不止一次假裝答應外交團的要求並說已照辦，事實上是想拖延甚至逃避懲罰。

　　這也是薩道義與穆默的初次見面。在後來的對華談判中，英德兩國之間關係很複雜，雖然基於《英德協定》，兩國政府間有許多合作，但由於英德兩國之間存在結構性矛盾，英國屬於老牌帝國主義強國，國力逐漸在走下坡路，而德國是帝國主義國家中的「後起之秀」，發展十分迅猛，直接衝擊既有國際政治經濟秩序，兩國互相提防，激烈競爭。但薩道義與穆默之間的私人關係還算不錯，在1900年11月1日寫給英國首相索爾斯伯里的信中，薩道義就曾

〔註65〕 *The Diaries of Sir Ernest Satow, British Envoy in Peking (1900～1906)*, p.31.

〔註66〕 *The Diaries of Sir Ernest Satow, British Envoy in Peking (1900～1906)*, p.31.

〔註67〕 *The Diaries of Sir Ernest Satow, British Envoy in Peking (1900～1906)*, p.31.

明確指出此點。〔註68〕

　　薩道義於 1900 年 10 月 20 日抵達北京，開始了長達六年之久的英國駐華公使生涯，並肩負英國全權談判代表之職，全程參與庚子和談。

　　綜觀薩道義在赴北京任英國駐華公使前的這段經歷，通過在英國度假期間瞭解英國政府高層對北京局勢的判斷及對華政策傾向、在上海摸清其他各國政府在庚子和談問題上的不同立場，薩道義得以在前往北京之前對中國整體局勢有了通盤掌握，使英國及薩道義本人在之後《辛丑條約》談判中占得先機和主動。

第四節　薩道義接替竇納樂任職

　　薩道義在日記中詳細記載了自己此行前往北京的情形，從中可以看出其心情比較黯淡，也許意味著他此次來華任務艱巨，不易完成。

　　薩道義一行於 1900 年 10 月 16 日下午經過楊村。不久前，各國聯軍曾在這裡同清軍與義和團發生過激烈交戰，當地房屋等損失很嚴重，但現在已有所恢復。時值晚秋，天氣已經很冷，尤其晚上溫度低得讓人受不了。在接下來前往北京的路上，還比較順利。

　　10 月 20 日上午，在衛隊保護下，薩道義等人開始向北京城進發。「當時刮起了凜冽的東北風，還下起了冰雹。由於頭一晚上下雨，道路泥濘。」隊伍在風雨中緩慢前進，當行至哈德門（即崇文門，the Hata Men）時，薩道義「已經兩腿麻木，像快要癱瘓似的」。當經過使館街時，面對在不久前遭受嚴重破壞的使館建築，薩道義產生了強烈的抑鬱感，這是他以前從未有過的感覺。他形容自己「就像進入一個巨大的死城，棺木被到處亂扔，滿是灰塵」。〔註69〕這與他 38 年前初次來華時的感覺完全不一樣，也意味著其第二次中國之行的任務將非常艱巨。

　　英國駐華公使竇納樂前來迎接薩道義。晚飯後，在與竇納樂正式交談時，薩道義得知一個令人驚訝的事實。薩道義向竇納樂解釋了此次兩人互換職務之事。竇納樂表示，英國外交部直到 1900 年 9 月才電告他有關薩道義即將來華任職之事，這讓自己有些措手不及，但最後還是接受了這項人事安排。〔註70〕

〔註68〕 *The Semi-Official Letters of British Envoy Sir Ernest Satow from Japan and China (1895～1906)*, p.201.

〔註69〕 *The Diaries of Sir Ernest Satow, British Envoy in Peking (1900～1906)*, p.34.

〔註70〕 *The Diaries of Sir Ernest Satow, British Envoy in Peking (1900～1906)*, p.34.

在得知英國政府對駐華公使人選調
整後，清廷表示高度關切。此前，中國特
命全權大臣慶親王奕劻與李鴻章已經通過
中國駐英公使羅豐祿向英國政府表達了中
方的願望，〔註71〕希望竇納樂能夠留任，
繼續負責對華談判事宜。英國首相索爾斯
伯里勳爵因此致電英國駐華公使館，建議
同時任命竇納樂和薩道義兩人爲特命全權
代表。竇納樂既沒有提過這種要求，也不
認可這個建議，他表達了對薩道義的信
任。在此情況下，薩道義表示願意挑起這
個重擔。〔註72〕

（竇納樂）

　　10月21日，即薩道義抵達北京後的第二天，慶親王奕劻和李鴻章兩人一
起拜訪英國駐華公使館。他們首先表達對薩道義的歡迎，其次想挽留竇納樂。
竇納樂明確表示自己不可能留下來。〔註73〕中外雙方此次接觸純屬禮節性拜
訪，並未談及具體問題。

　　10月25日上午，竇納樂一家離開北京。本來薩道義還想去給他們送行，
可是由於事先沒有溝通好，兩人所走路線不同，結果沒能碰面。薩道義在日
記中對自己沒能趕上見竇納樂最後一面而深感懊悔。〔註74〕

　　從這一切來看，薩道義與竇納樂之間似乎存在某些不和諧之處。竇納樂
可能對薩道義心存芥蒂，但從兩人後來仕途變化來看，竇納樂走得更加順暢，
而薩道義則相對失意。竇納樂後來在英國駐日公使任內因爲英日之間良好關
係而被晉升爲大使職務，而薩道義直到退休時仍然是公使職務。〔註75〕當然，
這也反映了當時日中兩國在英國外交中地位和作用的差異。

　　薩道義在全面接手英國駐華使領館的領導職責後，便開始了大規模的整

〔註71〕 *The Diaries of Sir Ernest Satow, British Envoy in Peking (1900～1906)*, p.34.

〔註72〕 *The Diaries of Sir Ernest Satow, British Envoy in Peking (1900～1906)*, p.34.

〔註73〕 *The Diaries of Sir Ernest Satow, British Envoy in Peking (1900～1906)*, p.34.

〔註74〕 *The Diaries of Sir Ernest Satow, British Envoy in Peking (1900～1906)*, p.38.

〔註75〕 George Alexander Lensen: *Korea and Manchuria Between Russia and Japan (1895
～1904)——TheObservation of Sir Ernest Satow (British Minister Plenipotentiary to
Japan (1895～1900) and China (1900～1906))*. (Tokyo) Sophia University & the
Diplomatic Press.1966 (reprinted in1968), p.14.

頓和調整工作。首先加強了使館在搜集中國政局和各國駐華使館情報方面的能力，並將英國駐中國各地領事館中一些能力較強的外交官充實到北京的英國公使館內，同時剔除一些能力較差人員。這對薩道義更好地在在華開展工作起了很大作用，也體現了他雷厲風行的工作作風。

值得一提的是，作為英國駐華公使及英國對華談判全權代表，薩道義在整個庚子和談期間的身份其實並不「合法」，因為按照國際慣例，新任公使須向駐在國元首遞交國書並被接受後才能正式開展外交工作，否則就屬於非法。當時清廷已經逃離北京，「偏安」於西安，像英使薩道義和德使穆默等人都未向清朝皇帝遞交國書，因此都不是正式合法的外交代表。但考慮到當時實際情況和中國官員普遍缺乏國際法知識，也就無人過多追究這些細節。不過，這些經歷都成為後來薩道義寫作《外交實踐指南》一書時的珍貴素材，他在該書中就闢專章討論外交禮儀問題，可以看出，靈感或許就來自庚子和談時的經歷。

第三章 薩道義與外交團對
華聯合照會的提出

中日甲午戰爭後，列強掀起瓜分中國的狂潮，利用各種不平等條約，西方傳教士在中國也形成強大勢力，欺壓平民，激起強烈民憤。當時，各地頻發的教案也未得到公正處理，清政府「庇教抑民」引起中國人民的不滿，各地都出現了反洋教的鬥爭。1899 年首先在山東爆發義和團運動，首先提出「反清滅洋」口號，力量不斷壯大，影響範圍擴至直隸。清政府鎮壓無果，最後只得轉變策略，利用義和團對付外國人，義和團隨之提出「扶清滅洋」口號。

1900 年 6 月 20 日，清軍與義和團聯合圍攻北京各國使館區，引起列強的強烈反應。列強組成八國聯軍進行干預，先是佔領天津，接著向北京進軍，最後佔領北京城。8 月 15 日，以慈禧太后和光緒皇帝為首的清廷被迫離開北京，倉皇西逃。聯軍於 8 月 16 日攻陷北京城。

在義和團運動中，有十一個國家的人員和財產損失較重，其中尤以德國和英國為最重，德國駐華公使克林德男爵被殺，英國有大批傳教士被殺。此外，美、法、意、日、俄、西、比、荷、奧等九國也有不同程度的損失。列強「損失」主要包括人員傷亡、使館建築破壞、財物損失和軍費開支等。為此，列強要求清政府嚴懲兇手，賠償損失。列強紛紛派出談判全權代表，在北京進行商討聯合對華談判的基礎和細則。

《辛丑條約》談判正式開始於 1900 年 9 月中旬，正式締結最後條約是在1901 年 9 月 7 日，歷時整一年。據筆者不完全統計，期間，中國全權代表與外交團之間先後舉行過正式會談五次，其中，外交團全體成員與中方會談有

三次。爲了出臺統一的對華政策，外交團內部曾召開過五十餘次的全體會議，還有幾十次分組會議。

十一個國家的對華談判使臣（或代表）分別是：英國公使竇納樂（1900年10月25日離華）與薩道義（1900年10月21日接任）、美國公使康格（1901年2月25日離華）與談判專使柔克義、德國公使穆默、俄使格爾斯、法國公使畢盛、日本公使西德二郎（1901年1月離華）與小村壽太郎（1901年1月接任）、奧匈公使齊幹、意大利公使薩瓦葛、西班牙公使葛絡幹（兼任外交團領袖）、比利時公使姚士登、荷蘭公使克羅伯。在倉皇西逃途中，清廷任命時任兩廣總督的李鴻章爲直隸總督兼特命全權大臣，與慶親王奕劻共同負責同各國代表談判。

《辛丑條約》談判歷時一年之久。1900年12月24日，外交團向中方正式遞交聯合照會（即中文檔案裏所稱《議和大綱》），這是整個中外談判的基礎。圍繞著這份對華聯合照會的出臺，各國政府及在華外交團之間有過多次內部磋商。本章重點分析聯合照會出臺的過程及薩道義和英國政府在其中所起的作用。

對華聯合照會內容總共有十二款，基本上構成後來《辛丑條約》的整體內容。此聯合照會的出臺過程複雜曲折，這是在各國政府提出對華政策（尤其是法國所提六點要求）基礎上發展演變而來的，主要由在華外交團經過多輪磋商後才最終確定，期間有過很多交涉和反覆。因此，有必要綜合參考各國外交檔案、薩道義日記和半官方信函，梳理該照會出臺的詳細經過，從而勾勒出各國政府在庚子和談中的對華政策。

爲了更好地弄清列強對華聯合照會出臺的過程，還有必要介紹薩道義在此期間所做的幾件重要事情，包括他對中國局勢的看法和瞭解、在軍事問題上的態度和處理中國官員涉嫌捲入謀劃火攻西什庫教堂案等內容。

第一節　各國政府提出對華談判的基礎

爲了弄清薩道義及外交團在華活動情況，首先有必要交代庚子和談的大背景。只有從更高層面瞭解各國政府在中國問題上的態度，才能更好地理解發生在中國大地上的一幕幕。

在出兵中國前後，各國政府在不同程度上都有各自解決中國問題的方針政策。聯軍佔領北京城後，如何盡快與中方安排談判事宜就成爲各國優先考

慮之事。各國首先從政府層面紛紛提出各自的對華談判基礎，各國談判代表
以此爲綱，在北京開展對華談判交涉。在此過程中，清廷也頒佈諭旨懲辦涉
案的中方官員，以「討好」列強。

一、德國政府提出談判先決條件

　　因爲德國駐華公使克林德在義和團運動中被害，所以德國政府對懲辦「兇
手」問題極爲關注，主張將「禍首」和「禍從」均交由國際社會處置。

　　1900 年 9 月 18 日，德國政府提出要以懲辦「禍首」作爲中外談判的先決
條件，「應該把交出那些被確定爲在北京發生的反國際法罪行的首犯和眞正的
罪犯，作爲同中國政府開展外交談判的先決條件。」〔註1〕

　　9 月 20 日，美國《紐約時報》報導稱，英國外交部表示英國政府尙未對
德國政府上述對華政策發表意見，並否認美國報紙上有關英日兩國政府已宣
佈支持德國政策的報導。〔註2〕

　　9 月 21 日，針對德國政府的上述態度，美國政府發表不同意見，認爲應
該讓中國政府自己去懲辦兇手，「作爲對所受侵害的賠償和對今後的懲戒，最
有效的懲罰措施就是由（中華）帝國最高當局自己去罷黜和懲辦肇事者；應當
給中國一個這樣做的機會，從而使它在世界面前恢復自己的名譽……」〔註3〕

　　美國政府反對德國政府所提要求，並聲明美國政府的宗旨是「一旦可行
便任命與中國談判解決辦法的全權代表，於此同時，授權美國駐北京公使立
刻與正式委任的中國政府代表舉行會談，以期達成一項初步協議……」〔註4〕

　　清廷迫於列強壓力，於 1900 年 9 月 25 日（光緒二十六年閏八月初二日），
清廷頒佈諭旨，懲辦犯案官員：

　　　「諭旨：此次中外開釁，變出非常。推其致禍之由，實非朝廷
　　本意，皆因諸王大臣等縱庇拳匪，啓釁友邦，以致貽憂宗社，乘輿
　　播遷。朕固不能不引咎自責，而諸王大臣等無端肇禍，亦亟應分別
　　重輕，加以懲處。莊親王載勳、怡親王溥靜、貝勒載濂、載瀅，均

〔註1〕（9 月 18 日）德國駐美代辦施特恩堡致美國國務卿函。詳見：《1901 年美國
　　　對華外交檔案》，第 23 頁。
〔註2〕 *New York Times*, Sep. 20, 1900.
〔註3〕（9 月 21 日）美代理國務卿致德國駐美代辦函。詳見：《1901 年美國對華外
　　　交檔案》，第 24 頁。
〔註4〕（9 月 21 日）美代理國務卿致德國駐美代辦函。詳見：《1901 年美國對華外
　　　交檔案》，第 24 頁。

著革去爵職；端郡王載漪，著從寬撤去一切差使，交宗人府嚴加議
處並著停俸；輔國公載瀾、都察院左都御史英年，均著交該衙門嚴
加議處；協辦大學士吏部尚書剛毅、刑部尚書趙舒翹，著交都察院
吏部議處，以示懲儆。朕受祖宗付託之重，總期保全大局，不能顧
及其他。諸王大臣等謀國不臧，咎由自取，當亦天下臣民所共諒也。」
〔註5〕

　　這是一道重要諭旨，成為後來中外代表們談判時反覆討價還價的基礎。
該諭旨中所涉王公大臣共九人，雖然未能令列強完全滿意，但列強還是樂見
其成，10月2日，德國政府認為「（該上諭）已詔令懲處數名名官員……這是
使中國走向和平與安定的第一步。」〔註6〕

　　德國政府同時提出以下三個問題，敦請各國政府指令本國外交使節仔細
考慮，並提出他們的看法：「1、上諭中所列被懲人員的名單是否令人滿意？
是否正確？2、所提出的懲罰是否與所犯罪行的嚴重性相符？3、各國採取何
種方式監督這些懲罰的執行？」〔註7〕這三個問題成為後來有關懲辦「兇手」
問題談判的總綱，經常被外交團成員討論。這也是俄使格爾斯在上海向薩道
義透露的內容。

　　10月3日，美國政府發表對清廷「懲凶」諭旨及德國政府所提問題的看
法。美方認為該諭旨反映了清政府希望滿足各國為在華損失（生命和財產）
所提要求的一個積極表態；美國政府完全贊成德國政府所提三個問題，並將
指示美國駐華公使康格切實照辦。〔註8〕

　　綜上所述，各國政府對清廷9月25日諭旨還是給予了一定的肯定，但都
認為還存在一定的遺漏和模糊之處。其中，對所謂「罪魁禍首」人數的認定
以及應該對他們施行何種懲罰措施，成為後來中外談判反覆辯論的一個焦點。

二、法國提出對華談判基礎

　　1900年10月4日，法國政府提出以下六點要求作為與中方談判的基礎：

〔註5〕《清實錄‧德宗實錄》卷470，閏八月上。
〔註6〕（10月2日）德國駐美代辦施特恩堡致美國國務卿備忘錄。詳見：《1901年美
　　　國對華外交檔案》，第25頁。
〔註7〕（10月2日）德國駐美代辦施特恩堡致美國國務卿備忘錄。詳見：《1901年美
　　　國對華外交檔案》，第25頁。
〔註8〕（10月3日）美國國務卿海答覆德國代辦。詳見：《1901年美國對華外交檔案》，
　　　第26頁。

「1、懲辦由各國駐北京外交使節提出的罪魁禍首；2、繼續禁止輸入武器；3、對各國政府、團體及個人提供公平的賠償；4、在北京組成一支常駐公使館的衛隊；5、拆除大沽炮臺；6、對天津到北京之間道路上的二三處地點實行軍事佔領，從而使這條道路對從各國使館前往海邊或者由海上前往京城的各國軍隊始終保持通行無阻。」〔註9〕

　　值得一提的是，薩道義日記和信函以及英國外交檔案中的記錄都稱法國所提要求爲五點，但美國外交檔案和其他國際關係史著作都稱法國所提要求爲六點。筆者仔細對比後發現，差別就在於「拆除大沽炮臺」這點，英國外交檔案將最後兩點合併成一點，所以才有所區別。

　　10月10日，美國政府發表對法國政府上述六點要求的看法。美國政府對前三點基本表示同意，但稍有補充。在第 2 點「武器禁運」問題上，提出：禁令應該有時間限制，而不是永久性的；在第 3 點「補償」問題上，美國總統提出：如果各國無法對此達成一致，則應提交海牙國際仲裁法庭裁決。對於後三點「軍事」方面的問題，美國政府堅持不對此類問題做永久性保證，尤其是軍事佔領方面，總統不能使美國長期參與這種佔領。〔註10〕

　　在後來談判中，美國駐華公使康格還嘗試過提出第 7 點要求，即：「開闢北京爲通商口岸並成立國際租界。」但外交團經過多次討論都未獲得通過。美國方面甚至想通過在其他條款上做出讓步來換取外交團對該要求的同意，但最終未果。

　　在接到法國政府的建議後，英國首相索爾斯伯里侯爵立即電告時任英國駐華公使竇納樂，徵求其意見。〔註11〕

　　10月10日，應竇納樂的請求，在華外交團召開會議，討論對華談判的基礎，對法國政府所提六點要求進行深化和補充，最終形成決議並報請各國政府批准，這成爲後來外交團在庚子和談中的基本指導方針。〔註 12〕外交團首先針對法國所提六點要求表示基本贊成。

〔註 9〕（10 月 4 日）法國駐美代辦致美國國務卿備忘錄。詳見：《1901 年美國對華外交檔案》，第 27 頁。

〔註10〕（10 月 10 日）美國國務卿致法國駐美代辦備忘錄。詳見：《1901 年美國對華外交檔案》，第 28 頁。亦可參見：10 月 19 日，國務卿海致康格電。（《1901 年美國對華外交檔案》，第 410 頁。）

〔註11〕前引《英國對華政策（1895〜1902）》，第 225 頁。

〔註12〕 *The Diaries of Sir Ernest Satow, British Envoy in Peking (1900〜1906)*, p.34.

在懲辦「兇手」問題上，外交團提出：爲防止未來再次發生類似行爲，應在那些發生過殺害或虐待外國人事件的地方五年內禁止科舉考試。

在賠償問題上，主張給予那些因與外國人有聯繫而遭受生命或財產損失的中國人以補償，列強應就各國政府對華索賠總額、中國賠款方式和財政保障問題達成初步協議，其中，**後者（財政保障問題）是爲了消除某些國家使用延期索賠以獲得特權的企圖**。列強還可以成立一個專門機構來確保中國賠款償付問題。

在軍事佔領問題上，主張聯軍最好是佔領北京至大沽之間的某些軍事據點。

在上述基礎上，外交團還補充了幾點要求：「第⑥點，中國政府應該同意在全國範圍內張貼諭旨並保持兩年，堅決取締義和團組織，違者處以死刑，並聲明在考試暫停期間適用了哪些懲罰措施。第⑦點，應該任命一位外務大臣，總理衙門應該廢除。第⑧點，應該在理智的基礎之上建立與清廷的關係。」〔註13〕

此外，外交團還決定應該允許中國全權大臣列席旁聽外交團會議，然後以最後通牒方式提出各國的對華要求。最重要的是各國政府之間應達成一項共識，即：絕對不能允許任何國家單獨與中國達成協議或諒解，各國所有要求都應包含在已提出的條款中。〔註14〕很明顯，這點主要是針對中俄之間可能存在就交收滿洲問題進行秘密談判。

綜觀中外談判全過程，法國政府所提六點要求構成後來庚子談判的基礎，具有重要意義，而外交團於1900年10月10日會議所提觀點和補充成爲後來外交團進行《辛丑條約》談判的實際指導方針。

值得注意的是，英國學者楊國倫認爲：「竇納樂在（1900年）10月12日的答覆裏提議增加若干點，這幾點在月底在北京被提出來以供考慮。」〔註15〕

〔註13〕 *British Documents on Foreign Affairs:Reports and Papers From The Foreign Office Confidential Print.*Part 1, (From the Mid-Nineteenth Century to the First World War). Series E (Asia,1860～1914), Volume 25,Suppression of Boxers and Negotiations for China Settlement, August 1900～October 1900, University publications of America. Doc. 237, P.180.

〔註14〕 *British Documents on Foreign Affairs:Reports and Papers From The Foreign Office Confidential Print.*Part 1, (From the Mid-Nineteenth Century to the First World War). Series E (Asia, 1860～1914), Volume 25,Suppression of Boxers and Negotiations for China Settlement, August 1900～October 1900, University publications of America. Doc.237, P.180.

〔註15〕《英國對華政策（1895～1902）》，第225頁。

筆者認爲，這個結論與事實並不相符，竇納樂所提增加內容並非他主動提出的，而是在華外交團會議達成的共識。

三、俄國向美國提出對華政策聲明

1900 年 8 月 28 日，俄國駐美代辦沃朗向美國政府提出有關俄國政府對華政策的口頭聲明，表示俄國並不企圖在中國取得領土，因爲中國政府已經撤離北京，俄國將從北京撤回外交使節和軍隊。只有在中國政府重新執政並願意談判時，俄國政府才會指派代表。〔註16〕

8 月 29 日，針對俄國政府的上述口頭聲明，美國代理國務卿艾地特意給美國駐德、奧匈、法、英、意、日、俄等七國外交使節發出備忘錄，宣示美國政府的對華政策。美國政府稱美國樂見各國都否認有攫取中國領土的企圖，認爲各國政府的目標是「各國通過條約取得的各項權利今後將得到保證，門戶開放將得到保障，外國公民的利益和財產將受到保護，他們所遭到的虐待和侵害將得到充分的賠償」。

針對俄國政府所提撤軍建議，美國政府認爲，雖然各國聯軍的直接目的——解北京使館之圍——業已達到，但各國在華還有其他共同利益，即：保護各國在華人員的生命和財產安全及其他合法權益。因此，美國認爲各國聯軍應該從中國總體撤軍，其具體時間與方式應由聯軍將領一起協商。〔註17〕

後來事實證明，俄國並未履行其從北京撤軍的諾言。美國駐華公使康格就曾觀察到，「一部分俄國軍隊已經撤離。俄國公使昨天（9 月 12 日）告訴我，他定於今日（9 月 13 日）離開，大部分俄國軍隊也立即開拔。但他並沒有走，已奉命於今晨出發的俄軍仍待在這兒。」〔註18〕據《每日快報》(The Daily Express) 駐京記者觀察，俄軍不減反增，他們正要求獲得更多的駐軍地點。〔註19〕

康格還認爲：「從北京撤走全部軍隊將是一個嚴重錯誤。中國人將懷疑我們的力量，我們將失去一個促使中國政府接受我們條件的最有力的槓杆，京城附近數以千計的中國教徒將會立刻遭到殺戮。」〔註20〕

〔註16〕《1901 年美國對華外交檔案》，第 17 頁。
〔註17〕《1901 年美國對華外交檔案》，第 17～19 頁。
〔註18〕《1901 年美國對華外交檔案》，第 36 頁。
〔註19〕*New York Times*, Sep. 21, 1900.
〔註20〕《1901 年美國對華外交檔案》，第 36 頁。

世界媒體也高度關注中國局勢和各國的對華政策。1900 年 9 月 20 日，美國《紐約時報》報導稱，美國已確認英國駐俄使館的情報：俄國的對華主張，其實隱藏了一個精心謀劃的吞併滿洲的企圖。〔註 21〕這篇報導可謂「一針見血」，洞若觀火，俄國對滿洲的企圖差點掀起一場國際大波瀾。

英國外交部 9 月 20 日發表聲明，稱列強不能接受俄國關於撤軍的建議。因爲他們已獲得確鑿情報稱，一旦聯軍撤退，拳民將很有可能捲土重來，再次佔領北京城。〔註 22〕

在從北京撤使問題上，有許多國家使節都響應俄國所提提議。美使康格觀察到，俄國公使攜其全體館員遷往天津後，法國人也將同往。德國人已得到命令，一旦其他各國公使遷往天津，他們也將前往。日本人已表示願意這樣做。〔註 23〕但這只是表示意願而已，實際上各國公使並未這樣做，他們仍然留在北京進行觀望，以至於在中外談判之初，俄國公使便缺席了外交團最初的幾次內部會議。

四、英德兩國政府簽署《英德協定》

1900 年 10 月 16 日，英國首相索爾斯伯里侯爵與德國駐英大使哈慈菲爾德（Hatzfeldt- Wildenburg，Count Paul）分別代表各自政府，在倫敦簽訂互相保證不侵犯中國領土完整的《英德協定》，內容如下：

> 「（一）中國沿江和沿海的各口岸應當無差別地對一切國家國民的貿易及任何其他合法形式的經濟活動繼續自由開放，這是各國共同的和長遠的利益問題；因此，兩國政府同意，在他們勢力所能及的範圍內，對一切中國領土都擁護這個原則。
>
> （二）英國女王陛下政府和德國帝國政府在他們自己方面不得利用目前的混亂狀況，爲他們自己在中國的版圖上獲得任何領土利益，並應使他們的政策以維持中華帝國的領土狀況不遭削減爲目標。
>
> （三）如有另一個強國利用中國的混亂狀況以圖在任何形式下獲得這種領土利益，兩締約國保留對於爲保護他們自己在華利益而將採取的重大步驟，達成初步的諒解。

〔註 21〕 *New York Times*, Sep. 20, 1900.
〔註 22〕 *New York Times*, Sep. 21, 1900.
〔註 23〕 《1901 年美國對華外交檔案》，第 40 頁。

（四）兩國政府將以本協定通知其他有關列強，特別是奧匈帝國、法國、意大利、日本、俄國和美國，並將邀請他們接受本協定中所載的原則。」〔註24〕

根據協定第四條，英德兩國政府將上述協定分別照會奧、法、意、日、俄、美等六國政府，並邀請參加，各國先後作贊同之答覆。〔註25〕

該協定強調兩個原則：**門戶開放和領土完整**。美國政府對上述原則表示完全贊同，但由於該協定的第三款涉及英德兩國相互之間的安排，故不對該款發表意見。〔註26〕

《英德協定》的簽訂主要是英國出於對俄國和日本企圖擴大在華勢力範圍的擔心，希望藉此平衡各國在華力量。1900年7月，在清政府與義和團聯合對外的過程中，南滿鐵路南段俄國築路工人和管理人員的駐地開始受到襲擊，1900年8月至9月，俄軍佔領鐵路沿線的主要據點和中國滿洲各省的省城。俄國憑藉早先在中國滿洲獲得的優勢佔領了滿洲。〔註27〕幾乎同時，1900年8月下旬，日本乘義和團運動高漲之機出兵佔領廈門，企圖擴大其在福建的利益。英國政府此時向各國發出邀請，是想對日、俄施加壓力，使兩國遵守「領土完整」原則。

值得一提的是，德國政府後來並未完全遵守這一協定。1901年3月14日，也就是有關中俄滿洲問題談判膠著時，德國外交大臣畢洛夫由於要抹掉他在倫敦和東京玩弄陰謀的痕跡，在德國國會中發表聲明，說德國在英德協定中所承擔的支持中國「領土完整」的義務「並不適用於滿洲」。〔註28〕

五、小結

通過考察五個談判主要國家（德、法、美、英、俄）的聲明以及各國政府對其他國家聲明的回應，可以看出上述五國政府對庚子和談的基本原則。

〔註24〕10月23日，英國駐美大使龐斯福特致美國國務卿海函。詳見：《1901年美國對華外交檔案》，第32頁。

〔註25〕王芸生編著：《六十年來中國與日本》第四卷，生活‧讀書‧新知三聯書店，2005年7月，第18頁。

〔註26〕10月29日，美國國務卿海致龐斯福特函。詳見：《1901年美國對華外交檔案》，第32頁。

〔註27〕倫森：《俄中戰爭》，塔拉哈西1967年版，第42頁。轉引自（蘇）納羅奇尼茨基等著：《遠東國際關係史》（第一冊），商務印書館1976年版，第272頁。

〔註28〕（蘇）鮑‧亞‧羅曼諾夫著：《日俄戰爭外交史綱1895～1907》（上），上海人民出版社，1976年4月第1版，第208頁。

德國政府的首要原則是嚴懲涉案的中方官員，並在懲辦問題上提出三個問題，這成爲後來懲辦問題談判的基礎。同時，德國主張列強在華遵守「門戶開放」原則和領土完整原則。

法國政府主張懲辦官員、禁止武器輸入、各國組織成立常駐北京的使館衛隊、拆除大沽炮臺、軍事佔領天津至北京的幾處地點。在後來中外談判過程中，法國政府所提六點原則成爲談判基礎。

美國政府更傾向於相時而動，通常以回應他國聲明的形式來宣示美國政策。美國首先回應法國政府的六點原則，提出武器禁運應有期限並非永久性，賠款問題若無法達成一致則提交海牙國際仲裁法庭仲裁，軍事方面美國暫時不會參與。之後，美國政府也提議「開關北京爲通商口岸並成立國際租界」。針對俄國政府所提撤軍問題上，美國表示不同意立即從中國撤軍，認爲那將使中國人懷疑聯軍的力量，從而失去對華談判的籌碼，也無法保證各國在華人員的安全，另一個重要原因是美國政府也充分意識到俄國正覬覦中國滿洲。

英國政府在對華政策上採取平衡策略，一方面優先保證英國的在華利益，另一方面主張列強共同行動，不允許任何國家單獨與中國達成協議。英國與德國簽訂協定，宣稱「保證中國領土完整」，正是出於平衡各國力量的考慮，防止任何國家藉對華談判之機擴大在華利益。

雖然俄國政府對外聲明撤軍和撤使，但從後來觀察可以看出，這一聲明多少有障人耳目之嫌。實際上，俄國在中國滿洲另有圖謀，甚至引起一場國際大交涉。

各國對華政策體現出各國的利益紛爭。在庚子和談中，各國談判代表基本上都是遵照各自政府的指示而提出相關訴求並展開對華談判。但由於各國在華利益訴求不同，很多問題難以達成一致，才導致中外和談持續一年之久。

第二節　薩道義掌握中國動亂詳情並分析原因

當中國義和團運動發展到高潮時，薩道義正在英國國內度假，也未經歷北京使館區被圍攻之事，他對中國局勢的瞭解大多是通過英國外交部的電報和各國報紙上的報導，但這些信息來源和內容有很大誤差，並不能如實反映中國局勢的眞相。綜合來看，薩道義更相信英國《泰晤士報》記者莫理循從北京發回的詳細報導。

在英國國內度假時，薩道義多方瞭解有關中國政局的信息。當確定擔任英國駐華公使並參加對華談判後，薩道義在赴華途中和抵達中國後還多次與消息靈通人士討論中國動亂產生的原因。

一、有關中國動亂的大背景

1900 年 8 月 5 日，薩道義在英國國內度假時，與曾經在東亞任過職的同事濮蘭克討論中國問題。濮蘭克認為，目前發生在中國華北的大騷亂可以追溯至 1897 年德國佔領膠州灣。〔註29〕

當時，持有這種觀點的人還有很多。在薩道義離開英國赴華任職途中，9 月 3 日，抵達加拿大渥太華。薩道義與同車的華俄道勝銀行董事長烏赫托姆斯基（Oukhtomsky）親王〔註30〕交談時，後者也認為中國亂局原因在於德國當年佔領膠州灣。〔註31〕

薩道義也基本認可這種觀點，但很明顯，俄國親王是撇清了俄國在中國亂局中扮演的重要角色。1895 年中日《馬關條約》簽訂後，沙俄聯合法德兩國迫使日本放棄「到嘴」的遼東半島，卻在 1898 年強迫中國政府租讓旅順港，這引發日本的嫉妒和敵視。日俄之間互相的敵視和競爭也是中國動亂的重要原因。

二、有關北京使館區被圍攻及克林德公使遇害的情形

1900 年 10 月 7 日，當還在上海時，薩道義與荷蘭公使克羅伯共進午餐。克羅伯向薩道義講述了清軍與義和團聯合圍攻北京使館事件發生時的情形。克羅伯表示，外交團被誤導之處在於：他們認為各國救援部隊能夠在任何時候進入北京。清政府在 1900 年 6 月 19 日向外交團發佈最後通牒，聲稱聯軍佔領大沽炮臺就意味著宣戰，因此，中方要求外交團在 24 小時內離開北京。

〔註29〕 *The Diaries of Sir Ernest Satow, British Envoy in Peking (1900～1906)*, p.16.

〔註30〕 烏赫托姆斯基（Oukhtomsky）生卒年不詳。此人即中文檔案中的「吳王」、「吳克托」。俄國公爵，沙皇尼古拉二世的密友，財政大臣維特的助手。1897 年以特使資格率使團來華，與李鴻章談判俄國在滿洲鐵路特權事，並簽訂華俄道勝銀行合同，後為華俄道勝銀行（Ruso-Chinese Bank）理事長和東清鐵路董事，兼辦報刊，自任主筆。1900 年到上海，欲與李鴻章談判，終無結果而歸。著有《皇太子東遊記（1890～1891）》（兩卷，1896，1900）及《論中國事件》（1900）等書。詳見：《近代來華外國人名辭典》，第 368 頁。

〔註31〕 *The Diaries of Sir Ernest Satow, British Envoy in Peking (1900～1906)*, p.22.

　　抵達北京後，薩道義積極參加外交團對華談判過程，也多次與各國公使討論中國局勢。

　　10 月 21 日，也就是薩道義抵達北京後的第二天，薩道義會見了很多人。其中，比利時公使姚士登告訴他說，此前，中國政府限令外交團在 24 小時內離開，否則逾期開火。德國公使克林德就是因為固執己見，堅決要與中方理論，他在前往總理衙門途中被清軍射殺。此前，由於中方的禁令，外交團曾要求與中方當面磋商，但沒有結果。端郡王載漪命令部下，只要發現有洋人通過，就可從皇城上射殺他們。除非公使們是應總理衙門之要求前往時才例外，但通常是要在出發前等待總理衙門的回覆。1900 年 6 月 20 日，德使克林德曾向各國公使透露說，他將前往中國總理衙門，並在那裡待上一整天，直到中方開門。然而，他在那天卻被慶親王奕劻的一名部下槍殺了。〔註 32〕薩道義在這裡所瞭解的信息略有差錯，根據後世學者的研究表明，克林德是被端郡王載漪所部士兵恩海所殺，而非慶親王奕劻的部下。〔註 33〕

（克林德）　　　　　　　　（西德二郎）

　　此外，薩道義還積極地向前任英國駐華公使竇納樂虛心請教。10 月 22 日，兩人在討論中國局勢時，薩道義向竇納樂透露自己瞭解到的此前中國局勢發展的先後順序：首先是清政府向各國政府發佈最後通牒，接著八國聯軍佔領白河（Pei-ho）要塞，然後清軍抵擋西摩爾中將所率部隊的前進步伐，再次是清政府命令各國公使們在 24 小時內離開北京前往天津。超過期限後，清軍與義和團就聯合向各國使館區發起進攻。竇納樂聽後表示薩道義所瞭解信息正

〔註 32〕 *The Diaries of Sir Ernest Satow, British Envoy in Peking (1900～1906)*, p.34.
〔註 33〕 *The Diaries of Sir Ernest Satow, British Envoy in Peking (1900～1906)*, p.34.

確無誤，並補充說，他從英國駐天津領事卡爾斯（W.R.Carles）的來信中得知：各國聯軍早已下達命令清軍交出大沽炮臺的最後通牒。竇納樂立即回信卡爾斯，稱聯軍此舉其實已敲響駐北京的各國人士的喪鐘。竇納樂不能判斷聯軍是否有必要佔領大沽炮臺，但中國人在給外國人的最後通牒中稱，聯軍威脅要佔領大沽炮臺，這等同於宣戰。竇納樂判斷，也許中國人早已知道大沽炮臺陷落，這樣說的目的其實是爲了保全中國的面子。直到大沽炮臺陷落前，中國局勢一直搖擺不定。慈禧太后曾給竇納樂的夫人捎信，讓後者留在城裏。接著，清廷內部的激進排外勢力與穩健理智派之間進行激烈鬥爭。〔註34〕

　　在正式參與外交團會議後，薩道義多次與新任德國公使穆默及時任日本駐華公使西德二郎〔註35〕討論前任德國駐華公使克林德和日本駐華公使館書記生杉山彬被殺之事。有充足材料證明，薩道義支持德日兩國政府在此問題上堅持對華強硬態度。

　　11月2日，德使穆默向英使薩道義及美使康格表示，他可能會在外交團會議提出，在列強向中方提出的聯合照會中單列一條：要求清廷派道歉使團去德國，並在克林德公使被殺之處樹立一個紀念碑。薩道義與康格兩人對此要求都表示贊成，薩道義進而表示，這條要求應被置於對華聯合照會中第一或第二的位置，並在序言顯著位置中寫明中國所犯「罪行」的嚴重性。薩道義認爲，克林德公使之死顯示這一切都是有預謀的。〔註36〕值得一提的是，在後來1900年12月24日對華聯合照會和1901年9月7日最終簽署的《辛丑條約》中，都將克林德問題置於首要位置單列出來。

　　11月3日，薩道義特意前往拜會日使西德二郎。在討論德使穆默將於次

〔註34〕*The Diaries of Sir Ernest Satow, British Envoy in Peking (1900～1906)*, p.36.

〔註35〕西德二郎，Nishi Tokujirō（1847～1912），明治時期的外交官，男爵，薩摩藩武士出身，早年參加討伐德川幕府的戰爭，明治三年任大學少舍長（類似於大學學監），1870年赴俄國聖彼得堡留學，1874年任駐巴黎公使館一秘，1880年在回國時於11月2日抵伊犁，後經西伯利亞、蒙古、上海一路於1881年4月28日抵東京，陸軍省在1886年出版他的2卷本筆記《中亞細亞紀事》。1886年任駐俄國、瑞典和挪威公使，封男爵，1896年晉升大使。1897年任樞密顧問官，11月任黑田隆清內閣外相，1898年任第三次伊藤博文內閣外相，任內簽訂第三次日俄協定，劃分各自的勢力範圍。1899年任駐華公使，授予旭日勳章，義和團起義時被困在北京，曾推動日本參加八國聯軍進攻中國，後因深得慈禧太后信任，獲得中國茶葉專賣權而獲利豐厚。後任樞密顧問官。其子西竹一是日本騎兵軍官，曾獲1932年夏季奧運會馬術金牌，1945年戰死在硫磺島。

〔註36〕*The Diaries of Sir Ernest Satow, British Envoy in Peking (1900～1906)*, p.44.

日（4日）在外交團會議上提出有關前任德國公使克林德遇害善後問題的建議時，薩道義表示，如果西德二郎屆時也提出有關日本公使館書記員杉山彬之死的相關建議，他將予以支持。薩道義認為，克林德公使之死是有預謀的。西德二郎隨即向薩道義介紹此案詳情：1900 年 6 月 11 日，即杉山彬遇害的第二天，克林德在使館大街上遇到兩位拳民，當時他正帶著德國衛隊，於是下令逮捕其中一位，但另外一位逃跑了，這引起中國人的騷動。此外，為防止中國人湧入，各國使館街築起了防禦工事。6 月 16 日，日本軍官柴五郎（Shiba Goro）率領一隊英、日兩國水兵組成的隊伍在奧匈公使館外巡邏，發現約五十人的拳民聚在一個小寺廟裏，於是他們就立即予以包圍，並將他們全部殺害。薩道義後來在日記中寫到：上述內容是日本駐華公使西德二郎所說，此前，樸樂博士（Dr.Poole）曾說過這是發生在 6 月 12 日的事情，略有出入。〔註37〕

11 月 21 日，意使薩爾瓦葛拜訪薩道義。他告訴薩道義說，如果當初俄使格爾斯沒有勸說英使竇納樂推遲電告西摩爾將軍，那麼，聯軍首批救援部隊將會按時抵達北京。薩爾瓦葛表示，聯軍佔領大沽炮臺之舉很魯莽草率，這次行動是由俄軍司令阿列克謝將軍指揮的，據稱理由是中方已在河道裏布滿水雷。但這種消息是否屬實已無從查證。薩道義也向薩爾瓦葛透露自己與前任竇納樂之間有關「中國事件發生先後順序」問題的談話和竇納樂對英國駐天津領事卡爾斯所說「聯軍已敲響了駐北京的外國人的喪鐘」等內容。〔註38〕

從薩道義日記的內容來看，他對中國華北動亂產生之大背景、中外關係發展和德使克林德之死等重大問題都很關心。通過與中外各方人士溝通交流，薩道義形成了自己對中國問題的獨特看法，從而有利於他後來更好地開展對華談判工作。

第三節　薩道義對軍事問題的看法

庚子和談期間，列強在華勢力分為兩部分：一為外交使團，一為各國聯軍。這兩股勢力既互相支持，又有不少分歧和矛盾，他們在中華大地上演了一齣齣「絕妙」的雙簧戲。有必要結合薩道義日記、信函和各國外交檔案對這種現象進行詳細分析，有助於更好地理解當時複雜的中外關係和國際關係。

在日本任職和回英國度假期間，薩道義很早就關注各國聯軍在華軍事行

〔註37〕 *The Diaries of Sir Ernest Satow, British Envoy in Peking (1900～1906)*, p.45..
〔註38〕 *The Diaries of Sir Ernest Satow, British Envoy in Peking (1900～1906)*, p.57～58.

動，並領受了英國政府在此問題上的相關政策指示。在前往北京赴任途中，他分別與英軍將領西摩爾將軍及聯軍統帥、德國人瓦德西元帥交談過，瞭解聯軍在華的軍事動向，並與軍方建立良好聯繫，爲以後聯軍軍事行動和外交團外交活動之間互動關係奠定基礎。雖然他並無從軍經歷和「豐富」的軍事知識，但薩道義在軍事問題上卻有其獨到觀點。

八國聯軍在華軍事行動，由於各國之間勾心鬥角，互相提防，反而不容易確定領導者。薩道義認爲，列強之所以選擇德國陸軍元帥瓦德西擔任聯軍司令，主要是出於以下考慮：一、他軍階最高；二、俄國與日本等國之間互相戒備，都不想讓對方佔據領導權，因此反而能夠接受其他國家將領擔任聯軍最高指揮官。聯軍次任統帥瓦德西伯爵是很晚才由德國抵達中國，他急於要通過軍事行動來樹立其威信，進而提高德國在中國事務中的發言權。

在中外雙方開始接觸並著手準備談判時，聯軍還對中國華北各地進行了多次軍事行動，重創清軍，並造成大量中國平民傷亡，與此同時，他們還大肆掠奪中國官民的財產。

圖說：八國聯軍殘酷屠殺中國民眾。

現存很多當時參加八國聯軍侵華的各國官兵回憶錄都詳細記錄了他們在中國犯下的滔天罪行，這無意間成爲他們的「自供狀」，將被永遠地釘在歷史

恥辱柱上。其中最著名的是聯軍統帥瓦德西所著《拳亂筆記》〔註39〕，從中我們能看到許多有關薩道義及英方行動的記載；英美兩國學者弗雷德里克・A・沙夫和彼得・哈林頓共同編著《1900年：西方人的敘述──義和團運動親歷者的書信、日記和照片》〔註40〕，該書詳細地記載聯軍的軍事行動；英軍隨軍記者喬治・林奇（George Lynch）所著《文明的交鋒》（*The War of The Civilizations*），可謂「一個『洋鬼子』的八國聯軍侵華實錄」〔註41〕。此外，中方檔案及時人日記、筆記等材料中也有大量相關記載。

由於薩道義抵達中國時間較晚，他對聯軍在中國華北地區的軍事行動瞭解甚少。自從1900年10月20日抵達北京後，出於個人習慣、愛好和職業敏感，他詳細記錄了聯軍（尤其是英軍）的軍事行動。結合各種中外檔案，我們可以瞭解很多聯軍軍事行動的內幕與細節。

1900年10月初，各國聯軍對直隸省首府保定等地進行遠征，主要是「剿殺」義和團殘餘勢力，並威懾清廷，以期在外交談判桌上獲得更多利益。面對聯軍「淫威」，以李鴻章為首的清廷實力派命令直隸省地方官員儘量保持克制，甚至給予聯軍以物資和軍事上的配合，本想以此表明中國對聯軍和外交團的「友好」態度，但聯軍對此並不買帳。他們對直隸省各地燒殺搶掠，無惡不作，甚至無理扣押清廷命官，最後竟將清廷二品大員、直隸布政使廷雍等三名官員處以死刑。圍繞如何處理被聯軍逮捕的這幾位中方官員，外交團與中方代表之間進行了多次交涉，薩道義也積極參與其中。

聯軍決定對保定府發動進攻還有諸多考慮。首先，保定府地理位置十分重要，是直隸總督府所在地。它位於天津以西約九十英里，北京以南約八十英里，連接這三個重要城市的路線構成一個近乎等邊三角形，環繞著義和團運動興盛地區的中心。其次，它是華北最富庶的城市之一，也是中國許多最有影響人物的家鄉。最後，據說當地外國人受到中國人的威脅，該城裏還有數名外國傳教士沒能安全逃離。〔註42〕

〔註39〕（德）瓦德西著，王光祈譯：《瓦德西拳亂筆記》，上海書店出版社，2000年。
〔註40〕〔美〕弗雷德里克・A・沙夫和〔英〕彼得・哈林頓編著，顧明譯注：《1900年：西方人的敘述──義和團運動親歷者的書信、日記和照片》，天津人民出版社，2010年1月第1版。
〔註41〕〔英〕喬治・林奇著，〔美〕王錚、李國慶譯：《文明的交鋒》，國家圖書館出版社，2011年7月第1版。
〔註42〕《1900年：西方人的敘述──義和團運動親歷者的書信、日記和照片》，第260頁。

　　根據統帥部命令，聯軍兵分三路，從不同方向逼近保定府。由英軍、法軍、德軍和少量意軍組成的小分隊由英軍將領葛士利指揮，從北京出發；另一支由法軍和德軍組成的聯軍部隊從天津出發，並從東面接近該城；一支由羅恩・坎貝爾少將指揮的英軍小分隊於 10 月 12 日離開天津，迂迴並從南面接近該城。〔註43〕

　　在四國聯軍的強大壓力下，保定府很快陷落，城區被劃分成四塊，由上述四國軍隊分別佔領。〔註44〕據英軍隨軍記者喬治・林奇記載，聯軍與中國軍隊之間曾有過短暫交火，中方損失不小。直隸省布政使廷雍率當地官員前來迎接四國聯軍，並向他們提供了豐富物資補給，但沒想到是的，聯軍命令中國軍隊三天內撤離保定府，期間任何人都不准入城。〔註45〕不久，聯軍乾脆逮捕了廷雍、城守尉奎恒和統領王占魁等官員。此外，聯軍還掠奪了位於保定府近郊易州的清朝皇陵——清西陵。〔註46〕

　　聯軍對保定府及清西陵的軍事行動引發了中外之間多次交涉。

　　薩道義曾多次與聯軍將領和各國外交官交換對聯軍在華軍事行動的看法，在充分瞭解中國局勢後，他也與中方代表進行了密切接觸。

　　1900 年 10 月 29 日，薩道義先後拜會慶親王奕劻和李鴻章。根據薩道義日記記載，奕劻和李鴻章二人都分別詢問了聯軍前往易州滿清皇陵之事。在與慶親王交談時，薩道義表示聯軍會保護和尊重這些滿清皇陵。在與李鴻章交談時，薩道義則表示聯軍不會像中國人對待北京城周圍的外國人墓地那樣對待清皇陵的。李鴻章表示破壞外國人墓地之事並非國家行爲，而是一些「刁民」所爲。薩道義表示：「誰放縱了颶風，誰就要爲所造成的損失負責！」言外之意，正是清政府「縱容」和啓用了義和團，並派清軍與他們聯合攻打使館，才造成了後來中國亂局，清政府對此難辭其咎。

　　此外，李鴻章還積極向薩道義打聽在保定府被捕的幾位中國官員的下落。李鴻章表示，無論這些官員最後被聯軍施以何種懲罰，希望薩道義都能以照會形式通知他。薩道義表示自己目前僅收到一封私人信件，一旦參與軍

〔註43〕《1900 年：西方人的敘述——義和團運動親歷者的書信、日記和照片》，第261 頁。

〔註44〕《1900 年：西方人的敘述——義和團運動親歷者的書信、日記和照片》，第266 頁。

〔註45〕《文明的交鋒》，第 139 頁。

〔註46〕《文明的交鋒》，第 141～142 頁。

事行動的英軍將領葛士利回來，薩道義就會向其瞭解具體情況，並及時向李鴻章通報。但薩道義認爲廷雍在義和團高峰期曾激進排外。言外之意是說，廷雍現在被聯軍逮捕並受到懲罰，這是咎由自取，罪有應得。〔註47〕

11月1日，慶親王奕劻和李鴻章二人先後回訪薩道義，再次討論聯軍在保定府的軍事行動。李鴻章再次向薩道義打聽保定府（廷雍等）被捕官員的下落。薩道義表示這是一個軍事問題，自己不能代表官方通報德國元帥的行動。他建議李鴻章去和德國公使穆默商談此事，但李鴻章表示，正是穆默讓他來找薩道義的。此前，李鴻章與穆默曾在上海會晤過。〔註48〕

11月3日，英軍將領巴羅向薩道義透露，聯軍統帥瓦德西已下令處決三名在保定府被捕的中方官員。當天晚些時候，葛士利將軍拜訪薩道義，兩人繼續討論處決中國官員之事。薩道義表示這是一個軍事問題，自己不想干預，更主要的是，自己對此事一無所知。但薩道義也認爲處決中國官員或能產生良好效果，可以震懾中國人，進而有助於外交團在談判桌上取得理想效果。**兩人最後達成共識：薩道義不必參與簽署任何處決北京義和團成員的命令。**葛士利透露說，前任竇納樂就曾多次越權簽署類似的死刑命令。〔註49〕

值得一提的是，美使康格認爲瓦德西此舉（下令處決中國官員）可能適得其反，因爲在當前中外談判進展緩慢之際，聯軍處死清廷命官，可能導致清廷更不敢也不願早日回京，從而無法在北京順利達成和平協議。

11月5日，外交團會議討論李鴻章的來信內容，主要是詢問聯軍遠征保定府的情況，並指控聯軍軍紀敗壞。對此，德使穆默、意使薩爾瓦葛、法使畢盛和英使薩道義均同意予以答覆，但俄使格爾斯、美使康格和日使西德二郎都不同意回覆。〔註50〕11月6日，八國聯軍在保定設立所謂的「軍事法庭」，審判直隸布政使廷雍及守尉奎恒、統領王占魁等，並將三人斬首示眾，罪名是「縱拳殺西人、燒洋房」。英軍將領葛士利作爲審判負責人致電英國駐華公使薩道義：「由於英、比、美等國臣民在保定府被殺，已對該城施行下列懲罰：該省布政使廷雍、守尉奎恒、參將王占魁已於本月六日被斬首。該府當局被罰款十萬兩，城樓或城牆稜角已被毀壞，鄰近上述謀殺地點的東南城牆已打開了缺口。審判是由國際委員會進行的；該行動已獲得瓦德西伯爵的批准。」

〔註47〕 *The Diaries of Sir Ernest Satow, British Envoy in Peking (1900～1906)*, p.40～41.
〔註48〕 *The Diaries of Sir Ernest Satow, British Envoy in Peking (1900～1906)*, p.42.
〔註49〕 *The Diaries of Sir Ernest Satow, British Envoy in Peking (1900～1906)*, p.44.
〔註50〕 *The Diaries of Sir Ernest Satow, British Envoy in Peking (1900～1906)*, p.46.

　　義和團殺洋人、燒教堂，導致八國聯軍堂而皇之地斬首當地父母官。這是中國近代史上無比黑暗的一天。

　　聯軍處死廷雍等人消息很晚才為遠在北京的慶親王和李鴻章所知曉。期間，李鴻章等人曾多次上奏清廷彙報此事，表達對廷雍等人命運的擔心和對聯軍無理行為的憤怒和無奈。

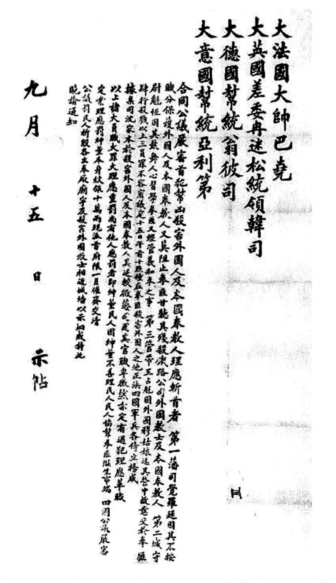

圖說：1900 年 11 月 7 日（光緒二十六年九月十五日），身居清廷二品大員的廷雍和保
　　　定另兩位官員被八國聯軍斬首示眾，三人罪名是未按職分保護外國人。

11 月 11 日，應薩道義之約，李鴻章的翻譯聯芳來訪。薩道義告訴聯芳說，根據最高統帥部的命令，聯軍已在保定府處決三名中方被捕官員。薩道義曾試圖推遲行刑，但由於軍方命令已經發出而未能如願。薩道義請聯芳向李鴻章轉告此事，因爲此前自己曾答應過李鴻章，一旦有消息立即通知他。薩道義辯稱自己只知道一些非官方消息。〔註 51〕面對聯軍和外交團的威逼利誘，中方代表也只能無奈接受殘酷的現實。

根據筆者觀察，薩道義城府頗深，這是典型的外交辭令，想在中國人面前充當好人，撇清自己的責任。

不久，薩道義又因爲在太原府的傳教士問題照會中方全權代表，要求中方協助外國傳教士到保定府，以便他們能隨時離開中國。

11 月 19 日，薩道義照會慶親王和李鴻章，希望中方將在山西的各國傳教士護送至保定府。原來，在義和團運動高潮時期，五六名英國和瑞士傳教士受到山西太原府保護，他們因而幸免於難。薩道義得知此消息後，在和各國公使們溝通後，立即照會中國全權大臣，「應請貴王大臣將所有在晉泰西教士，無論何國之人，凡未受害者，咸宜即行設法護送至保定府，以便安抵海口。」〔註 52〕中方只好如是照辦。

在後來整個庚子和談中，薩道義還與各國聯軍保持密切聯繫，甚至主動提出要求讓軍方採取軍事行動，以配合在華外交團的談判工作。雙簧戲演得「很成功」！

第四節　有關中方官員涉嫌密謀攻打教堂案的交涉

八國聯軍攻破北京城後，各國軍隊隨即對北京城實行分區域佔領，接管了很多清政府中央機關和檔案，也抄沒了很多官民的財產。中外和談開始後，圍繞著如何歸還這些公私財產，中外雙方展開多次交涉。在抄沒的官方檔案和私人文書中，各國聯軍和外交團發現了很多清政府官員參與義和團運動的證據，其中還有人密謀攻打由洋人嚴密設防的西什庫教堂，從而引發了一場外交交涉，薩道義在其中扮演了重要角色。

〔註 51〕 *The Diaries of Sir Ernest Satow, British Envoy in Peking (1900～1906)*, p.52.
〔註 52〕 中國第一歷史檔案館、福建師範大學歷史系合編：《清末教案》（第二冊），中華書局 1998 年 10 月第 1 版，第 923 頁。

1900 年 10 月 22 日，即薩道義抵達北京後的第三天，他與日本駐華公使館武官柴五郎〔註53〕（Shiba Goro）密談。柴五郎告訴薩道義說，日軍佔領皇宮的三個門，美軍佔領第四個門，日軍在皇宮裏搜出好多秘密材料，可以證明包括清廷總理衙門在內的許多中國官員參與了義和團運動，但日本人並未公開這些材料，因為這樣做將會造成很大混亂。柴五郎此前曾將部分秘密材料的內容透露給英國前任駐華公使竇納樂。〔註54〕

（柴五郎）

筆者現在暫時無法知道究竟日本所抄沒的材料中涉及多少清廷官員，但從薩道義的日記和中方檔案中還是能找到一些線索。

當外交團內部正在密切磋商對華談判基礎時，中外雙方之間就此事的秘密交涉也在緊鑼密鼓地進行。

1900 年 11 月 24 日，李鴻章之子李經邁和前中國駐英法俄等國公使曾紀澤（曾國藩之子）的養子曾廣銓（時任李鴻章的外文翻譯）奉李鴻章之命前來拜訪薩道義。薩道義告訴李經邁和曾廣銓二人說，大理寺卿常明（ChangMing）已被英軍逮捕，此人曾寫信告訴文瑞（WenJui）有關如何攻打北堂（Pei-tang）〔註55〕的最佳途徑。薩道義建議將此人向中方移交。〔註56〕

隨著事態發展，薩道義從各種途徑得知更多內幕。11 月 27 日，薩道義推測是英國公使館參贊傑彌遜（Jamieson）與奧沙利文（O'Sullivan）共同領導了對常明私宅的抄沒行動。據說，傑彌遜也因此得到了一些家具。塞爾溫（Selwyn）上尉向薩道義彙報說，當時很難將常明家的女眷們趕出那棟房子，因為她們將無處可去。薩道義對英軍沒收財物的行為很震驚，並表示英國公

〔註53〕柴五郎（1860～1945），日本陸軍最早的「中國通」。炮兵科畢業，陸軍大將勳一等功二級。柴五郎是日本陸軍最早的「中國通」。1900 年義和團鬧洋人時，他正任日本駐華公使館武官，憑著熟悉北京周邊地理對使館衛隊指揮得當，保護了各國公使的安全。經過英國記者莫理循的報導，他以柴中佐聞名列國，事後他得到各國政府頒發的勳章，包括英國最高軍功章——維多利亞十字勳章。連清政府也以其所謂維護治安之功給他發一枚勳章。

〔註54〕*The Diaries of Sir Ernest Satow, British Envoy in Peking (1900～1906), p.36.*

〔註55〕即西什庫教堂，筆者注。

〔註56〕*The Diaries of Sir Ernest Satow, British Envoy in Peking (1900～1906), p.60.*

使館堅決不允許參與任何類似行為。薩道義認為傑彌遜完全違背自己所下達的命令，薩道義當時只是下令去逮捕常明而已，並未讓抄家。〔註57〕

11月28日，英軍將領巴羅（Barrow）拜訪薩道義，帶來許多材料證明傑彌遜已與奧沙利文達成一致，決定要將從常明家裏掠奪的文物（Objets d'art）集中起來仔細保管，其中一些家俱則歸傑彌遜私人所有。於是，薩道義特意找傑彌遜詳談，最終使傑彌遜認識到事情的嚴重性並深刻懺悔。薩道義在日記中表示自己已下決心要將傑彌遜開除出使館。〔註58〕值得一提的是，薩道義後來並未真正將傑彌遜從英國駐華使領館中開除。

隨後，薩道義與中方就此事進行了多次交涉。

1900年12月8日（光緒二十六年十月十七日〔註59〕），薩道義照會中方全權代表慶親王奕劻和李鴻章，內稱：「英軍駐守內城西南界時，抄沒著名義和拳匪數家，在極有聲望匪目文瑞家書籍內，有常明其人致文瑞信函一紙，造意將西什庫堂中避難之人焚死，因而大理寺卿常明被拿盤問，時伊謂並未寫過欲害西人及教民之函，又謂現患手麻，不能寫字，必係仇家捏造，有意陷害云云。本大臣甚不願令無辜之人枉被冤抑，但本館內有在常明家中尋出賬單，所批筆跡核對相符。貴王大臣任派何員來查，當可取出相示。常明若果於此事有所責承，顯係伊有絕策謀害西人及華民之心，本大臣即可將其送交，按所應得之罪懲辦。倘貴王大臣能任仔肩固妙，否則大概由本國軍官照仇人懲治矣……」〔註60〕

在中文檔案內收藏的這份外交照會中，薩道義既表現出一定的理性，又略帶威脅。他決定有條件地向中方移交常明，這也印證了他在日記中的相關記載。

接到薩道義的這份照會後，中方高度重視，也很緊張。經過數天仔細研究後，12月11日（十月二十日），慶親王奕劻與李鴻章回覆薩道義，首先稱讚薩道義拿獲中國官員涉案證據時先知照中方的行為，「……具見貴大臣篤念兩國交誼，欲使有罪者無可悻逃，無罪者不被冤抑，甚為感佩。」

接著，奕劻和李鴻章又表達了中方的為難之處，「……本王大臣查常明如

〔註57〕 *The Diaries of Sir Ernest Satow, British Envoy in Peking (1900～1906),* p.61.
〔註58〕 *The Diaries of Sir Ernest Satow, British Envoy in Peking (1900～1906),* p.61.
〔註59〕 以下省略「光緒二十六年」，筆者注。
〔註60〕 《庚子事變清宮檔案彙編》第9卷，辛丑條約談判卷一，中國人民大學出版社2003年第一版，頁一四五。

果實有私函謀害避難之人，其居心殊屬險狼，照中國律例原有應得之罪，自當質訊，證據明確乃能按照所犯依例懲辦，惟常明係三品大員，照例應先奏明請欽派大臣審訊，如承貴大臣將常明及其信函、賬單一併交回，應由本王大臣先行派人看管，一面奏明請派大員審訊，照例辦理，俟辦結時再行知會，斷不能稍有徇縱……」〔註61〕

接此覆文後，薩道義於 12 月 12 日（十月二十一日）向中方遞交了第二份照會，內稱：中方照會並未指明具體派何人、於何時來英國公使館辦理此事。聽說中方所派之人已兩次前往查視常明原函和賬單，但不知此人是否已回去如實稟報。〔註62〕

12 月 14 日（十月二十三日），中方代表回覆薩道義第二份照會稱：「……查前派總理衙門章京前赴貴館查看常明原函、賬單，隨據回稟細核筆跡，似尚相符。惟我國律例，三品實缺大員，須俟欽派大臣提審，當堂核對，取具該員親供，方能定讞。派去章京先往查看，未便即為定案之據，是以前文未經敘及。至定案之時，我國律例凡謀殺造意者之罪，必已殺訖為一等，傷而未死為二等，謀而已行，未曾傷人者為三等。今常明雖已設謀，但尚未行亦未傷人，應於第三等罪上再減一等辦理，斷不得云無罪，此係中國定例，本王大臣等何能別有意見？仍希查照原議，將常明早日交出，以昭睦誼，……」〔註63〕顯然，中方是在為常明辯護。

12 月 15 日（十月二十四日），薩道義向中方遞交了第三份照會，內稱：「……本年十月二十三日（12 月 14 日）接準來文，以常明一案凡謀殺造意之罪，按律應如何定讞等因，本大臣均已閱悉。茲將查獲常明原函賬單先行照送，其常明一員俟尊處定以何時交與何人，當即知會本國武官設法交出，即希貴王大臣查酌，按律定擬示悉為盼……」〔註64〕據此可知，英方決定分步驟解決此事。

12 月 17 日（十月二十六日），中方代表回覆稱，「……本王大臣已將原函賬單閱悉，即擬於本月二十七日（12 月 18 日）午後兩點鐘遣章京偕同翻譯官

〔註61〕《庚子事變清宮檔案彙編》第 9 卷，辛丑條約談判卷一，中國人民大學出版社 2003 年第一版，頁一七一。
〔註62〕《庚子事變清宮檔案彙編》第 9 卷，辛丑條約談判卷一，中國人民大學出版社 2003 年第一版，頁一七二。
〔註63〕《庚子事變清宮檔案彙編》第 9 卷，辛丑條約談判卷一，中國人民大學出版社 2003 年第一版，頁一七二至一七三。
〔註64〕《庚子事變清宮檔案彙編》第 9 卷，辛丑條約談判卷一，中國人民大學出版社 2003 年第一版，頁一七三。

前往貴館接收常明一員，即希貴大臣知會武官，屆時交出，所有常明按律應得罪名，一俟查明，請旨定奪後再行知照貴大臣可也。……」〔註65〕

筆者在中方檔案及薩道義日記中都未能找到有關雙方交涉的更多材料。合理的推測應是：中方從英方那裡接收常明，並對其進行了審訊，但常明矢口否認自己參與此案。

那麼，引起中外雙方交涉的那封神秘信函的內容是什麼呢？從新出版的清宮檔案中，我們可知詳情如下：

「子芝〔註66〕仁兄大人閣下：

敬啓者，竊維國家時事，凡我世僕正報效之日，但有所見，自不應稍涉迴護。弟聞得西什庫洋巢攻打不易，每遇由彼而回者，必加詳詢。其築蓋之堅，層層埋伏等，眾皆深知。及我隊槍炮齊發時，伊即隱藏地窖內，雖空曠無人，然亦不敢深入（間有墜入滾板下者，誰不畏懼？），若以大炮烘之，亦覺成功匪易。愚見似不如以火攻之，我處即備出每十斤重乾草二三千束，每束內裹煤油棉花斤餘，當在攻打隱藏地窖時，令我兵二三百名先將草擲去約一層，再燃著以後趕緊將草填滿，火勢則已大矣，再將所拆之椽望楹柱等木隨時添引，火底既厚，即將輪船處煙煤或機器局煙煤多多調取，陸續瀝上，其火自然烈焰，三五晝夜即能燒酥，謹防通挖別處。此外，則一網打盡之法，若非為國家大事，何敢見此絕策？諸祈鑒核施行。此請。升安。

愚弟：常明頓首〔註67〕」

1900年12月27日（十一月初六日），常明在總理衙門監獄內親筆書寫供詞，將自己如何被英軍拿獲、抄家及審問之事詳細說明。〔註68〕這讓我們得以瞭解整個事件的來龍去脈。

原來，1900年11月23日（十月初二日）申刻（下午三至五時），數名英

〔註65〕《庚子事變清宮檔案彙編》第9卷，辛丑條約談判卷一，中國人民大學出版社2003年第一版，頁一七四。

〔註66〕當指文瑞，筆者注。

〔註67〕《照錄大理寺卿常明致參領文瑞信函》，參見：《庚子事變清宮檔案彙編》第9卷，辛丑條約談判·卷一，中國人民大學出版社2003年第一版，頁一七四至一七五。

〔註68〕《庚子事變清宮檔案彙編》第9卷，辛丑條約談判卷一，頁二二六。

軍士兵闖入常明家裏將其逮捕，隨即關進洋人監獄。同時，英軍還將常家予以抄沒。

11月24日（十月初三日），英方人員審訊常明，問：「你為何給文（大人）瑞書策，攻打西什庫教堂？現有抄出書信為憑。」

常明回答說：「我與文瑞雖住趾相近，一不同旗同差，二不通往來慶弔，致信一節或是同名之誤。且我之右手因生疔瘡治未得法，雖不致成廢，然不能握筆已二三年矣。」接著，常明再三請求英方仔細審查，英方則無語地離開。此後數日拘留常明不放，但也沒有再審問。

1900年12月18日（十月二十七日），慶親王奕劻和李鴻章從英方帶回常明及相關證物，接手審理此案。

常明在供詞中聲稱，文瑞只不過是旗下一名普通章京而已，沒有太多活動權限。如果說文瑞是見風使舵、趨利避害之徒的話，但他並無上奏摺的權限，也就無法保薦他人。寫信給他，只不過是無益之舉，此其一。

其二，世間之人做事都關心名和利，如果此信果為常明所寫，一旦事成，文瑞是否願意承認是其他人代為籌劃的呢？必定會據此功為己有。如果常明果有出奇制勝之計，為什麼不自己寫信上奏清廷，或向慶親王和端郡王載漪稟報呢？何勞致信文瑞呢？

其三，通信往來是天下常見之事，大凡機密之事一般都不署名，或用暗語等，收信人看完後一定會立即燒毀，這是人之常情。現在從文瑞家中搜出的信件，文瑞看完後並沒有燒毀，這不符合常理。若果真是常明所為，肯定也不會在後面署真實姓名。況且，聽說文瑞為人十分精明，絕不至於荒謬到如此地步。這一定是屑小之人乘隙陷害。

其四，中國之地，奇才輩出，不僅有能模仿前代名人書畫惟妙惟肖之人，而且還有能冒開銀票、錢票之人，竟能以假亂真，區區一封糊信又有什麼奇怪的呢？近來人心貪毒，無微不至，貪得無厭，稍有不遂其願者就心懷叵測，必藉端陷害。〔註69〕

以上是常明的供詞，看似頗有道理，中方代表也趨向於採納這些觀點。

1901年1月7日（十一月十七日），清廷頒佈諭旨，令慶親王奕劻和李鴻章兩人秉公辦理常明一案。〔註70〕

〔註69〕《庚子事變清宮檔案彙編》第9卷，辛丑條約談判卷一，頁一七五至一七六。
〔註70〕《庚子事變清宮檔案彙編》第9卷，辛丑條約談判卷一，頁一九九。

1901 年 1 月 15 日（十一月二十五日），常明在另一份供詞中仍堅持原來的說法，聲稱自己冤枉，被人誣陷。〔註71〕

綜合來看，在辦理本案時，清廷很是顧及考慮薩道義及整個外交團的想法，擔心因此事而影響正式的外交談判。由於在薩道義日記、信函和《庚子事變清宮檔案彙編》、《清光緒朝中日交涉史料》等材料中都未找到此事的後續材料。因此，筆者推測最後常明是無罪釋放，待考。

第五節　外交團草擬對華聯合照會

庚子和談的第一階段從 1900 年 9 月至 12 月，以 12 月 24 日外交團向中方提交《聯合照會》為標誌。此階段外交團重點討論了對華談判的條件，各國力求協商一致，達成協議後，以聯合照會形式提交給中方。

經過長達三個月的磋商，歷經十五次外交團會議，外交團最終達成一致，於 1900 年 12 月 22 日簽署《聯合照會》（即中文檔案裏所指《議和大綱》），內容如下：

> 西曆一千九百年五六七八等月，即光緒二十六年四五六七等月間，在中國北方各省分釀成重大禍亂，致罹窮凶極惡之罪，實為史冊所未見，有殊悖諸國義法並仁義之道，教化成規，大相牴牾。茲將其較重者開列於左：
>
> 一，西曆六月二十日，即華歲五月二十四日，大德欽差駐紮中華便宜行事男爵內大臣克遵職赴總署之時，途次被奉令官兵戕害；
>
> 二，同日，京各使館被官師兵與義和團匪合夥，遵朝內廷旨圍攻，直至西歲八月十四日，即中華歲七月二十日，為入京各國聯軍所制而救京師如是，而中國國家乃令使臣向各國政府傳擔承保全使館之旨；
>
> 三，本年五月十五日，即西歲六月十一日，大日本使館書記生杉山彬並經官兵在城門兇殺，都中暨外省之諸國人民慘被虐殘，兼遭拳匪及官兵攻擊，各項房產居室，均為搶毀，若非捨命力敵，鮮克全生；

〔註71〕《庚子事變清宮檔案彙編》第 9 卷，辛丑條約談判卷一，頁二二六。

四，泰西墳地被侮，在京尤甚，兼有發掘墳冢拋棄屍骨之慘因，以上各情，諸國派兵前來保全使臣，商庶戡亂，遠安聯軍北上，與華隊抵敵，竭力敗之方克前進。

中國既已承責，表明悔過，顯昭定亂弭禍之心，諸大國公議允行，然有各國酌定**未能移易之要款**，若非照辦，不足以贖往愆，防復燃，其款列後：

第一款，原任德國克大臣被害一事，務須派親王專使前赴德京，代表中國皇帝國家悲悔至意，遇害處所樹之銘誌之碑，與克大臣品位相配，列敘皇帝惋惜此等凶事之旨，標以拉丁德華〔註72〕各文；

第二款，一西曆九月二十五日即華曆閏八月初二日上諭內所指之王大臣等及日後諸國大臣指出者，皆須**盡法從重分別懲治**，以蔽其辜，二諸國人民遇害被虐之境，五年內概不得舉行文武各等考試；

【清廷意見〔註73〕：第二款懲辦禍首其實係行為慘酷，貽禍國家，如毓賢者自當明正典刑，至懿親除大逆不道外，例無死罪，若發往盛京永遠圈禁，既係極重法律。又所指各員中情罪亦有重輕，仍當分別辦理，應請磋磨。至罰停考試，須指明焚毀教堂及傷害洋人各州縣學政歲科試而言，若議及鄉會試，亦須指明焚毀教堂及傷害洋人各州縣，不准予考，如牽涉全省，則下屆即係萬壽恩科，務須設法顧全。】

第三款，因日本書記生被害，中國國家必應從優容之典，以謝日本政府；

第四款，中國國家必在各國人民墳塋曾遭侮蔑發掘之處建立滌垢雪侮之碑；

第五款，禁運中華軍火暨專為製造軍火各種器料之章，照諸國所議仍不開弛；

〔註72〕《清光緒朝中日交涉史料》（卷五九，頁二十四）的原文為「發」，參考英文原稿為「Chinese」，故改為「華」。

〔註73〕為了讓讀者能更直觀地理解中外雙方在聯合照會上的分歧，筆者特意加上清廷的意見。清廷意見皆引自：《庚子事變清宮檔案彙編》第9卷，辛丑條約談判卷一，頁一六六至一六七。

【清廷意見：第五款外國材料中國需用甚多，專供戰務，應指定貨物名目。】

第六款，一凡有各國各會各人等，當肇亂時被害虧累，中國咸宜從公賠償，華人員從事他國之故身軀家產殊及者同，中國務須籌出以上償款及分還各欠之來源，<u>適諸大國之意</u>斟酌允行；

【清廷意見：第六款賠償各款，勢不能輕，惟亦須量中國力所能及，或寬定年限，或推情量減，應請磋磨。】

第七款，諸國分應自主常留兵隊，分保使館境界，自行防守界內宜禁〔註74〕華人；

【清廷意見：第七款各國使館屯紮衛隊當議定兵數，不得過多，亦須有約束章程，免致越界滋事。】

第八款，京師至海面須留出來往暢行通道，故與其有礙之大沽等炮臺皆須一律削平；

【清廷意見：第八款大沽炮臺可否將炮位兵丁撤去，仍留空炮臺，以防中國海匪竊發，不致茫無措手。】

第九款，京師至海之通道不使有斷絕之處，由諸國分應主辦酌定數處，留兵駐守；

【清廷意見：第九款京津沿途設卡須議定地方及兵數，專爲保衛各國往來官商之用，不得於中國地方及行旅有所干預。以上第七、第九兩條務請竭力磋磨，以免有礙回鑾。】

第十款，（一）兩年之中，中國國家務須在各府廳州縣宣示諭旨一道，載明後開之端永禁，或設或入與諸國仇敵之會，違者無論曾徒皆斬，犯罪之人，如何懲治，文武考試如何停止，一併列述；（二）中國皇帝務頒上諭一道通行布告，以各省督撫文武大吏及有司官於所屬境內皆有保平安之責，如復滋傷害他國人民之亂，再有違約之行，必須立時彈壓懲辦，否則該管之員即行革職，永不敘用，亦不得藉端開脫，別給獎敘；

〔註74〕《清光緒朝中日交涉史料》（卷五九，頁二十四）的原文爲「紮」，參考英文原稿改爲「禁」。

【清廷意見：第十款此後教案及關交涉之事，如實係傷害洋人，地方官保護不力，自應重處，如其因民教不和，傷及中國教士或遊歷之人，亦須查明情形，分別輕重，未便一概永不敘用，且擬於此次和議成後，設法議立專條，以免教案日繁，民不堪命，官不勝參。】

第十一款，條約船章及另有關係通商事宜，各歸諸大國裁視，有失全應更使其妥善簡易之處，中國國家允行照辦；

【清廷意見：第十一款條約船章及關係通商事宜，如有更改簡易之處，但於中國利權無損，自可允行。】

第十二款，總理各國事務衙門必須革故鼎新，暨諸國欽差大臣覲見中國皇帝禮節，亦應一體更改，其如何變通之處，由諸大國酌定，中國照允施行。

【清廷意見：第十二款覲見禮節如何更改，自應酌中定議，總期無傷國體。】

以上各款，若非中國國家允從足適各國之意，各本大臣難設有撤退京師一帶駐紮兵隊之望。

一千九百年十二月二十日庚子年十月二十九日

各國駐京大臣署名〔註75〕

《聯合照會》先總陳中國官民對在華外國人所犯「罪行」，接著提出十二條要求，總體框架是以法國政府所提六點要求為基礎，這基本上綜合反映了各國政府的主要觀點。從 1900 年 9 月初德國政府提出將懲辦「禍首」作為談判先決條件，到 12 月底外交團正式向中方遞交該聯合照會。期間，十一國駐華談判代表針對《聯合照會》的草案逐條進行討論，其中在部分措辭上，各國代表們反覆斟酌和較量，一是中文本中「未能移易之要款（decision irrevocable）」（見上述照會劃橫線處），又稱「不可更改」；二是刪除「死刑（death penalty）」，代之以「盡法從重分別懲治」（見上述照會劃橫線處），又稱「最嚴屬懲罰（the severest punishment）」。在收到列強對華聯合照會後，清政府如履薄冰，如臨大敵，在朝廷內部對聯合照會逐條進行討論，並電告各地主要的「封疆大吏」，讓他們給出參考意見。出於行文方便並有利於讀者對比，筆者將清廷內部關於聯合照會的不同意見列在聯合照會後面。

〔註75〕《慶親王奕劻等來電二》光緒二十六年十一月初四日（1900 年 12 月 25 日）到，電報檔。詳見：《清光緒朝中日交涉史料》卷五九，頁二十四。

　　在外交團內部磋商聯合照會內容的同時，外交團與中國全權代表就中外談判的基礎和程序問題也有過多次交涉。

一、開展中外談判的交涉

　　八國聯軍佔領北京城後，關於是否立即在北京與中方進行談判，外交團內部普遍持觀望態度。1900 年 9 月底，俄國公使格爾斯已率其部下撤離北京，遷往天津。德國新任公使穆默也在赴任途中，外交團成員尚未到齊。薩道義在後來的中外談判過程中也認爲，想在北京解決談判問題並不明智。美國公使康格認爲，談判應在上海進行，或更好一些的選擇是在美國首都華盛頓進行。〔註 76〕康格還對即將開始的中外談判做出如下判斷，即：中方不可能提出任何可行方案，列強將不得不提出自己的方案，並迫使中國接受。因此，必須在各國政府之間進行必要的談判，且各國間的一般性會議可以不必等到中國首都及京畿地區恢復秩序後再舉行。〔註 77〕

（一）中國任命談判全權代表

　　由於形勢內外交迫，清政府不得不調整策略：一方面下令清軍剿滅義和團，另一方面積極向列強示好，表示談判意願。1900 年 9 月 3 日（光緒二十六年八月初十日），慶親王奕劻在被清廷任命爲對外談判全權代表後，便星夜兼程抵達北京。次日，中國海關總稅務司赫德來訪，慶親王告之以「此次遵旨回京便宜行事，一俟全權大臣李鴻章來京，即可訂期開議」，並請赫德鼎力襄助中外和談。〔註 78〕

（李鴻章）　　　　　　　（慶親王奕劻）　　　　　　　（榮祿）

〔註 76〕《1901 年美國對華外交檔案》，第 34～35 頁。
〔註 77〕《1901 年美國對華外交檔案》，第 36 頁。
〔註 78〕《慶親王奕劻奏陳接晤各國公使情形摺》光緒二十六年八月十八日（9 月 11日），詳見：《清光緒朝中日交涉史料》卷五七，頁二。

9月6日（八月十三日），慶親王奕劻偕同總理衙門大臣那桐拜會俄、英、美、日、法、意、西、比等八國公使，「……備述此次拳教相仇，致使各國動兵並婉謝各國洋兵保護宗社臣民盛意。」外交團以尚未接到各國政府訓令以及某些公使尚未抵達北京為由推脫，許多公使都認為北京並不適合談判。慶親王奕劻還照會外交團領袖、西班牙駐華公使葛絡幹，透露清廷已頒佈諭旨，委任自己（奕劻）為全權代表辦理交涉事宜，且時任兩廣總督李鴻章也獲任中方全權代表，正星夜兼程從廣東趕赴北京。

9月7日，清廷頒佈諭旨〔註79〕令大學士榮祿協助中外談判，並令慶親王奕劻就有關談判問題與兩江總督劉坤一及湖廣總督張之洞磋商。但很多外國公使都反對接受榮祿為談判代表，理由是榮祿及其所率軍隊在戰爭期間很排外。然而，在後來外交談判過程中，榮祿並未作為中方談判代表出現。可見，清廷是多麼地屈服於列強的「淫威」。此外，清廷後來注意到，雖然劉坤一和張之洞兩位總督受命襄助對外談判，但事實上，作為全程負責對外談判的中國全權大臣，李鴻章（或許包括奕劻）很少徵求劉張二督的意見，彼此之間的分歧和矛盾很明顯。〔註80〕

（二）關於中外談判條件及程序的交涉

雖然外交團公使對慶親王奕劻的拜會並未給予積極回應，婉拒了慶親王關於盡早開議的請求，但外交團內部隨後開始了對具體談判問題的討論，如何進行談判在外交團內部需要首先達成一致。經過一系列外交團內部會議，逐步確立對華談判的條件和談判程序問題。

根據美國外交檔案記載，第一次外交團內部會議於1900年9月15日召開，會議主要討論清廷回鑾問題。會議最後決定勸清廷盡早回鑾，「……倘若

〔註79〕《軍機處寄大學士榮祿上諭》光緒二十六年八月十四日（9月7日），上諭檔：
「軍機大臣字寄大學士榮，光緒二十六年八月十四日奉上諭：前因榮祿奏稱擬俟防務布置妥協即赴行在，當經諭令該大學士仍駐保定，力固畿輔大局。茲據李鴻章迭次電請添派王大臣會辦款議，除已命慶親王奕劻星馳回京並與劉坤一、張之洞函電互商外，即著添派榮祿會同辦理，並准其便宜行事。該大學士如已赴獲鹿，著即迅回保定，俟李鴻章到京後妥為商辦大局所關安危繫之，存亡亦係之。該大學士為國重臣，受恩最深，當不忍一意藉詞推諉也。李鴻章原電抄給閱看，將此由六百里諭令知之，欽此。遵旨寄信前來。」詳見：《清光緒朝中日交涉史料》卷五六，頁二十二。

〔註80〕《軍機處擬致奕劻電信》光緒二十七年二月十一日（3月30日）電寄檔，詳見：《清光緒朝中日交涉史料》卷六二，頁四。

能勸使（光緒）皇帝和慈禧太后回到北京，將會大大促進談判的開展。大家一致同意，他們如果能擺脫端郡王（載漪）和其他那些居心叵測的謀士們的影響，情況將會更爲樂觀。同時還能節省很多時間。……大家商定，各自寫一份非正式照會給慶親王，建議皇帝和慈禧太后，或者建議朝廷或皇帝遷回北京。」〔註81〕

　　9月25日，清廷頒佈懲辦「兇手」的諭旨。之後，慶親王奕劻請中國海關總稅務司赫德幫忙起草談判的協議草案，其內容包括四點：一、圍攻使館極違萬國公法允許，嗣後永無此事；二、商議賠款；三、修改條約以重商務；四、收回衙門以維政權。〔註82〕10月18日（閏八月二十五日），慶親王奕劻與李鴻章照會各國公使並提交了這份草案。此外，還向外交使團領袖葛絡幹遞交一份簡短照會，內容是要求公使們於10月20日（或在他們方便的任何時間）會見中方全權代表，並討論中方所提解決條件。當時，德國新任駐華公使尚未到達；新任英國駐華公使薩道義雖已到達，但尚未就任；法國公使畢盛正在病中。因此，外交團答覆中方：還須推遲一段時間才能開始談判。

　　針對中方送來的協定草案，美使康格認爲其內容還不夠全面。若想作爲最後的總條約，至少還應包括以下幾點：

　　（1）對列強出兵中國之目的的全面說明；

　　（2）恢復秩序和帝國政府回京，或證明帝國政府的實際存在；

　　（3）帝國政府對攻擊所有外國人和外國公使承擔責任；

　　（4）對各項耗費、遭虐待、受損失的賠償，計算和償付賠款的總計劃，以及對將來的有效保證；

　　（5）對於可以設防的使館區以及使館和鐵路衛隊的規定；

　　（6）設置外務大臣以代替總理衙門；

　　（7）**開放中國首都爲商埠**；

　　（8）對攻擊使館及外國人的首犯和教唆犯的適當懲罰。〔註83〕

　　在之後的中外談判中，外交團並未採納中方代表提交的談判條件，而美國提議增加的條款（即第7條：開放中國首都爲商埠）也從未獲得通過。

〔註81〕 1900年9月16日，美國公使康格向美國政府彙報各國公使會議情況。「……多數外國公使都沒有接到本國的訓令。」詳見：《1901年美國對華外交檔案》，第36～37頁。

〔註82〕《清光緒朝中日交涉史料》卷五八，頁二十三。

〔註83〕 1900年10月16日，美使康格致國務卿海約翰電。詳見：《1901年美國對華外交檔案》，第410頁。

11 月 5 日，外交團召開第五次內部會議。關於中方代表 10 月 18 日詢問開議時間的照會，各位公使一致同意通知中方，說外交團已經接收到中方這份照會，並將在各國公使接到各自政府相關指示後，及時通知中方具體談判時間。〔註84〕在此次會議上，外交團任命由美使康格、奧使齊乾和法國使館代辦唐端（d'Anthouard）三人組成草案委員會，負責起草對華聯合照會的序言。〔註85〕

此外，除俄使格爾斯和法使畢盛外，其他公使都同意下列諸點：

第一、中國政府以後應按照各國提出的適當方式，商討對有關通商、行船的商約及其他方面作必要的修改。

第二、中國政府應採納外國提出的財政措施，以保證賠款和政府利息的償付。

第三、為了進一步保證將來不發生動亂，應頒佈一道諭旨並在帝國各地張貼，諭令所有總督、巡撫和地方官吏對各自管轄區的治安負起責任。在其轄區內，無論何時發生排外騷動或其他任何違約事件而未能及時鎮壓和懲治罪犯，該官員都應立即革職，並永遠不得敘用或接受獎敘。〔註86〕

12 月 10 日，外交團第十二次會議討論了李鴻章和慶親王奕劻的全權代表資格問題，李鴻章此前已向德國公使穆默提交了一份有關中方代表全權資格證書的草案。外交團認為，如果李鴻章和慶親王二人能夠獲得清廷授權可以使用玉璽，那麼這份草案就足矣。在此次會議上，薩道義提議：外交團應確定與中方代表正式談判時的會議主席、地點及會議秘書。經過一番討論後，俄使格爾斯、德使穆默和英使薩道義等三人被任命組成一個專門委員會負責此事，隸屬於外交使團。

近代中國由於對國際法知識瞭解甚少，所以不清楚外交談判的具體程序，只有吃了很多虧、交了很多「學費」後才慢慢被納入所謂「國際文明社會」，遵守國際上通行的外交慣例。關於外交談判代表的全權資格問題，近代以來，中國與外國曾有過數次激烈的爭論，中國從中學到不少。從 1870 年代

〔註84〕 *The Diaries of Sir Ernest Satow,British Envoy in Peking (1900～1906), (Volume 1,1900～1903).* p.46.

〔註85〕 *The Diaries of Sir Ernest Satow,British Envoy in Peking (1900～1906), (Volume 1,1900～1903).* p.47.

〔註86〕 《1901 年美國對華外交檔案》，第 414 頁。

末，崇厚在不具備全權代表資格的情況下，擅自同沙俄政府簽訂條約，雖然收回了伊犁城，但損失了周邊數萬平方公里的土地，後來在中國駐俄公使曾紀澤的努力下，才收回不少利益；1895 年，由於在甲午戰爭中慘敗，中國政府急於同日本政府求和，先是派出湖南巡撫邵友濂和前駐外公使張蔭桓爲代表，前往日本談判，但被日本政府拒絕，認爲兩人位卑言輕，不能代表中國。後來才有李鴻章前往日本下關，同日本首相伊藤博文談判，最後簽署喪權辱國的《馬關條約》。在此次庚子和談中，中方全權代表資格問題再次被提及。由上述過程可知，自 1900 年 9 月初中方任命全權談判代表至 1900 年 12 月底中外談判代表首次會晤，間隔將近 4 個月，主要焦點就是外交團內部對聯合照會的具體條款及措辭始終無法達成一致。

二、外交團關於對華聯合照會草案的討論

1900 年 10 月 4 日，法國政府提出對華談判的六點要求，隨後，英、美、德等國政府分別對此發表意見。截至 10 月 18 日，各國政府基本都已對此表示同意，這六點要求就成爲外交團對華後續談判的基礎。11 月 5 日，外交團成立專門委員會起草對華聯合草案，共召開九次使團會議，詳細討論照會草案內容。

（一）討論懲辦「兇手」的問題

懲辦「兇手」問題是各國首先關注的問題。1900 年 9 月 18 日，德國政府提出要以懲辦「兇手」作爲中外談判的先決條件。10 月 26 日，外交團召開第二次會議，這也是薩道義接替竇納樂擔任英國駐華公使職務後，首次正式參加外交團會議。

外交團集中討論了關於懲凶的三個問題，這與德國政府 10 月 2 日提出的三個問題有類似之處：1、應該將哪些人列爲罪魁禍首？2、對他們將施以什麼樣的懲罰？3、是否應向中國政府發佈最後通牒？

針對第一個問題「應該將哪些人列爲罪魁禍首？」，經過充分協商，外交團一致決定要求對 11 名清政府官員處以死刑。因爲這些官員對中國動亂應負首要責任，他們分別是：**端郡王載漪**〔註 87〕、**莊親王載勳**〔註 88〕、**怡親王溥**

〔註87〕愛新覺羅・載漪（1856 年 8 月 26 日～1922 年 11 月 24 日），清朝宗室，道光帝旻寧之孫，惇親王奕誴之子，後過繼瑞敏郡王奕志（嘉慶帝四子瑞親王綿忻子）爲嗣，三十八歲襲封端郡王。義和團事變「禍首」之一。載漪是光緒帝的堂兄弟。

1899 年，慈禧冊立載漪的十五歲兒子溥儁爲大阿哥，計劃廢黜光緒帝，但溥

靜〔註89〕、**貝勒載濂**〔註90〕、**貝勒載瀅**〔註91〕、**輔國公載瀾**〔註92〕、**甘軍將
領董福祥**〔註93〕、**山東巡撫毓賢**〔註94〕、**吏部尚書剛毅**〔註95〕、**刑部尚書趙
舒翹**〔註96〕和**左都御史英年**〔註97〕。與清廷 9 月 25 日所頒上諭懲罰名單相

儲不獲外國公使承認，慈禧被迫停止廢立計劃。義和團事變後，載漪在八國
聯軍的禍首名單上。1902 年，清政府下令將載漪、溥儁父子流放新疆。1917
年，借張勳復辟之機，載漪才重獲自由，直至 1922 年去世。

〔註88〕愛新覺羅·載勳（1854 年 1 月 24 日～1901 年 2 月 21 日），清末大臣，義和
團事變的禍首之一，愛新覺羅氏，滿族。康熙帝第十六子莊親王愛新覺羅·
允祿五世孫，第九代莊親王奕仁第二子，封輔國公，襲封莊親王。

〔註89〕愛新覺羅·溥靜（1849～1900），愛新覺羅·載敦第一子，同治七年（公元 1868
年）封爲不入八分輔國公，光緒十七年（公元 1891 年）襲怡親王，光緒二十
六年（公元 1900 年）薨，後以罪革爵。

〔註90〕愛新覺羅·載濂（1854 年 10 月 8 日～1917 年 11 月 13 日），愛新覺羅氏，道光
皇帝第五子和碩諄勤親王奕誴第一子。已革郡王銜多羅貝勒。初封一等輔國將
軍，累進輔國公，襲貝勒，加郡王銜。曾任正藍旗旗主、鑲紅旗漢軍都統、崇
文門正監督、鑲白旗漢軍都統和正黃旗蒙古都統等職。光緒二十五年，子溥儁
賜頭品頂帶。光緒二十六年，載濂以庇義和拳奪爵，弟愛新覺羅·載瀛襲。

〔註91〕愛新覺羅·載瀅（1861～1909），恭親王奕訢次子，1868 年出繼道光帝第八子
鍾郡王奕詥爲嗣，襲貝勒，光緒十五年（1889）加郡王銜，光緒二十六年（1900
年）因義和團事變以罪革爵，仍歸本支。宣統元年薨，享年 49 歲。

〔註92〕愛新覺羅·載瀾（　），清末宗室。惇親王愛新覺羅·奕誴的第三子。奕誴在道
光皇帝九個兒子中排行老五。因此，愛新覺羅·載瀾則是道光皇帝之孫，光
緒帝堂兄，封輔國將軍，晉輔國公。光緒二十七年（1901 年），愛新覺羅·載
瀾遣戍新疆，先後在迪化、綏來兩地居住。後病死於瀋陽。

〔註93〕董福祥（1840 年 1 月 8 日～1908 年 2 月 9 日），字星五，甘肅環縣（當時屬
寧夏固原）人，清末著名將領，官至太子少保、甘肅提督、隨扈大臣，賜號
阿爾杭阿巴圖魯。

〔註94〕毓賢（1842 年～1901 年 2 月 22 日），字佐臣，是清末著名的酷吏和極端排外
人士。內務府漢軍正黃旗，捐監生，納貲爲同知府。他與剛毅的惡行都因劉
鶚《老殘遊記》而記載在歷史中，他們都是「清官若自以爲是、危害比貪污
嚴重」的代表。

〔註95〕他塔拉·剛毅（1837 年～1900 年），字子良，滿州鑲藍旗人，世居札庫木。筆
帖式出身，累升至刑部郎中。1877 年，平反楊乃武和小白菜案受獎勵，升江
西按察使，後爲廣東、雲南布政使，擢山西巡撫。中日甲午戰爭爆發，剛毅
主戰，任軍機大臣兼禮部侍郎。反對戊戌變法，升任兵部尚書、協辦大學士，
率領義和團同八國聯軍開戰，死於山西侯馬鎮。

〔註96〕趙舒翹（1847～1901），清末大臣。字展如，號琴舫，晚年號慎齋。陝西長安
（今西安市）人。同治九年（1870）科試一等補廩生，十二年（1873）中舉，
翌年中進士，授刑部主事。此後十年間，歷任刑部任提牢廳主事、直隸司主
事等職，官至刑部尚書。1899 年，爲總理各國事務衙門大臣，繼任軍機大臣，
兼管順天府府尹。他剛直不阿，不畏權貴，多次平反冤案，「直聲震天下」。

比，這份名單增加了兩個人，即：毓賢和董福祥。

針對第二個問題「對他們將施以何種懲罰」，經過激烈討論，外交團最後形成一個解決方式。其中，德使穆默、意使薩爾瓦葛和英使薩道義都建議「處以死刑」，而俄使格爾斯則建議「處以最嚴厲的懲罰」。〔註98〕外交團總體主張使用「死刑」，美使康格後來在向美國政府彙報時稱，無論怎樣要求，名單中開列的這些中方官員當中多數都將「自願」或奉旨自盡，因此列強只提「死刑」〔註99〕。值得注意的是，美國外交檔案中並未透露外交團內部在此問題上的分歧。

11月22日，薩道義與德使穆默會談。日本駐德公使得知：德國政府雖然情願在聯合照會中保留「不可更改（decision irrevocable）」這些單詞，但已給德使穆默下達了有關禍首姓名和相關懲罰程度的指示。薩道義認為取消「不可更改」一詞，將使列強可以用「最嚴厲懲罰（highest possible punishment）」來代替「死刑（penalty of death）」，也能讓中國人明白：這包括死刑在內。穆默爭辯說，他認為最好還是保持條款原樣不變。〔註100〕

11月23日，薩道義拜訪法使畢盛。薩道義此前已聽說日本政府反對「decision irrevocable」，所以薩道義告訴畢盛說，德國政府的答覆是必須保留這一表述，而日本政府可能不會堅持反對這一表述。〔註101〕

11月26日，美國對華談判專使柔克義〔註102〕告訴薩道義說，美國政府並非真心想反對死刑。〔註103〕11月27日，美國國務卿海約翰致電美使康格稱，美國總統詢問：所有「禍首」死刑判決是否都能得到執行。〔註104〕

〔註97〕英年（？～1901）內務府漢軍正白旗人，字菊儕。以貢生考取筆帖式，累遷郎中兼護軍參領。光緒中，歷奉宸苑卿、左翼總兵、正紅旗漢軍副都統、工部右侍郎，調戶部。拳匪亂作，以英年、載瀾副載勳、剛毅統之。載勳等出示，招致義民助攻使館，英年弗能阻，匪益橫，任意戕殺官民。八國聯軍陷京師，隨慈禧太后、光緒帝逃往西安。充行在查營大臣，旋授左都御史。行次狧氏，知縣玉寶供張不備，疏劾之。《辛丑條約》議定，各國要求懲辦禍首，羈西安獄，旋命自盡。

〔註98〕 *The Diaries of Sir Ernest Satow, British Envoy in Peking (1900～1906)*, p.38.

〔註99〕《1901年美國對華外交檔案》，第47～48頁。

〔註100〕 *The Diaries of Sir Ernest Satow, British Envoy in Peking (1900～1906)*, p.58.

〔註101〕 *The Diaries of Sir Ernest Satow, British Envoy in Peking (1900～1906)*, p.59～60.

〔註102〕在庚子和談時，美方主要談判者有兩位，分別是美國駐華公使康格和談判專使柔克義，這是列強代表中的特例。筆者注。

〔註103〕 *The Diaries of Sir Ernest Satow, British Envoy in Peking (1900～1906)*, p.60.

〔註104〕《1901年美國對華外交檔案》，第421頁。

　　11 月 28 日上午，美使康格拜訪薩道義。康格傾向於刪除「死刑」。薩道義向康格透露說，自己寧願取消「死刑」，也不願違背外交團的集體決定。下午，薩道義拜會法使畢盛，得知畢盛傾向於刪除「死刑」。〔註 105〕

　　11 月 29 日，康格拜訪薩道義。康格認為在聯合照會中寫入「死刑」的做法並不明智。〔註 106〕

　　11 月 30 日，薩道義、美使康格和德使穆默三人舉行會談。穆默同意用「示範性懲罰（exemplary punishment）」來代替「死刑」。薩道義說自己尚未收到英國政府的相關指示，但其個人傾向於同意這樣做。〔註 107〕

　　據康格向薩道義透露，俄使格爾斯已在 11 月 27 日獲得俄國政府電報授權：只要外交團同意取消「死刑」，格爾斯就可以簽署聯合照會。12 月 2 日，格爾斯前來拜訪薩道義並打探相關消息。薩道義回答說目前自己尚未收到英國政府的相關指示，但其個人觀點是不反對取消「死刑」。〔註 108〕

（端郡王載漪）

（輔國公載瀾）

（莊親王載勳）

（甘軍統領董福祥）

（吏部尚書剛毅）

（山西巡撫毓賢）

〔註 105〕 *The Diaries of Sir Ernest Satow,British Envoy in Peking (1900～1906)*, p.61.
〔註 106〕 *The Diaries of Sir Ernest Satow,British Envoy in Peking (1900～1906)*, p.61.
〔註 107〕 *The Diaries of Sir Ernest Satow,British Envoy in Peking (1900～1906)*, p.62.
〔註 108〕 *The Diaries of Sir Ernest Satow,British Envoy in Peking (1900～1906)*, p.63.

　　12 月 4 日，在外交團會議上，在美使康格提議下，各位公使們就「死刑」問題進行表決。迫於美方壓力，最後，外交團中包括薩道義在內的七位公使都表示贊成用「最嚴屬懲罰」代替「死刑」。雖然德使穆默、意使薩爾瓦葛和奧使齊幹反對這樣做，但都表示他們最後將和大家保持一致，簽署對華聯合照會。〔註 109〕

　　12 月 11 日，薩道義接到英國外交部電報，英國政府對聯合照會中用「最嚴屬懲罰」取代「死刑」表示遺憾，並反對使用「絕對必須（absolutely indispensable）」這一措辭。但木已成舟，英國的努力已無法改變大局，最後外交團在對華聯合照會中就是採納「最嚴屬懲罰」這一措辭。〔註 110〕

　　儘管薩道義簽署了外交團對華聯合照會，但英國政府一直都沒有批准薩道義同意將「死刑」改爲「最嚴屬懲罰」的做法，所以才有後來 1901 年 1 月 22 日外交團會議上薩道義代表英國政府提出「要處死所有十一名『禍首』」的一幕，但遭到外交團其他成員的強烈反對。最後，英國只好接受妥協，同意對「禍首」判處死刑，並記錄在案，再由清廷頒旨予以特赦，改爲流放邊疆。

（二）關於其他問題的討論

　　除了懲凶問題之外，外交團主要就法國政府所提六點要求進行討論和補充，最後將其作爲對華聯合照會的基礎。

　　1、補充法國政府所提六點要求。在 10 月 28 日第三次外交團會議上，對法國政府所提出的六點要求進行了補充，其內容包括：（1）大家一致同意要在犯案城鎮禁止科舉考試五年。（2）原則上同意禁止武器進口，但沒有規定具體細節，留待各國政府決定。（3）賠款問題，薩道義認爲可以參照埃及之例，或提交給一個由獨立第三方國家的人組成國際委員會，或提交給海牙國際法庭仲裁。（4）還要爲那些「在最近事件中遭受生命和財產損失的爲外國人服務的中國人」索賠。〔註 111〕

　　2、關於商約談判。11 月 5 日，在第五次外交團會議上，薩道義建議修改商約，以作爲談判條件的補充，除俄使格爾斯和法使畢盛外，其他所有公使

〔註 109〕 *The Diaries of Sir Ernest Satow, British Envoy in Peking (1900～1906)*, p.64.
〔註 110〕 *The Diaries of Sir Ernest Satow, British Envoy in Peking (1900～1906)*, p.68.
〔註 111〕 *The Diaries of Sir Ernest Satow, British Envoy in Peking (1900～1906)*, p.39.

都支持該建議，尤其是德使穆默和美使康格更是強烈支持。〔註112〕利用《辛丑條約》談判盡力攫取更多的在華商業利益，這是各國公使們的普遍共識，尤其是美國更是希望藉此謀取商業利益。

3、關於賠款問題。11月24日，針對意使薩爾瓦葛所提建議「控制中國財政，以保證賠款」〔註113〕，在外交團對此進行了一處修改後，俄使格爾斯勉強同意接受，其他公使，如：奧使齊幹、德使穆默、法使畢盛和英使薩道義等，都表示同意。

此外，公使們還在幾次會議上對新建使館區界限問題、修改覲見禮儀和是否拆毀大沽炮臺等問題進行了詳細討論。

三、對華聯合照會的最終簽署：一個關鍵詞彙導致的延誤

1900年11月24日，在第十次外交團會議上，各國已同意了對華聯合照會的草案，其中含有「不可更改」一詞。經過討價還價，12月4日，聯合照會基本確定，其中取消了「不可更改」一詞，各國政府基本都同意簽署，個別公使等待政府訓令之後也將很快簽署。但直到12月20日，除美使康格外，其他各國公使都簽訂了聯合照會，其中又保留了「不可更改」一詞。12月22日，康格才在含有「不可更改」一詞的聯合照會上簽字，隨後，外交團於12月24日正式將聯合照會提交給中國全權大臣。之所以有一個月的拖延，主要是因為美國政府電報的一次失誤，導致英美兩國政府及其駐華公使們不得不拖延時間，以理清各種「迷思」。在此，筆者有必要梳理這一複雜過程。

（一）美國力主取消「不可更改」一詞，英國支持美國立場

最先提出取消「不可更改」一詞的是美國政府，英國緊隨其後。無論是在懲辦「兇手」問題還是賠款問題上，美國都比較謹慎。1900年11月20日，美國國務卿海約翰致電美使康格稱，美國政府擔心，各國以最後通牒形式提出一份懲辦中國高級官員的名單，並要求處死他們，可能會由於中國自認不能執行死刑而導致中外談判失敗。美國希望對中國實行懲戒性的嚴厲處罰，而不贊成向中方提出具有最後通牒性質的要求。〔註114〕經過多次討論，外交團決定不使

〔註112〕The Semi-Official Letters of British Envoy Sir Ernest Satow from Japan and China (1895～1906), p.203.

〔註113〕*The Diaries of Sir Ernest Satow,British Envoy in Peking (1900～1906),*p.57.

〔註114〕《1901年美國對華外交檔案》，第418頁。

用最後通牒形式。11 月 27 日，海約翰再次致電康格稱，美國總統不贊成使用
「不可更改」一詞，因爲該詞明顯地與所有國家都反對使用的「最後通牒」一
詞意義相同。〔註 115〕隨後，康格很忠實地執行美國政府的相關政策。

12 月 4 日，第十一次外交團會議上，針對「死刑」和「不可更改」的措
辭問題，各國公使們又進行了激烈爭論，最終同意刪除「死刑」一詞，改爲
「最嚴屬懲罰」，而在「不可更改（irrevocable）」一詞的問題上，美使康格堅
持必須刪去，改用「絕對必須（absolutely indispensable）」代替。

英使薩道義支持美國的立場，贊同刪除該詞，但德、奧、意、西班牙和
比利時的公使都非常願意保留「不可更改」一詞，主要理由是「任何更改只
會削弱我們的地位，使中國人受到鼓舞，保留此詞可使中國方面玩弄詭辯和
拖拉的危險大爲減少；『死刑懲罰』既已刪除，留下『不可更改』一詞不會有
危害。」〔註 116〕最後，爲了使各國協調一致和迅速行動，外交團只好同意康
格的意見。會後，康格致電美國國務卿海約翰彙報情況，同時還附錄了外交
團通過的對華照會草案（内容是取消「不可更改」一詞），請求美國政府盡快
批准該照會並授權其簽署。〔註 117〕薩道義也給英國政府發電報（爲了便於區
分，以 A 表示，筆者注）彙報了此次會談情況，即：外交團決定將「死刑」
改爲「最嚴屬懲罰」，「不可更改」改爲「絕對必須」。

（二）美使接到美國電報，指示刪除「不可更改」一詞

12 月 5 日康格收到美國政府發來的暗碼電報，原意是：「按送來的文本簽
署聯合照會（you may sign Note as transmitted），總統致以熱烈的祝賀。」〔註
118〕這表明美國政府同意康格堅持刪除「不可更改」一詞。然而，由於技術原
因，海底光纜在傳輸信號時出現差錯，將一個數字「4」變成了「6」，結果康
格收到的電報就變成「按多數意見簽署聯合照會（you may sign Note as
majorities）……」從而引發後來諸多誤會，並造成外交談判的拖延。這個誤
會直到 12 月 19 日才得以消除。〔註 119〕康格儘管對此很納悶，但還是決定按
照美國政府的「指示」行動，他向各國公使透露說美國政府決定簽署保留「不

〔註 115〕《1901 年美國對華外交檔案》，第 421 頁。
〔註 116〕《1901 年美國對華外交檔案》，第 60～62 頁。
〔註 117〕《1901 年美國對華外交檔案》，第 421 頁。
〔註 118〕《1901 年美國對華外交檔案》，第 422 頁。
〔註 119〕*New York Times*, Dec.20,1900.

可更改」一詞的聯合照會，因為大多數公使贊成保留該詞。

12 月 6 日，康格向薩道義透露，他已獲美國政府授權將簽署聯合照會，即使在各國公使的要求下需要保留「不可更改」一詞。因為沒有收到英國政府的指示，薩道義決定對此不表示任何態度。〔註 120〕薩道義隨後立即向英國政府發電報（以 B 表示，筆者注）彙報美國政府的這一轉變。康格還向其他公使傳達這一消息，各國公使對美國政府立場的改變很高興，於是決定簽署保留「不可更改」一詞的聯合照會。

（三）英國被迫改變立場，同意保留「不可更改」一詞

12 月 10 日，除了英使薩道義外，其他各國公使都已經收到各自政府就上次外交團會議所達成聯合照會的指示。如果薩道義收到英國政府的指示，允許在聯合照會上簽字的話，那麼，各國公使就會立即啟動與慶親王奕劻和李鴻章的談判。〔註 121〕

12 月 11 日，薩道義收到英國外交部對其電報（A）的回電，除了對將「死刑」改為「最嚴屬懲罰」表示遺憾外，還反對用「絕對必須」取代「不可更改」一詞。〔註 122〕這份電報令薩道義感到很是迷惑。

12 月 12 日，薩道義前往拜會德使穆默，談論有關昨天收到的英國外交部電報。此前，穆默也已收到一份 12 月 7 日德國政府發來的電報，內稱英國外相蘭斯敦勳爵已宣佈，除非英、德兩國政府達成一致，否則他將不會指示薩道義簽署照會。關於用「絕對必須」代替「不可更改」一詞，穆默提醒薩道義說，至少有六位公使都贊成保留「不可更改」一詞。既然康格已收到美國政府指示，可以簽署保留「不可更改」一詞的聯合照會，那就意味著所有人都願意保留該詞。穆默希望薩道義能勸說英國政府保留「不可更改」一詞，因為如果薩道義在此問題上提出英方主張，那最壞的情況將是穆默和其他公使將不得不再次尋求各自政府的指示，這將耽誤最後的中外談判進程。薩道義對此表示同意。

接著，薩道義前往拜訪外交團領袖、西班牙公使葛絡幹。葛絡幹告訴薩道義說外交團絕大多數成員都想保留「不可更改」一詞，這就間接證實了穆默對薩道義所說的內容。〔註 123〕英國首相索爾斯伯里勳爵宣佈英德政府立場

〔註 120〕 *The Diaries of Sir Ernest Satow, British Envoy in Peking (1900～1906)*, p.65.
〔註 121〕 *New York Times*, Dec.10,1900.
〔註 122〕 *The Diaries of Sir Ernest Satow, British Envoy in Peking (1900～1906)*, p.68.
〔註 123〕 *The Diaries of Sir Ernest Satow, British Envoy in Peking (1900～1906)*, p.69.

一致，主要是基於此前雙方簽訂的《英德協定》。

12月15日，薩道義收到英國外交部對其電報（B）的回電，同意保留「不可更改」一詞，並在照會最後添加了這樣一句話：「以上各款，在中國政府遵照執行並足以使各國滿意之前，下列簽字者難以預料能否結束聯軍對北京和直隸省的佔領。」他隨後就向外交團其他成員通報此事，表示英國願意和外交團保持一致，將簽署含有「不可更改」一詞的聯合照會，薩道義解釋說，這是爲了把日後可能採取的軍事行動的範圍限定在僅繼續佔領北京和直隸省，從而部分地減輕「不可更改」一詞中明顯含有的最後通牒意味。俄使格爾斯和德使穆默都已同意增加這段話。除了日使西德二郎12月16日致電日本政府請求指示外，其他各國公使也都表示同意增加此段話。大多數公使都將英國的修正案解釋爲具有一種「若清廷按照外交團要求行事，聯軍允諾從北京撤軍」的性質。〔註124〕於是，外交團定於12月20日召開全體會議簽署對華聯合照會。

（四）美使接到美國政府指示保留「不可更改」一詞

英國政府接到薩道義發來的電報（B）後，認爲既然外交團其他成員都力主保留「不可更改」一詞，爲保持外交團立場一致，盡快開始對華談判，英國政府也只好致電薩道義，同意簽署含有「不可更改」一詞的聯合照會。與此同時，在英國政府將北京的變局轉告美國國務院後，美方感到很納悶，認爲康格公使不可能公然違背美國政府的指示，儘管他確實有意要使條約盡可能地強硬有力。美國政府於12月17日回電康格稱，美國已同意12月4日康格用電報發來的刪掉「不可更改」一詞的聯合照會文本，但不明白爲什麼在國務院不知情的情況下又恢復了「不可更改」一詞。因爲美國政府自始至終都反對使用該詞。針對英國提政府出增加的修正案（即前述在聯合照會最後添加一段話：「以上各款，在中國政府遵照執行並足以使各國滿意之前，下列簽字者難以預料能否結束聯軍對北京和直隸省的佔領。」），美國國務卿海約翰指示康格予以反對，因爲美國政府不能答應參與聯軍對北京和直隸省的無限期佔領。但如果康格發現其他各國公使都同意英國的這一修正案，就不必提出反對意見，但必須明確表示美國政府不能保證繼續參加聯合軍事行動。〔註125〕

〔註124〕《1901年美國對華外交檔案》，第64頁。
〔註125〕《1901年美國對華外交檔案》，第423頁。

於是後來就出現了這樣戲劇性的一幕：12月20日，在第十四次外交團會議上，美使康格突然改變立場，聲稱美國政府主張刪除「不可更改」一詞，這讓薩道義大爲震驚，也令外交團其他成員大爲不滿。英國雖然此前在此問題上一直與美國立場保持一致，但英國還是堅持不做變更，爲了防止延誤，外交團會議最後同意按照12月4日會議所通過的文本簽署聯合照會，其中加上了「不可更改」一詞和英國的修正案。除康格外，其他公使都簽署了該聯合照會。康格覺得無法阻止扭轉局面，並擔心如果再出變故將會影響整個外交團對華談判的進程，於是他緊急電告美國政府彙報情況，並申請美國政府授權自己簽署含有「不可更改」一詞的聯合照會。〔註126〕

12月21日，康格收到美國政府電報，授權其簽署聯合照會。〔註127〕很明顯，這種情況早就在美國政府的預案之內，爲保持外交團內部的所謂「團結」，美國政府決定「少數服從多數」。

（五）外交團簽署並向中方提交聯合照會

12月22日，在第十五次外交團會議上，康格簽了聯合照會，並向外交團解釋了此前的誤會，由於譯錯電報而導致康格立場的多次變化。〔註128〕薩道義也特意去美國公使館安慰康格，從而消除了之前兩人因爲此事而造成的不快。〔註129〕

12月24日，各國公使與慶親王奕劻在西班牙公使館舉行會議，正式向中方遞交聯合照會。李鴻章因受寒患病已有數日，未能出席。

在會談開始前，美使康格和英使薩道義都已私下將該照會的草本遞給慶親王奕劻。清廷在12月24日收到盛宣懷及慶親王的電報，內稱：「各使已將條款簽訂，即日訂期在**英使館**開議，言明初次會晤，僅對閱文憑云……李相初到京，曾以五款照會各使，非惟不復，並多悖語。此次送公照會，不限期不加美敦書，據伍廷芳豔電，尚是美國調停，證以中外所聞，如能重辦禍首，撤兵可速。至賠償各款，是第一難事，須待磋磨……」〔註130〕這份奏摺認爲，美國從中調停，幫助中國不少。但未談及英使薩道義及英國政府的作用。對

〔註126〕《1901年美國對華外交檔案》，第424頁。
〔註127〕《1901年美國對華外交檔案》，第425頁。
〔註128〕 *The Diaries of Sir Ernest Satow, British Envoy in Peking (1900～1906)*, p.74.
〔註129〕 *The Diaries of Sir Ernest Satow, British Envoy in Peking (1900～1906)*, p.74.
〔註130〕《大理寺少卿盛宣懷來電》光緒二十六年十一月初三日（12.24）到，電報檔，詳見：《清光緒朝中日交涉史料》卷五九，頁二十二。

於中外談判的前景，奕劻認為各國首先要求懲辦涉案官員，而對外賠款問題將最難解決。

同日，慶親王奕劻電奏清廷，內稱：「惟治禍首，按中國極重之律法，在彼方以我自辦為合國體，不知朝廷久有為難，若輾轉推延，必致撤兵無期。」〔註131〕

由此可見，雖然三個多月間外交團並未與中方正式會談，但中方還是通過多種渠道打探消息，基本摸清了外交團內部的磋商情況及對華聯合照會的內容。

（六）中方對外交團聯合照會的看法

在收到外交團遞來的聯合照會後，清廷於 1900 年 12 月 25 日指示奕劻和李鴻章：「務祈審度情形，妥籌磋磨，補救一分是一分耳」。〔註132〕

此時，外交團內部的分化逐漸顯現出來，中外之間的秘密交涉也在緊鑼密鼓地進行之中。12 月 25 日，俄使格爾斯與中方代表李鴻章之間有一次密談，李鴻章後來向清廷詳細彙報了此次密談情形。

> 「頃，俄格使來臣鴻章寓所密談，各國昨交條款再三斟酌，極為持平。若中國不從速允從，或仍與磋磨，各國必謂中國非真心修好，和局必至決裂。當答以懲辦禍首一節，強我所難，各國通例，懿親不加刑。格言：西國王公從無如此昏謬，啟釁友邦，謀危宗社。各國本擬在條款內寫明治以死罪，今留中國體面，令自行嚴懲。若中國仍庇護支吾，彼必並力要挾，無可商量。鴻章與再四辯詰並懇其轉商各國。格屏人密告，除毓賢、董福祥情節最重，無可赦免外，其曾銜出示統率拳匪之莊、剛、英、瀾，曾出有賞格，遍貼通衢殺洋人一賞五十兩，洋婦四十兩，洋孩三十兩，其告示為各館揭去，尤深痛心。若能概予駢誅，或稍平各國之憤。趙舒翹久在譯署，仇視外人，此次謀國不臧，貽禍甚大，罪無可逭，亦應盡法懲治。如此辦理，端郡王或可稍從末減，然亦非圈禁盛京所能了結，應發往新疆監禁，永不釋回，此係彼一人私意，未知各國公論何如。又言

〔註131〕《慶親王奕劻等來電》光緒二十六年十一月初三日（12.24）到，電報檔。詳見：《清光緒朝中日交涉史料》卷五九，頁二十二。

〔註132〕《軍機處擬致奕劻、李鴻章電稿》光緒二十六年十一月初四日（1900 年 12 月 25 日），電寄檔。詳見：《清光緒朝中日交涉史料》卷五九，頁二十五。

條款如蒙聖明，從速核准，以後詳目甚多，可從容計議，仍盼兩宮早日定期回鑾，庶可催各國撤兵交還京師，宗社安危在此一舉各等語，事關緊急，臣等不敢不據情上聞。再，剛毅庇縱拳匪，應請追奪官職。李秉衡前已據情奏參，應撤去恤典，請代奏。」〔註133〕

兩人談話的重點是有關懲辦中方涉案官員之事。格爾斯向李鴻章透露了很多外交團內部磋商情節，同時表示，外交團可能會在懲辦問題上對中方作出妥協。這在一定程度上印證了薩道義此前的觀點，即：俄使格爾斯經常向中方全權代表（尤其是李鴻章）透露在華外交團內部的情況。

12月27日（光緒二十六年十一月初六日），清廷發佈諭旨，指示慶親王奕劻和李鴻章：「所有十二條應即照允。」〔註134〕

12月30日，慶親王奕劻與李鴻章致使團領袖葛絡幹照會，轉達了12月27日清廷諭旨的要意，並談到請各國公使們確定中外代表會見的時間和地點，以便討論各項問題，又請求各國不要再派兵前往各州縣城鎮。〔註135〕

然而，1901年1月3日，清廷卻頒佈另一道諭旨，內稱：「細譯條款第二款內有『日後指出一律嚴懲』等語，『日後』二字甚屬不妥。以前所指之人，朝廷已分別輕重辦理，若不劃清界限，後患無窮。著奕劻、李鴻章婉切相商，務將『日後』字改去。至一切節目內償恤款、改約章兩條尤須細酌，此外亦多有須詳細磋磨之處。」〔註136〕

這份諭旨引起李鴻章和奕劻的不滿，並引發了後來中國代表團與外交團之間的一系列交涉。最終在1901年1月16日，各國公使們接到中國全權大臣送來的、由外交團擬定並經他們正式簽署蓋印的議定書一份；載明中方接受外交團全部要求並蓋有御璽的上諭一份；針對外交團所提要求清廷提出相

〔註133〕《照錄慶親王奕劻、大學士李鴻章來電》十一月初七日（1900年12月28日）。參見：《庚子事變清宮檔案彙編》第9卷，辛丑條約談判卷一，中國人民大學出版社2003年第一版，第一六四頁。

〔註134〕《軍機處電寄奕劻、李鴻章諭旨》光緒二十六年十一月初六日（1900年12月27日），電寄檔：「奉旨：奕劻、李鴻章江電悉覽所奏各條，曷勝感慨，敬念宗廟社稷，關係至重，不得不委曲求全，所有十二條大綱應即照允，惟其中利害輕重，詳細節目，著照昨日榮祿等電信各節，設法婉商磋磨，尚冀稍資補救，該王大臣等勉為其難，惟力是視可耳，欽此。十一月初六日。」（《清光緒朝中日交涉史料》卷五九，頁二十七。）

〔註135〕《1901年美國對華外交檔案》，第76頁。

〔註136〕《軍機處電寄奕劻李鴻章諭旨》光緒二十六年十一月十三日（1901月1月3日），電寄檔，詳見：《清光緒朝中日交涉史料》卷五九，頁三十一。

關建議和詢問的備忘錄一份。〔註137〕

外交團簽署並遞交對華聯合照會，使中外談判進入了一個新階段。圍繞懲辦「兇手」和中國賠款問題的細則，外交團內部又進行了後續談判。

四、小結

從 1900 年 8 月八國聯軍佔領北京後，各國政府和在華外交團就在積極醞釀向中方提出談判條件，到 1900 年 12 月 24 日外交團正式向中國全權大臣提出聯合照會，歷時近四個月。期間，外交團召開過多次會議，對很多重大問題進行討論。各國公使在某些問題上很快取得一致共識，而在另外一些問題上則分歧很大。

薩道義代表英國政府主要在以下條款和措辭方面起了很大作用。首先，薩道義提議在最後通牒（即後來對華《聯合照會》）的序言中要羅列中國人的「罪行」；其次，主張另外加入一項條款，以修改商約；第三，在「未能移易」（即「不可更改」）一詞的問題上，英國政府先追隨美國政府的立場，力主刪除，但最後由於戲劇性變故，該詞得以保留；第四，作爲同意保留該詞（未能移易）的補償，英國政府要求在聯合照會的最後加上以下措辭：「以上各款，在中國政府遵照執行並足以使各國滿意之前，下列簽字者難以預料能否結束聯軍對北京和直隸省的佔領。」（即中文檔案裏所載：「以上各款，若非中國國家允從足適各國之意，各本大臣難設有撤退京師一帶駐紮兵隊之望。」）這句話獲得其他公使們的普遍贊成，也最終落實於聯合照會的文本之中。

〔註137〕《1901 年美國對華外交檔案》，第 77～78 頁。

第四章　薩道義與懲辦「兇手」問題的談判

在 1899～1900 年義和團運動期間，中國各地爆發很多教案和殺害或虐待外國人事件。以慈禧太后爲首的清廷頑固派看到蘊藏在民間中的巨大力量，決定要借助義和團的力量去對抗列強，因此明裏暗裏支持義和團，並給各地官員頒佈多道諭旨，鼓勵消滅洋人，甚至在 1900 年 6 月 20 日命令清軍和義和團聯合圍攻使館區，直至 8 月 14 日八國聯軍打到北京，才被迫放棄首都、逃往西安。

中國古語有云：「慶父不死，魯難未已！」比喻首惡不除，禍亂不止。在庚子和談時，列強對這句中國古語理解頗深，極力要求懲辦中國「犯案」官員，以此作爲對中國的懲罰。

懲罰在中國動亂中負有責任的清政府官員，這是外交團和八國聯軍方面首先提出的要求，也是整個庚子和談中的重要內容之一，有些國家（如德國）甚至將懲辦「兇手」作爲與中國談判及允許清廷回鑾的先決條件。圍繞著如何懲罰清政府中央機構和地方當局中涉案官員問題，中國談判代表團與外交團之間進行過多次照會及非正式會談，外交團內部針對此問題也是分歧頗多。從薩道義的日記和信函中，我們可以發現許多內幕和細節。

本章主要探討薩道義與慈禧太后責任認定問題、懲辦「禍首」問題談判及懲辦「禍從」問題談判，並分析薩道義及英國政府在其中所起的作用。

慈禧太后在中國動亂中應該承擔主要責任，這是各國政府及在華外交團普遍認定的，但考慮到慈禧太后的特殊身份及各國在華利益的平衡，最後不了了之。

有關懲辦「禍首」問題談判是整個懲辦「兇手」問題談判中的關鍵。圍繞著「禍首」人數及對他們應施行何種懲罰等細節，外交團內部分歧頗多，中國代表團與外交團之間也展開了多次交涉。談判的焦點主要是如何懲罰端郡王載漪和董福祥將軍。最後，外交團同意將必須處死的「禍首」從十一人減至四人。另外，在英使薩道義的建議下，決定對其他七名「禍首」要將死刑記錄在案，判爲「斬監候」，然後可由清廷頒佈諭旨，格外開恩，免其一死。

此外，圍繞著清廷對前山東巡撫李秉衡的子孫賞賜恩典，爲在義和團運動期間因主張對外國人友好，反對清廷排外政策而被殺害的五位中國大臣及張蔭桓等人開復原職並賞賜恩典之事，外交團與中國代表團也進行了多次交涉。最後，清廷不得不取消已賞賜給李秉衡子孫的恩典，開復被害六位官員的原職並賞賜恩典。

有關懲辦「禍從」問題談判是懲辦問題的重要組成部分。中國各地教案頻發，在清廷的鼓勵下，很多地方還發生了有組織地殺害或虐待外國人行爲，其中尤以山西、直隸和浙江爲多。因此，各國政府和在華外交團要求嚴懲中國地方涉案官員。這個問題在中外和談開始就有所涉及，1901 年 2 月 5 日，外交團與中國代表團談判解決懲辦「兇手」問題，此後便集中精力解決此問題，外交團的爭執焦點是如何懲罰浙江巡撫劉樹堂、江西巡撫松壽和湖南巡撫俞廉三等人。薩道義重點參與了浙江衢州教案的責任人浙江巡撫劉樹堂、浙江按察使榮銓、衢州道臺鮑祖齡以及湖北巡撫裕長、山西巡撫錫良的懲辦交涉。

總體而言，薩道義在懲辦「兇手」問題談判中較爲謹愼，也注重與各國公使之間的立場溝通。在懲辦「禍首」問題談判上，由於英國政府在此問題上較爲強硬，薩道義在外交團會議上堅持對「禍首」處以死刑，後來由於與其他列強態度上的矛盾分歧而不得不改變立場，以免承擔拖延談判之責。

在懲辦「禍從」問題談判中，薩道義也發揮了重要作用。他不僅協助外交團擬定懲罰名單，制定懲罰原則，還與外交團大多數成員一起抵制俄使格爾斯的反對立場。同時，他還多次私下裏與中國官員接觸，強迫中方接受英方及外交團的意見。

第一節　對慈禧太后戰爭責任的認定

發生圍攻北京使館區事件後，各國政府及其在華外交官和軍人都對慈禧

太后恨之入骨，因此，戰後列強首先提出追究慈禧太后的責任。可是，考慮到戰後中國局勢的安排以及地方督撫們的反對，各國政府及在華外交團在慈禧太后戰爭責任認定問題上發生了很大轉變，最後決定不予以追究。薩道義與此轉變也有很大關係，他與美使康格在此問題上立場一致，也較多影響了外交團其他成員，使慈禧太后的戰爭責任最終免於追究。

（慈禧太后）　　　　　　　　（光緒皇帝）

　　1900 年 5 月 31 日，正值薩道義結束日本任職回到英國度假期間，他與英國外交部官員貝蒂討論中國問題。貝蒂認為，根據來自北京的有關義和團運動的情報，中國局勢很嚴重，因此，列強將採取嚴厲措施以報復慈禧太后，要將中國夷為平地，並予以瓜分。貝蒂還認為這一切都是由慈禧太后在幕後指揮的。〔註 1〕

　　薩道義提前結束休假，領受英國政府特殊使命前往中國任職，他在上海停留期間與各界人士進行了頻繁接觸，瞭解各國對華政策及中國局勢。10 月 1 日，薩道義與美國談判專使柔克義舉行會談，柔克義認為慈禧太后應該退位，同時，列強應該向「開明」督撫們保證不會過多追究太后及其親信的責任。薩道義表示雖然自己尚不清楚英國政府的意見，但可請柔克義轉告長江流域劉坤一和張之洞兩位總督說，在該問題上英國的政策與美國相同。〔註 2〕

　　列強都很重視與劉坤一和張之洞兩人的合作，並將他們與李鴻章並列為中國比較「開明」的官員，值得打交道。薩道義在英國國內時就曾聽說過有關兩人的情況，抵達上海後，他聽取了英國駐上海總領事霍必瀾等人的彙報，

〔註 1〕 *The Diaries of Sir Ernest Satow, British Envoy in Peking (1900～1906)*, p.2.
〔註 2〕 *The Diaries of Sir Ernest Satow, British Envoy in Peking (1900～1906)*, p.26.

並和日本駐上海總領事小田切萬壽之助、美國談判專使柔克義等人進行溝通，摸清了各國政府對兩人的態度。隨後，薩道義特意派霍必瀾先後前往武昌同張之洞、前往南京同劉坤一進行交流。霍必瀾後來向撒道義彙報說，劉、張兩督都希望列強能夠更多地保證不會過多追究慈禧太后及其親信們的責任。10 月 7 日，薩道義與霍必瀾一起擬定致英國外交部的電報，彙報劉張二督的上述觀點，並表達了霍必瀾的個人觀點，即：「如果列強堅持要處死慈禧太后的話，將遭到督撫們及整個中國的反對。目前很難將慈禧太后罷免，但可以等到恢復和平時迫使她隱退。」〔註3〕

10 月 6 日，薩道義與大理寺少卿盛宣懷會談。盛宣懷向列強示好，他建議列強可以略爲威脅要逮捕慈禧太后，但僅僅是威脅而已。薩道義表示可以考慮。〔註4〕後來在給英國首相索爾斯伯里的信中，薩道義表示他不相信盛宣懷所說的任何話。〔註5〕事實上，在後來的中外談判過程中，薩道義和盛宣懷多次打交道，薩道義對盛的印象自始至終都不好，並多次向英國外交部和同事說盛宣懷撒謊。

10 月 8 日，薩道義給英國首相索爾斯伯里侯爵寫了兩封信，信中透露了他對慈禧太后和光緒皇帝戰爭責任認定問題的看法。他認爲光緒皇帝對中國亂局沒有責任，而慈禧太后則需負主要責任，但列強卻很難追究她的責任。慈禧太后與光緒皇帝雖無血緣關係，但在中國的傳統儒家文化背景下，兩人卻勝似母子關係。薩道義認爲光緒皇帝不會允許列強過多追究慈禧太后的戰爭責任。〔註6〕

在薩道義尚未抵達北京時，外交團內部就已召開會議磋商對華談判基礎。9 月 15 日外交團會議主要討論清廷回鑾問題。美使康格在給美國國務卿海約翰的信中這樣記述：「……倘若能勸使皇帝和慈禧太后回到北京，將會大大促進談判的開展。大家一致同意，他們如果能擺脫端郡王和其他那些居心叵測的謀士們的影響，情況將會更爲樂觀。同時還能節省很多時間。……大家商定，各自寫一份非正式照會給慶親王，建議皇帝和慈禧太后，或者建議

〔註 3〕 *The Diaries of Sir Ernest Satow,British Envoy in Peking (1900～1906),* p.28.

〔註 4〕 *The Diaries of Sir Ernest Satow,British Envoy in Peking (1900～1906),* p.27.

〔註 5〕 *The Semi-Official Letters of British Envoy Sir Ernest Satow from Japan and China (1895～1906),* p.195.

〔註 6〕 *The Semi-Official Letters of British Envoy Sir Ernest Satow from Japan and China (1895～1906),* p.197.

朝廷或皇帝遷回北京，如何提法由各人自定。」

　　照會上稱呼的差異體現出各國對中國亂局（尤其是慈禧太后）之責任的認識。康格決定在給中方代表照會上只提「皇帝」二字。〔註7〕這明顯表示，美國政府認為慈禧太后應負主要責任，而光緒皇帝則無需負責或只需負次要責任。

　　但在後來的中外談判中，外交團基本上模糊處理了慈禧太后的戰爭責任問題，這是各國政府與外交團的策略考慮，因為任何一個國家都無法獨立佔領中國，且各國政府都「心懷鬼胎」，高度警惕他國瓜分中國領土的野心，所以他們要維持中國的「領土完整」。而在中國，只有慈禧太后有這種能力維持局面，且與列強有千絲萬縷聯繫的中國各地「開明」實力派也反對列強過分懲罰慈禧太后。

　　在「免除」慈禧太后戰爭責任後，列強在懲辦「兇手」問題上開始了持久談判。其中，懲辦「禍首」問題談判在 1901 年 2 月底基本結束，懲辦「禍從」問題的談判則在 1901 年 8 月底才基本結束。在懲辦「禍首」問題上，列強並未過多追究慈禧太后的親信責任，這也算是對慈禧太后的一種妥協。

第二節　懲辦「禍首」問題談判

　　在 1900 年 9 月 25 日所頒諭旨中，清廷表明了嚴懲犯案官員的態度，並提出將對九名官員從嚴處理。雖然，外交團肯定了清廷開議和談的誠意，但對於清廷的懲罰力度並不滿意。10 月 19 日，在各國壓力下，清廷再次頒佈諭旨，解釋中方在懲罰涉案官員問題上的態度：「此次肇禍諸臣，前經按照情罪輕重降旨分別懲辦，朕心一秉大公，毫無掩護……」〔註8〕11 月 13 日，清廷第三次發佈諭旨，解釋立場，認為「此次肇禍諸臣加重處分，本日已明降諭旨宣示朝廷準情定罪，毫無徇縱。著奕劻、李鴻章迅即切實向各使據理商明，剋日開議……」〔註9〕

〔註7〕1900 年 9 月 16 日，美國公使康格向美國國務卿彙報了各國公使會議情況，指出「……多數外國公使都沒有接到本國的訓令。」詳見：《1901 年美國對華外交檔案》，第 36～37 頁。

〔註8〕《軍機處電寄奕劻李鴻章諭旨》光緒二十六年閏八月二十六日（1900 年 10 月 19 日），電寄檔。詳見：《清光緒朝中日交涉史料》卷五七，頁三十一。

〔註9〕《軍機處電寄奕劻李鴻章諭旨》光緒二十六年九月二十二日（1900 年 11 月 13 日）電寄檔。詳見：《清光緒朝中日交涉史料》卷五八，頁二十七。

　　然而，清廷的這些諭旨還是遭到外交團的鄙視，外交團內部關於懲辦「禍首」問題進行了細緻磋商。懲辦「禍首」問題談判涉及懲辦人員名單和懲罰方式等問題，包括兩部分內容：其一，外交團要求嚴懲十二名「禍首」官員，即：9月25日清廷諭旨所列之九人，以及山西巡撫毓賢和甘軍統領董福祥，外加已去世的前山東巡撫李秉衡；其二，與上述人員相關的是，外交團要求為六名因主張對外友好，反對清廷盲目激進政策而被處死的中國大臣恢復官職並加以褒獎。

　　在懲辦主要「禍首」的談判過程中，外交團討論的焦點主要包括：1、懲辦端郡王載漪和輔國公載瀾問題；2、懲辦董福祥問題。此外，對取消前山東巡撫李秉衡子孫的恩典問題也進行了討論。外交團內部、清廷內部以及外交團與清廷之間在懲辦董福祥和端郡王載漪兩人問題上有諸多分歧，進行過多次交涉。1901年2月5日上午，外交團與中國全權大臣就懲辦「兇手」問題進行重要會談。是日下午，外交團內部會議討論懲辦問題政策。這是庚子和談中的一個標誌性事件。此後，中外雙方主要圍繞赦免英年和趙舒翹等人進行交涉。懲辦「禍首」問題談判到1901年2月底3月初基本結束。

一、懲辦端郡王載漪與輔國公載瀾問題

　　在清廷1900年9月25日所頒懲罰諭旨中，端郡王載漪和輔國公載瀾都名列其中，諭旨稱：「端郡王載漪著從寬撤去一切差使，交宗人府嚴加議處並著停俸；輔國公載瀾……著交該衙門嚴加議處」。〔註10〕在對端郡王的懲辦問題上，清廷堅持對其不處以死刑，1901年1月21日，曾廣銓奉李鴻章之命拜訪英使薩道義，稱李鴻章不能說服慈禧太后放棄端郡王。至於輔國公載瀾，曾廣銓表示不會有類似困難。〔註11〕

　　由於端郡王載漪是義和團的主要支持者，極端排外，其部下涉嫌殺害德使克林德；輔國公載瀾是道光皇帝第五子敦親王奕誴之子。義和團運動期間，他曾極力慫恿慈禧太后廢光緒，立端郡王之子溥儁為皇儲，遭到各國政府反對。此即所謂「己亥建儲」問題。之後，載瀾又慫恿慈禧利用義和團去對抗洋人。因此，在外交團看來，此兩人罪責深重。外交團對清廷對兩人的處罰力度並不滿意，曾多次召開會議討論。在此問題上，英使薩道義堅持英方強硬立場，並積極瞭解其他外交團成員的態度。

〔註10〕《清實錄‧德宗實錄》卷470，二十六年閏八月上。
〔註11〕 *The Diaries of Sir Ernest Satow, British Envoy in Peking (1900～1906), p.81.*

（一）外交團成員的立場

　　各國公使們對於如何懲辦輔國公載瀾並無太多分歧，雖不堅持其死刑，但需清廷予以嚴懲。在端郡王載漪的處理上則存有較大爭議，各國公使都認爲他應該受到嚴懲，但也有一個顧慮，因爲載漪是皇儲「大阿哥」溥儁之父，若要懲辦他，就應先排除溥儁繼承皇位的可能性。在對於嚴懲端郡王的具體措施上，外交團內部有不同意見，主要分爲如下幾派：

（皇儲「大阿哥」溥儁）

　　法國和奧匈兩國政府均要求嚴懲，但關心清廷立皇儲的問題。

　　美國、日本及沙俄要求嚴懲，但並不主張處以死刑。美國政府認爲清廷諭旨上所列懲罰實在太輕，與「禍首」們的罪行極不相符。端郡王載漪是義和團的首要贊助者，又是該運動負責的首領，卻僅被革去爵位和放逐。〔註12〕日本政府則認爲，堅持主張處死諸如端郡王等皇室成員的做法並不明智。〔註13〕

　　意大利的立場搖擺不定。1901 年 1 月 18 日，意使薩爾瓦葛拜訪薩道義，稱在端郡王載漪和輔國公載瀾問題上，如果薩道義堅持懲罰立場的話，他只好向意大利政府尋求進一步指示。〔註14〕意使在此問題上立場並不堅定。

〔註12〕《1901 年美國對華外交檔案》，第 54 頁。
〔註13〕 *The Diaries of Sir Ernest Satow, British Envoy in Peking (1900～1906)*, p.58.
〔註14〕 *The Diaries of Sir Ernest Satow, British Envoy in Peking (1900～1906)*, p.80.

德國的立場比較強硬，因為端郡王的部下涉嫌殺害前任德國公使克林德，德使穆默對薩道義表示，德國政府和人民都將端郡王視為罪魁禍首，因此他不希望讓端郡王免於死刑。但對於其他「禍首」官員，德國立場並非很強硬。穆默認為在德國，人們甚至根本不知道載瀾和毓賢兩人是誰。〔註15〕

在此過程中，薩道義既強硬，又較為謹慎地表達英國立場。在談判過程中，他與多方進行私下交涉，充分瞭解各方態度。薩道義在此問題上得到了意大利、奧匈及德國等國公使的支持。但在薩道義宣佈英國政府對端郡王和輔國公的強硬立場後，部分國家的立場也有改變，遭到美、日、俄等國公使的反對。薩道義於 1901 年 1 月 25 日拜會奧使齊幹，齊幹說他收到奧匈政府指示，要求他與德使穆默、意使薩爾瓦葛等人一起行動，所以如果大家堅持懲罰端郡王和載瀾，那他也將照辦。但他的政府卻要求和各國保持一致。〔註16〕

（二）外交團會議關於端郡王和輔國公問題的談判

針對端郡王和輔國公的懲辦問題，外交團共召開三次全體會議。

1900 年 11 月 12 日，在第七次外交團會議上，奧使齊幹提出，如果列強堅持要求處死端郡王的話，那就有必要排除端郡王之子溥儁繼任皇位的可能性。法國政府已經將此觀點通告給法使畢盛，穆默和意使薩爾瓦葛都曾表示將向各自政府彙報該問題。薩道義認為應暫緩討論此問題，因為需要時間慎重考慮。〔註17〕11 月 17 日，薩道義在拜會法使畢盛時稱，可以討論一下這個問題：如果清朝皇儲因為其父被處決而不能繼位的話，那究竟應該由哪位親王繼承皇位？〔註18〕薩道義的提議也是基於法奧兩國對中國皇位繼任人選的擔憂。

1900 年 11 月 19 日，在第九次外交團會議上，薩道義宣讀了清廷 1900 年 11 月 13 日所頒關於中方立場的諭旨，內容是中方沒有偏袒「禍首」難以處份

〔註15〕 *The Diaries of Sir Ernest Satow, British Envoy in Peking (1900～1906)*, p.81.

〔註16〕 *The Diaries of Sir Ernest Satow, British Envoy in Peking (1900～1906)*, p.82.

〔註17〕 1900 年 11 月 20 日，美使康格致函美國國務卿海約翰稱：「……董福祥將軍掌管著扈從朝廷的所有軍隊，是實際上左右大局的人，因此，我盡力勸說同僚們從首次懲辦要求中去掉他的名字，以便他可以執行旨令去處決其他人；但是，同僚們一致堅持下述意見：由於董福祥和他的軍隊在整個排外運動中充當了主要角色，因此必須把他的名字列入最初的要求。如果這一要求顯然不能照辦的話，可以在進一步的談判中做出某種不同的安排……」詳見：《1901年美國對華外交檔案》，第 55 頁。

〔註18〕 *The Diaries of Sir Ernest Satow, British Envoy in Peking (1900～1906)*, p.55.

董福祥，外交團全體成員都對該諭旨表示嚴重不滿。會後，在與英國《泰晤士報》記者莫理循會談時，薩道義也表達了自己對該諭旨的不滿。〔註19〕薩道義及外交團全體成員都認爲清廷在懲罰「禍首」問題上沒能滿足列強的要求。

1901年1月22日，在第十六次外交團會議上，薩道義正式通知外交團稱，他收到英國政府訓令，堅持要求將1900年9月25日諭旨中所列人員以及董福祥、毓賢二人都處以死刑。〔註20〕俄使格爾斯、日使西德二郎和美使康格等都表示在端郡王載漪、輔國公載瀾和甘軍統領董福祥等人的懲罰問題上，他們都不主張處以死刑。〔註21〕

之後，薩道義在各國壓力下做出妥協，他在1901年2月初分別會見美國談判專使柔克義及康格時並透露了自己的觀點：要對「禍首」記錄死刑，即使它最終會被減輕。〔註22〕美國兩位代表對此表示贊同。之後，英國駐華公使館參贊傑彌遜奉薩道義之命前往拜會李鴻章，並表示：如果李鴻章同意記錄對端郡王處以死刑，然後再減刑，那麼，薩道義將盡力讓英國外相蘭斯敦勳爵同意這樣做。〔註23〕

在端郡王和輔國公問題上，最終清政府對兩人「均定斬監候罪名，又約定如皇上以爲應加恩貸其一死，即發往新疆，永遠監禁，永不減免」。上述結論最終以白紙黑字形式載入《辛丑條約》，從中可以管窺薩道義及英國政府的強硬和妥協。

二、懲辦董福祥問題

董福祥作爲清廷要員，執掌軍權，在義和團排外運動中曾領兵圍攻使館區，其部下曾涉嫌殺害日本駐華公使館書記生杉山彬。因此，外交團強烈要求嚴懲董福祥，但由於其地位的特殊性〔註24〕，列強又對其有所顧忌，中外雙方對此交涉頗多。

（一）清廷對懲辦董福祥的立場

1900年11月13日，清廷頒佈諭旨，聲稱中方在懲辦「禍首」問題上沒

〔註19〕*The Diaries of Sir Ernest Satow,British Envoy in Peking (1900～1906)*, p.57.
〔註20〕《1901年美國對華外交檔案》，第80頁。
〔註21〕*The Diaries of Sir Ernest Satow,British Envoy in Peking (1900～1906)*, p.82.
〔註22〕*The Diaries of Sir Ernest Satow,British Envoy in Peking (1900～1906)*, p.85.
〔註23〕*The Diaries of Sir Ernest Satow,British Envoy in Peking (1900～1906)*, p.85.
〔註24〕董福祥是甘軍統領，手握重兵，當時正護衛著偏安於西安的清廷。筆者注。

有放縱偏袒，同時表達了對處罰董福祥的爲難之處，「惟董福祥礙難驟撤兵柄，遽予處分……」〔註25〕

由於外交團向中方遞交聯合照會，抗議清廷在董福祥問題的態度，1900年11月30日，中國全權大臣慶親王奕劻和李鴻章電奏清廷稱，「據俄、英、日、美、德、法、義、奧、日（西班牙）、比十國公使先後照稱，聞董福祥尚隨扈。查從前圍攻使館，該提督實爲罪魁，應驅逐遠離，不得仍在朝廷左右，此舉實關貴國國家，務請留意各等因。……應請旨嚴於處分，調離行在，明降諭旨，即日電示，先釋各使之疑。」〔註26〕根據奕劻和李鴻章二人的意見，清廷頒佈諭旨，將董福祥軍隊調離清廷。12月10日，美國《紐約時報》刊文評價清廷此舉「被各國認爲是一個重要步驟，表明清廷開始認眞履行職責。董福祥的流放表明清廷不得不重視各國的要求。」〔註27〕事實上，清廷做法蒙蔽了西方政府和國際輿論，董福祥當時並未被撤職，只是暫時率軍離開清廷周圍而已。1900年12月6日，李鴻章的翻譯曾廣銓拜訪薩道義，帶來一份清廷諭旨的複件，內容是清廷已下令董福祥率其部下回甘肅。〔註28〕這種處理結果自然讓外交團很不滿意。

1901年1月6日，慶親王奕劻和李鴻章再次電奏清廷稱，外交團認爲清廷內部有人暗中庇護董福祥，才使懲辦問題久拖不決。奕劻和李鴻章都認爲「今此案即將結束，能定罪名固妙，否則應如何嚴處，隨後重辦，必須切實聲明，免其藉口生波。」〔註29〕1月7日，清廷頒佈諭旨，否認庇護董福祥，認爲雖然董福祥罪當重處，但由於他駐軍陝甘兩省，在漢回民眾中威望甚高，如果處置不當，「深恐激而生變，後患無窮，所難在此，實非有人庇護。」〔註30〕

列強對清廷的如此處理方式表示不滿，於是施加壓力，要求清廷明降諭旨查辦董福祥，而清廷卻表示難以「查辦」。1月18日，清廷軍機處指示慶親王和李鴻章稱，對董福祥「毋可查辦。上意謂革職或可行，若加此二字，恐

〔註25〕《清光緒朝中日交涉史料》卷五八，頁二十七。
〔註26〕《慶親王奕劻等來電》光緒二十六年十月初九日（11月30日）到，電報檔。詳見：《清光緒朝中日交涉史料》卷五九，頁六。
〔註27〕New York Times, Dec.10, 1900.
〔註28〕*The Diaries of Sir Ernest Satow, British Envoy in Peking (1900～1906)*, p.65.
〔註29〕《慶親王奕劻大學士李鴻章來電》光緒二十六年十一月十六日（1月6日）到，電報檔。詳見：《清光緒朝中日交涉史料》卷五九，頁三十一。
〔註30〕《軍機處電寄奕劻李鴻章諭旨》光緒二十六年十一月十七日（1月7日），電寄檔。詳見：《清光緒朝中日交涉史料》卷五九，頁三十三。

其拉扯不清……如能向各國委婉說明，容作後圖，其宣佈諭旨內勿明言『查辦』字樣爲妥。」〔註31〕1 月 19 日，慶親王和李鴻章電告清廷，各國回應稱如果不查辦董福祥，則「禍首」問題難以解決。〔註32〕

1 月 21 日，曾廣銓奉李鴻章之命再次拜訪薩道義。曾廣銓告訴薩道義，目前清政府不能處決董福祥，儘管以後會懲辦。但如果現在執行的話，將可能激起他的反叛。〔註33〕

1901 年 1 月 27 日，清廷再次就董福祥問題頒佈諭旨，解釋詳情：「前已撤去該部（董福祥）勇隊五千餘人，原期漸撤兵權，撫定人心，徐圖辦法。現擬明發諭旨，只含而不露，至革職而止。此後如何嚴懲，斷自朕衷，總之，此人斷無輕縱之理，惟事須相機辦理，不能?期預定耳。」〔註34〕

綜合來看，在董福祥問題上，清廷先後三次降旨向外交團說明難以「查辦」董福祥，因其握有重兵，在陝甘兩省威望很高，清廷唯恐查辦他會引起動亂，不利於安定。雖然外交團多次抗議，但清廷始終爲自己困難處境辯解，表示董福祥確實「罪責深重」，但目前不宜懲辦，只能相機而動。

（二）薩道義與中方的非正式交涉

由於英國在懲辦「兇手」問題上立場強硬，薩道義通過各種渠道與中方開展非正式的交涉活動，推動該案的處理。

1900 年 11 月 24 日，（李鴻章之子）李經邁（Li Ching-mai）和（曾紀澤之養子）曾廣銓再次拜訪薩道義，談到要求董福祥離職之事。他們希望除此之外，外交團不要再提其他要求。雖然董福祥很有實力，但薩道義已給榮祿（Yung Lu）發去一封私電，試圖要求將董福祥從朝廷中清理出去。〔註35〕

11 月，薩道義先後派英國駐上海和漢口領事分別與兩江總督劉坤一和湖廣總督張之洞會談，詢問清廷何時回鑾和懲辦「禍首」問題，尤其關注清廷如何處置董福祥問題。

〔註31〕《軍機處擬覆奕劻李鴻章電信》光緒二十六年十一月二十八日（1 月 18 日），電寄檔。詳見：《清光緒朝中日交涉史料》卷五九，頁四十六。
〔註32〕《慶親王奕劻大學士李鴻章來電》光緒二十六年十一月二十九日（1 月 19 日）到，電報檔。詳見：《清光緒朝中日交涉史料》卷五九，頁四十六。
〔註33〕 *The Diaries of Sir Ernest Satow,British Envoy in Peking (1900～1906)*, p.81.
〔註34〕《軍機處電寄奕劻李鴻章諭旨》光緒二十六年十二月初八日（1 月 27 日），電寄檔。詳見：《清光緒朝中日交涉史料》卷六十，頁四。
〔註35〕 *The Diaries of Sir Ernest Satow,British Envoy in Peking (1900～1906)*, p.60.

11 月 25 日，兩江總督劉坤一和湖廣總督張之洞先後電告清廷，彙報他們同英國領事的會談情形。

劉坤一電告清廷稱：「英領事孫德雅來坤一署相見，首問回鑾何日，繼以首禍未經嚴辦，毓賢、董福祥情罪尤重，必須駢誅為言，並疑由鄂運陝銀米及軍械均為接濟董軍，微露阻截之意。……該洋員等允即電知公使薩道義及（英）外部，而於嚴辦毓、董始終不肯放鬆。」〔註36〕

張之洞電告清廷稱：「近日，漢口英領事法磊斯來之洞署，問及回鑾日期，……該領事云回鑾則可離開董軍，免受其挾制朝廷之意。因喻之曰：必復回鑾，為期較遠，未免耽延和議，若只為離開董軍，此時我若將董軍調至他處，能即開議否？該領事詞氣似尚許可，答以當即電告公使薩道義，英領事語意蓋欲先以董遠離聖駕，以便懲辦其餘，與劉坤一所聞大率相同。」〔註37〕

劉坤一和張之洞二人都認為，「毓賢、董福祥最為各國切齒，堅請必置重典，語氣尤為決絕。」因此，請求清廷「縱或董福祥暫難嚴懲，亦懇設法奪其兵柄，遠離輦轂，以釋各國之疑。」〔註38〕同時，張之洞也私下建議：外國公使們應該通知張之洞、劉坤一和李鴻章等三人，聲稱只要慈禧太后仍然將董福祥留在身邊，那麼，就不可能進行中外談判。〔註39〕

由上可知，在此過程中，薩道義通過榮祿、劉坤一、張之洞等清廷實力派對清廷施加壓力，並以「開議和談」為要挾，希望清廷按照列強意願對董福祥嚴加查辦。

（三）薩道義與外交團成員交換意見

外交團內部對如何懲辦董福祥意見分歧很大。美使康格意識到該問題的複雜性，最初主張將董福祥從「禍首」名單中刪除。英使薩道義也較慎重，頻與其他外交團成員交換意見，但後來懲辦立場轉為堅決。

在談判之初，美使康格力主將董福祥從首要懲辦名單中刪除，薩道義支持康格立場。但隨著後來事態發展，外交團內部在懲辦「禍首」問題上立場

〔註36〕《南洋大臣劉坤一等來電》光緒二十六年十月初四日（11 月 25 日）到，電報檔。詳見：《清光緒朝中日交涉史料》卷五九，頁三。

〔註37〕《南洋大臣劉坤一等來電》光緒二十六年十月初四日（11 月 25 日）到，電報檔。詳見：《清光緒朝中日交涉史料》卷五九，頁三。

〔註38〕《南洋大臣劉坤一等來電》光緒二十六年十月初四日（11 月 25 日）到，電報檔。詳見：《清光緒朝中日交涉史料》卷五九，頁三。

〔註39〕 *The Diaries of Sir Ernest Satow, British Envoy in Peking (1900～1906),* p.56.

發生變化。首先是美國政府考慮對華強硬或使中國無法接受，最終導致中外談判破裂，因此不主張用「最後通牒」之類的嚴厲措辭，後來也堅持取消「不可更改」一詞。美方還擔心死刑是否能完全施行，尤其擔心董福祥問題會造成嚴重後果。

薩道義就此問題與美使康格頻繁交流，他基本上認同康格的意見。1900年11月12日，美使康格和德使穆默拜訪薩道義。康格表示，如果列強堅持要求處死董福祥，董可能不服管束。薩道義支持康格的這一觀點，目的是為了能拖延時間。〔註40〕11月13日，外交團會議之後，美使康格拜訪薩道義繼續討論董福祥問題。清廷已表示：如果列強堅決要求處死董福祥，這很不符合政治道德。康格認為，若將董福祥視為「慈禧太后的黨羽」，可能不太明智。薩道義對此觀點表示贊成。11月26日，薩道義與美國談判專使柔克義討論董福祥問題。柔克義透露說，美國政府其實並不真心想反對死刑，其個人意見是聯合照會中不要列出任何「禍首」的姓名，這樣就能避免有關董福祥的難題。〔註41〕

在薩道義與德使穆默的會談中，穆默也表達了類似意見。在11月22日的會談中，穆默認為最好試圖分步施行懲罰，比如對董福祥，就可以首先要求罷免其職務，再爭取對他施行懲罰措施。〔註42〕

此外，薩道義還與俄使格爾斯就董福祥問題達成妥協，後者表示理解薩道義的立場。

11月30日，在與美使康格、德使穆默討論聯合照會問題時，薩道義表示，考慮到董福祥問題的處理難度，他決定在聯合照會中不提及任何「禍首」的名字。〔註43〕

12月2日，俄使格爾斯與英使薩道義會談，最後雙方達成妥協。格爾斯也同意薩道義的觀點，即：「禍首」姓名不必提出。薩道義感謝格爾斯在董福祥問題上對英方立場的支持。〔註44〕

綜合來看，在接到英國政府的通知前，薩道義基本與各國立場協調一致，較為溫和，主張在照會名單中不提「禍首」名字。但在1901年1月22日接

〔註40〕 *The Diaries of Sir Ernest Satow, British Envoy in Peking (1900～1906)*, p.53.

〔註41〕 *The Diaries of Sir Ernest Satow, British Envoy in Peking (1900～1906)*, p.60.

〔註42〕 *The Diaries of Sir Ernest Satow, British Envoy in Peking (1900～1906)*, p.58.

〔註43〕 *The Diaries of Sir Ernest Satow, British Envoy in Peking (1900～1906)*, p.62.

〔註44〕 *The Diaries of Sir Ernest Satow, British Envoy in Peking (1900～1906)*, p.63.

到英國政府命令後，薩道義立場才轉爲堅決。

（四）外交團會議關於董福祥問題的談判

針對董福祥問題，外交團共有四次全體會議討論過該事項，並最終達成一致。

1900 年 10 月 26 日，第二次外交團會議做出決定，向中方提出照會：要求在清廷 1901 年 9 月 25 日諭旨懲罰九人名單外，再加上毓賢與董福祥兩人。〔註 45〕至此，「禍首」名單增至 11 人，董福祥被列爲「禍首」之一，必須受到嚴懲。

在 11 月 12 日，第七次外交團會議上，美使康格談到外交團或將激怒董福祥的危險，因爲董福祥當時正在西安護衛著清廷。〔註 46〕由於董福祥掌管著扈從清廷的所有軍隊，是實際左右大局的人，因此，康格盡力勸說其他公使們從首次懲辦要求中去掉其名字，以便他可以執行清廷旨令去處決別人。但外交團一致認定：董福祥及其軍隊在整個義和團排外運動中充當主要角色，因此，最終決定將其名字列入最初的懲辦要求。〔註 47〕

11 月 19 日，在第九次外交團會議上，薩道義建議外交團應通知慶親王奕劻和李鴻章說，必須將董福祥立刻從清廷內部清除。〔註 48〕外交團成員隨後分別向中國談判代表團遞交了有關董福祥問題的同文照會，要求將董福祥調離朝廷周圍。〔註 49〕外交團都認爲可以把所列舉之人處以死刑，但可能要把董福祥除外。最後，外交團還是堅持要把董福祥的名字包括在要求之內，但在向中國全權大臣提出該要求後，中國政府如果令人信服地證明自己並無能力執行對該案的判決，外交團再行打算修改對該官員的處罰。〔註 50〕

1901 年 1 月 22 日，在第十六次外交團會議上，薩道義通知各國公使們說，

〔註 45〕《1901 年美國對華外交檔案》，第 412 頁。

〔註 46〕1900 年 11 月 20 日，康格致函美國國務卿海約翰稱，「……董福祥將軍掌管著扈從朝廷的所有軍隊，是實際上左右大局的人，因此，我盡力勸說同僚們從首次懲辦要求中去掉他的名字，以便他可以執行旨令去處決其他人；但是，同僚們一致堅持下述意見：由於董福祥和他的軍隊在整個排外運動中充當了主要角色，因此必須把他的名字列入最初的要求。如果這一要求顯然不能照辦的話，可以在進一步的談判中做出某種不同的安排。……」詳見：《1901 年美國對華外交檔案》，第 55 頁。

〔註 47〕《1901 年美國對華外交檔案》，第 55～56 頁。

〔註 48〕*The Diaries of Sir Ernest Satow, British Envoy in Peking (1900～1906),* p.57.

〔註 49〕《1901 年美國對華外交檔案》，第 58 頁。

〔註 50〕《1901 年美國對華外交檔案》，第 419 頁。

他奉英國政府之命，堅決要求將 1900 年 9 月 25 日諭旨中所列九名官員及董福祥、毓賢二人都處以死刑。俄使格爾斯、日使西德二郎和美使康格等表示在董福祥（和端郡王、載瀾）問題上，他們不主張對其處以死刑。〔註51〕外交團成員希望薩道義能將收到的英國政府訓令稍作修改，以便盡快就懲辦「兇手」問題達成一致，結束對華談判。

由於在此問題上薩道義處於絕對少數，爲了避免承擔拖延談判的責任，薩道義最後做出妥協，主張對「禍首」記錄死刑，然後可由清廷酌減。薩道義隨後派代表與李鴻章溝通此事。薩道義此舉也獲得了其他公使（尤其是美使康格）的支持和贊許。

三、薩道義與懲辦其他人員問題談判

（一）懲罰滿清宗室懿親

在義和團運動高潮中，許多滿清王公貴族曾參與其中。此前，外交團曾聲明不對宗室懿親加刑，但英方在此問題上堅持強硬政策，要求嚴懲王公貴族。

1900 年 12 月 18 日，慶親王奕劻和李鴻章電奏清廷，內稱：「（中國駐英公使）羅豐祿電，即將開議，英薩使謂必須戮王公數人，前已迭告，懿親不能加誅，今復反齒，夜長夢多，請代奏……」〔註52〕同日，清廷頒佈諭旨，內稱：「奉旨：奕劻、李鴻章逕電悉，懿親不加刑，各國通例，早經聲明，**何獨英使反齒，其中必有別故**。朝廷唯恐夜長夢多，是以予該親王等便宜行事之權，著即迅籌開議，務期及早了結一切妥協，以便定計回鑾……」〔註53〕

現在看來，清廷奏摺中所提「何獨英使反齒，其中必有別故」，主要是指在 1900 年 12 月，由於美國在聯合照會中到底是刪除還是保留「不可更改」一詞的立場多變，英國遲遲未簽署聯合照會。英國政府反對以「最嚴厲懲罰」字樣代替「死刑」字樣和刪除「不可更改」一詞，因此，薩道義繼續堅持其強硬立場。歷史真相隱藏在厚厚的歷史檔案和私人日記之中，這也是歷史研究的價值和魅力所在。

〔註51〕 *The Diaries of Sir Ernest Satow, British Envoy in Peking (1900～1906)*, p.82.
〔註52〕《慶親王奕劻等來電》光緒二十六年十月二十七日（12 月 18 日）到，電報檔。詳見：《清光緒朝中日交涉史料》卷五九，頁十八。
〔註53〕《軍機處電寄奕劻、李鴻章諭旨》光緒二十六年十月二十七日（12 月 18 日），電寄檔。詳見：《清光緒朝中日交涉史料》卷五九，頁十八。

（二）懲辦山西巡撫毓賢

山西巡撫毓賢以排外激進著稱。義和團運動期間，山西爆發的教案和殺害外國人事件最多（詳見本書附錄七），其中尤以英法兩國人員爲最多。因此，外交團成員均要求嚴懲毓賢。英使薩道義和法使畢盛立場對此最爲堅決，薩道義曾在多個場合都表示要嚴懲毓賢。

1900 年 11 月 1 日，慶親王奕劻和李鴻章先後拜訪薩道義。薩道義向兩人均表示，外交團將密切關注新任山西巡撫岑春煊的表現，因爲前任山西巡撫毓賢曾鼓動殺害英國公民，所以清廷首先要做的事情就是逮捕那些「禍首」。對此，李鴻章同意下令逮捕他們。〔註54〕

12 月 8 日，薩道義在與李鴻章的翻譯曾廣銓會談時表示，那些命令或縱容殺害外國人的官員應該被處死，尤其毓賢更應受嚴懲。〔註55〕

迫於外交團（尤其是英法公使）的強硬立場，清廷最後只好妥協。1901年 2 月 22 日，毓賢在蘭州被清政府處死。

（三）有關取消清廷賞賜李秉衡子孫恩典問題的談判

（李秉衡）　　　　　　　　　　（徐桐）

李秉衡〔註56〕生前爲清政府巡閱長江水師大臣。1897 年，李秉衡任山東

〔註54〕 *The Diaries of Sir Ernest Satow,British Envoy in Peking (1900～1906)*, p.42.

〔註55〕 *The Diaries of Sir Ernest Satow,British Envoy in Peking (1900～1906)*, p.66～67.

〔註56〕 李秉衡（1830～1900），字鑒堂，清朝大臣，今遼寧莊河鞍子山人。初捐資縣丞，遷知縣。光緒五年（一八七九年），爲冀州知州。越二年擢永平知府。十年（一八八四年）移任廣西按察使，法軍侵越犯邊時，李衡主持龍州西運局。翌年與馮子材分任戰守，取得諒山大捷，彭玉麟奏言：「兩臣忠直，同得民心，亦同功最盛。」1900 年庚子之變，起用爲巡閱長江水師大臣。一度列名張之

巡撫，發生巨野教案，兩名德國教士遇害，導致德軍佔領膠州灣。他因此被清廷連降兩級，調任它職；此外，在北京使館被圍期間，他曾到達北京，在處死六名主張對外國人友好的中國大臣之事中起了很大的推動作用。李秉衡生前以排外著稱，他認為：各地之所以教案頻發，正是因為外國傳教士侵犯中國主權，教會欺壓百姓。正因如此，李秉衡素為外國人所痛恨。在八國聯軍進攻時，李秉衡奉命保衛北京，後戰敗自殺。

1900 年 9 月 19 日（光緒二十六年八月二十六日），清廷頒佈諭旨，為已故原山東巡撫李秉衡子孫頒賜恩典。〔註 57〕此舉被在華外交團視為清廷有意使中國國內輿論發生誤解，〔註 58〕引起了外交團的強烈不滿。

薩道義為此特意向外交團提交了一封信，表達英國政府在此問題上的強硬態度。薩道義的意見獲得其他公使的贊成，從而推動了該問題談判的進展。1900 年 11 月 19 日，第九次外交團會議召開。會上，各國公使談到清廷授予李秉衡子孫恩典之事，大家同意就此問題擬定一份致中方照會的草案。〔註 59〕薩道義的信函在一定程度上促使外交團在此問題上達成一致意見。〔註 60〕11 月 24 日，第十次外交團會議批准了就有關清廷授予李秉衡子孫恩典問題致中方代表的照會。〔註 61〕

11 月 27 日，美使康格就李秉衡問題正式向慶親王奕劻和李鴻章遞交照會，內容是抗議清廷如此做法，要求取消恩典。與此同時，其他各國公使也先後向中方代表遞交了同文照會。〔註 62〕迫於列強壓力，1900 年 12 月 7 日，清廷頒佈諭旨，同意取消賞賜給李秉衡子孫的恩典，以期迅速開啓中外和談。〔註 63〕

洞等人發起的東南互保協議，八國聯軍進攻大沽後，李秉衡由江蘇率兵北上，保衛北京，在楊村（今武清縣）敗績，退至通州（今通縣）服毒自殺。時年七十歲。諡忠節。
〔註 57〕《1901 年美國對華外交檔案》，第 60 頁。
〔註 58〕《慶親王奕劻等來電》光緒二十六年十月十六日（12 月 7 日）到，電報檔。詳見：《清光緒朝中日交涉史料》卷五九，頁七。
〔註 59〕 *The Diaries of Sir Ernest Satow, British Envoy in Peking (1900～1906)*, p.57.
〔註 60〕 *The Diaries of Sir Ernest Satow, British Envoy in Peking (1900～1906)*, p.58.
〔註 61〕 *The Diaries of Sir Ernest Satow, British Envoy in Peking (1900～1906)*, p.60.
〔註 62〕《1901 年美國對華外交檔案》，第 59 頁。
〔註 63〕《軍機處電寄奕劻李鴻章諭旨》光緒二十六年十月十六日（12 月 7 日），電寄檔。詳見：《清光緒朝中日交涉史料》卷五九，頁八。

在 1901 年 2 月 5 日上午的中外雙方會談上，外交團要求清廷明降諭旨，追奪李秉衡的官職。清廷最後只好照辦。

四、中外雙方有關懲辦「兇手」問題的會談

在經過數月談判後，各國公使在懲辦「兇手」問題上基本達成一致。中外雙方開始第二次正式會談，主要是讓中方代表聽取外交團在聯合照會關於懲罰一款的細則。隨後，外交團召開全體會議，確定了關於懲罰方式的對華照會內容。

（一）中外雙方有關懲辦「兇手」問題的會談

1901 年 2 月 5 日上午十點至下午一點，各國公使們與中方全權代表慶親王奕劻和李鴻章在英國公使館舉行會談。〔註 64〕之所以選擇在英國公使館，是因爲外交團要照顧生病的薩道義，他從 1900 年 12 月底起就患病在床，直到 1901 年 1 月 10 日才開始正式工作。〔註 65〕

此次會議主要是讓中方代表聽取外交團在聯合照會中提出的懲罰問題。外交團在每個案件之後都附上簡要控訴書，由外交團團長、西班牙公使葛絡幹宣讀，會議只限於口頭會談。

在會談中，雙方就懲罰人數及懲罰方式進行交涉。中方代表認爲外交團的定罪過重，尤其是在端郡王載漪、輔國公載瀾及董福祥問題上更是如此。由於在 2 月 5 日會談前，英使薩道義不得不做出最後的妥協，薩道義稱如果以某種方式將端郡王載漪和輔國公載瀾判處死刑記錄在案，然後立即赦免，他也贊成。目的就在於要昭告天下：「禍首」罪責至死，列強絕不允許清廷袒護。因此在會談中，中方代表提出：在載漪和載瀾的問題上，清政府還是認爲不能執行死刑，但同意將他們永遠流放到新疆；在董福祥問題上，中方認爲董已被貶職，以後再從嚴懲處，因爲他在陝甘一帶民眾中很有威望，若操之過急，恐引起回民激變；清帝將賜令莊親王自盡，將毓賢處死；至於其他人，中方代表堅持說那些人的罪行並不很嚴重，或者說指控證據並不是很充分，因此請求列強對他們從輕懲處。

雖然外交團內部一直都有成員不主張將所有人處決，而且態度較爲強硬的英使薩道義最後也做出妥協，但外交團在會談中仍然以強硬態度對待中

〔註 64〕 *The Diaries of Sir Ernest Satow, British Envoy in Peking (1900～1906)*, p.86.
〔註 65〕 *The Diaries of Sir Ernest Satow, British Envoy in Peking (1900～1906)*, p.77～78.

方，認爲：即使是其中罪行最輕之人也應被判處死刑，因爲死刑是能夠實行的「最嚴屬懲罰」，外交團堅持要求全部處決。外交團在控訴書中加入了總理衙門大臣、禮部尙書啓秀〔註66〕和前刑部左侍郎徐承煜〔註67〕兩人的名字，此兩人之前已被日軍扣留。〔註68〕

　　中方代表認爲淸廷很難接受外交團的要求。對於外交團指出之人所犯罪行，中方毫不遲疑地予以承認，也不掩飾淸廷應負的責任，但希望外交團能予以通融。

（二）外交團會議擬定有關懲罰方式的照會

　　1901 年 2 月 5 日下午，仍然是在英國駐華公使館，外交團舉行第十八次全體會議〔註69〕，持續三個小時之久。〔註70〕經過長時間討論，外交團一致通過必須懲辦的「禍首」官員名單及他們應受的懲罰。外交團隨後將此內容照會中方代表。

　　外交團最終接受了淸廷有關董福祥問題的承諾；將接受莊親王自盡的處置；要求對英年、趙舒翹、毓賢、啓秀、徐承煜處以死刑；對於已死的剛毅、李秉衡、徐桐〔註71〕等三人，則須追奪他們的官職。

〔註66〕 啓秀（1839～1901 年）庫雅喇氏，字松岩，號穎芝，滿洲正白旗人，晚淸頑固派大臣的重要人物。同治四年進士，選庶吉士，改刑部主事，歷任內閣學士、刑部侍郎、禮部侍郎；光緒二十四年（1898 年），授禮部尚書，命充軍機大臣兼總理各國事務衙門。二十六年（1900 年），八國聯軍攻佔紫禁城，與徐承煜被日軍拘禁。二十七年（1901 年），斬於菜市口，葬於今北京市朝陽區北湖渠村。

〔註67〕 徐承煜（1841～1901），字楠士，漢軍正藍旗人，徐桐之子，淸末官吏。拔貢。以戶部小京晉遷郎中，累官刑部左侍郎。已，聯軍入，桐倉皇失措，承煜請曰：「父庀拳匪，外人至，必不免，失大臣體。盍殉國？兒當從侍地下耳！」桐乃投繫裊死，年八十有二矣。而承煜遂亡走，爲日軍所拘，置之順天府尹署，與啓秀俱明年正月正法。命下，日軍官置酒爲餞，傳詔旨，承煜色變，口呼冤，痛詆西人不已。翌日，備輿送至菜市，監刑官出席禮之，已昏不知人矣，尋就戮。和議成，褫桐職，奪恤典，旋論棄市，以先死議免。

〔註68〕《1901 年美國對華外交檔案》，第 83～85 頁。

〔註69〕 參見文末附錄。

〔註70〕 *The Diaries of Sir Ernest Satow, British Envoy in Peking (1900～1906)*, p.86.

〔註71〕 徐桐（1820～1900），晚淸保守派代表人物之一。字豫如，號蔭軒。漢軍正藍旗人。道光進士，同治帝的師傅。歷任太常寺卿、內閣學士、禮部右侍郎、禮部尚書、吏部尚書、協辦大學士、體仁閣大學士等職。頑固守舊，嫉惡西學。1898 年戊戌政變後，因不擇手段攻擊新黨，得慈禧信任。1900 年，支持慈禧力舉立溥儁爲大阿哥，廢光緒帝，遂被任命爲溥儁的師傅。義和團運動

此外，外交團要求清政府對因反對清廷襲擊外國人行為而被處死的總理衙門四位大臣（袁昶、徐用儀、許景澄、聯元）及前戶部尚書、內務府總管大臣立山等予以褒恤。該建議最後獲得通過，措辭如下：「端郡王和輔國公載瀾判處斬監候，如在判決後皇帝即願開恩，保全他們的生命，可把他們流放到新疆，終身監禁，以後不得再對他們施恩減刑。」〔註72〕

2月6日上午，外交團草案委員會（Commission de redaction）成員法使畢盛、奧使齊幹、意使薩爾瓦葛和英使薩道義等人開會，確定即將提交的就「禍首」懲辦方式致中方代表照會內容，通知中國全權大臣，要求清政府立即頒佈諭旨並執行〔註73〕。

當日上午11點，外交團召開第十九次全體會議，最終批准了這份照會。

五、中外在「禍首」懲辦方式上的最後交涉

在中外有關懲辦「兇手」問題會談結束後，外交團隨即將關於「禍首」懲辦方式的照會交給中方全權代表，原本「禍首」懲辦問題的談判至此基本結束，但由於清廷在之後發出的三道懲辦諭旨中並未完全按照外交團照會的內容頒佈實行，「禍首」懲辦問題又橫生枝節，中外雙方就此事又進行了多次交涉，外交團內部也有頻繁磋商。

（一）外交團認為清廷所頒諭旨有違外交團照會

清廷在收到外交團的關於「禍首」懲辦方式照會後，準備頒佈諭旨，但在實際操作過程中，清廷並未完全按照外交團的照會內容來辦。

1901年2月11日，李鴻章拜訪薩道義。他希望能讓英年和趙舒翹兩人免受處罰，薩道義直言相告這不可能。薩道義向李鴻章透露說，英國政府比薩道義本人還要嚴厲，因為倫敦至今尚未批准薩道義此前準備「將『死刑』（peine de mort）改換成『最嚴厲懲罰（la peine la plus severe）』」的做法。最後，薩道義同意向英國政府電告有關趙舒翹的情況，但不會建議對其減刑。〔註74〕

隨後，清廷頒佈諭旨。2月13日，清廷軍機處致電慶親王和李鴻章。內

興起後，主張借助義和團排外，支持慈禧太后對外宣戰。八國聯軍攻入北京後，自縊身亡。著有《治平寶鑑》。

〔註72〕《1901年美國對華外交檔案》，第83～85頁。

〔註73〕《1901年美國對華外交檔案》，第85頁。

〔註74〕 *The Diaries of Sir Ernest Satow, British Envoy in Peking (1900～1906),* p.86～87.

稱：「重懲首禍及查辦啓、徐，並開復徐、許等原官，明發諭旨各一道，恭錄
電達。此案惟英、趙實屬情輕法重，特予加恩，餘均已照辦，諭旨中已詳晰
言之。現既重修舊好，務請婉告各國見諒，董緩辦，如詢及即遵照密旨申明，
啓、徐仍望設法索回，查有確據，亦必重懲。」〔註75〕從電報中可以看出，
清廷仍希望在懲辦「禍首」問題上能夠獲得外交團的通融。

接到清廷指示和諭旨後，2 月 15 日，慶親王和李鴻章致外交團領袖葛絡
幹照會，同時附有三份有關外交團指名要求從嚴懲罰的人員名單的諭旨。外
交團對此表示極爲不滿，認爲這些諭旨是清廷自行發佈的，並未參考 2 月 6
日外交團致中方代表的照會內容，沒有滿足外交團所提出的全部要求。在這
些諭旨中，清廷沒有對端郡王載漪和輔國公載瀾處以斬監候；對趙舒翹和英
年僅宣判監禁，而不是死刑；對啓秀和徐承煜，中方宣佈：等慶親王奕劻和
李鴻章查報其所犯罪行的充分證據後再行嚴懲。〔註76〕

從清廷諭旨來看，對端郡王載漪和輔國公載瀾的懲罰並未按中外代表們
商定的「斬監侯」來執行；對英年和趙舒翹兩人也未執行死刑。這是外交團
所不能接受的處理結果。

（二）中外之間關於清廷諭旨的交涉

針對清廷諭旨所涉及的上述幾個問題，外交團內部成員之間進行了溝
通。薩道義先後對美、日、俄等國公使的意見作了摸底。美使柔克義極爲關
心那數份清廷諭旨，擔心這將在各國公使之間造成分裂。他認爲清政府不可
能滿足列強提出的所有要求，因此，列強只能通過在端郡王載漪和輔國公載
瀾問題上讓步，以換取在英年和趙舒翹問題上的更大收穫。〔註77〕新任日使
小村壽太郎〔註78〕在拜訪薩道義時表示，他同意列強必須在懲辦「禍首」問
題上堅持立場。俄使格爾斯告訴薩道義說，俄國政府對格爾斯同意薩道義將
端郡王載漪和輔國公載瀾定爲斬監候的做法很不滿。薩道義稱英國政府也對
自己同意將「死刑」措辭改爲「最嚴屬懲罰」的做法很不滿。〔註79〕

〔註75〕《軍機處擬致奕劻李鴻章電信》光緒二十六年十二月二十五日（1901 年 2 月
　　　 13 日），電寄檔。詳見：《清光緒朝中日交涉史料》卷六十，頁十二。
〔註76〕《1901 年美國對華外交檔案》，第 96～97 頁。
〔註77〕 *The Diaries of Sir Ernest Satow, British Envoy in Peking (1900～1906)*, p.89.
〔註78〕 1901 年 1 月 30 日，小村壽太郎接替西德二郎擔任日本駐華公使，並全權負責
　　　 對華談判事宜。筆者注。
〔註79〕 *The Diaries of Sir Ernest Satow, British Envoy in Peking (1900～1906)*, p.90.

　　李鴻章深知英國政府在懲辦「兇手」問題上的立場最爲堅決，於是委託中國海關總稅務司赫德將清廷所頒諭旨的複件轉交給薩道義，希望薩道義能夠做出讓步。薩道義表示自己不能判斷英國政府將會如何答覆，但如果中方拒絕讓步的話，將使英方陷入僵局。〔註80〕

　　當時，聯軍統帥瓦德西曾向外交團表示：如果有必要，聯軍將採取軍事行動，以便支持外交團在懲罰「兇手」問題上的立場。

　　在充分瞭解外交團的強硬立場後，清廷最後不得不做出讓步。李鴻章派曾廣銓廣泛拜訪外交團各位成員，曾廣銓向薩道義透露，中方全權代表已收到清廷發自西安的電報，表示將接受列強關於懲罰問題的要求，但請求列強在以下三點上做出讓步：

　　（1）趙舒翹和英年可以被賜死；

　　（2）不要對三位已死官員（剛毅、李秉衡、徐桐）再施以諸如暴屍和斬首之類的懲罰；

　　（3）請將徐承煜和啓秀移交給中方進行處決。（二人當時已被日軍扣留）

　　薩道義回應稱，只要能將對端郡王載漪和輔國公載瀾處以死刑記錄在案，自己就不反對第（1）點，不會批准對三位死者再追加懲罰，也不會批准任何由英方來處決徐承煜和啓秀的建議。曾廣銓向薩道義保證清廷已接受這項要求。隨後，薩道義派英國公使館參贊傑彌遜前往拜會李鴻章，李鴻章向傑彌遜保證：有關端郡王和載瀾兩人的情況屬實，清廷已將兩人的死刑記錄在案。

　　曾廣銓也與德使穆默及外交團領袖葛絡乾等人就清廷電報內容進行溝通。穆默、奧使齊幹、意使薩爾瓦葛和俄使格爾斯都對此很滿意，而薩道義則表示：要讓自己同意並非不可以，但條件是清廷必須寫明「端郡王和載瀾應處以斬監候」。

　　中方表示：清廷諭旨將在 1901 年 2 月 21 日頒佈，將在 2 月 24 日傳遞給各位公使，並將在 3 月 17 日對相關官員行刑。因此，中方希望聯軍統帥瓦德西伯爵原定的軍事討伐行動能夠取消。〔註81〕

（三）「禍首」懲辦問題的辦結

　　經過一番交涉，中外雙方各自做出讓步，「禍首」問題最終得以辦結。1901年 2 月 21 日，清廷收到慶親王奕劻和李鴻章來電，內稱：「卅電奉到，遣人

〔註80〕 *The Diaries of Sir Ernest Satow, British Envoy in Peking (1900～1906)*, p.88.
〔註81〕 *The Diaries of Sir Ernest Satow, British Envoy in Peking (1900～1906)*, p.90.

分達各使，頃英使派參贊傑彌遜來面稱英趙賜死可通融，惟端、瀾必須定斬監候，隨後可加恩改發新疆，永遠監禁。至已死諸人，可不追咎。惟須降旨數其罪狀，載明本應斬決，業經身死，已奪官撤恤，如此可了事。監視行刑，就近派教士往觀，亦經首肯。啟、徐可索回，自行正法，英既允行，各使諒無異議。德瓦帥派中軍來賀年，告以懲辦禍首已奉電旨，照前次照會辦理。該中軍歡欣而去……」〔註82〕這份中文電報證實了薩道義日記中記載的內容，可以說中英文材料均可靠，真實性有保障。

2月22日，清廷頒佈諭旨，指示慶親王和李鴻章：關於懲辦「禍首」問題，若能按照外交團照會辦結的話，那麼，中外和局則可以早日實現，以便商討聯軍撤兵問題。清廷命令二人妥善籌辦，不得延誤。〔註83〕慶親王和李鴻章在收到清廷諭旨後，立即給英使薩道義送去一份該諭旨的複件。

次日（2月23日），薩道義拜訪李鴻章，兩人主要討論了以下三件事：

（1）李鴻章想請各國公使們同意讓徐承煜和啟秀自殺。薩道義認為李鴻章最好去和使館被圍期間就在北京的其他公使們討論此事，自己當時並不在場，所以不好表態。

（2）根據安排，在菜市口處決犯人時，日、美、德三國軍隊將到現場監督。因為此前徐承煜曾奉清廷之命監斬袁昶和其他反對清廷瘋狂排外行為的官員們，所以薩道義稱現在這樣做是因果報應。

（3）李鴻章詢問薩道義是否已將2月22日中方送給薩道義的清廷諭旨複件電告英國政府。薩道義表示，因為包括他在內的外交團成員收到的都是中方的非正式複件，還沒有正式官方文件，所以大家決定推遲討論該諭旨內容。〔註84〕

按照清廷指示，中方懲辦「禍首」問題按照外交團的要求逐一落實。2月27日，清廷收到李鴻章和慶親王奕劻的來電，內稱：「……啟秀、徐承煜，本日派員提交刑部，即刻押赴菜市口正法，英、美、日本各派隊守護觀看……」〔註85〕

〔註82〕《慶親王奕劻大學士李鴻章來電一》光緒二十七年正月初三日（2月21日）到，電報檔。詳見：《清光緒朝中日交涉史料》卷六十，頁十九。

〔註83〕《軍機處電寄奕劻李鴻章諭旨》光緒二十七年正月初四日（2月22日），電寄檔：《清光緒朝中日交涉史料》卷六十，頁二十一。

〔註84〕 *The Diaries of Sir Ernest Satow, British Envoy in Peking (1900～1906)*, p.91.

〔註85〕《慶親王奕劻大學士李鴻章來電一》光緒二十七年正月初九日（2月27日）

　　1901 年 2 月 28 日，慶親王和李鴻章致函外交團領袖葛絡幹稱，莊親王已於 2 月 21 日在蒲州自盡，毓賢已於 2 月 22 日在蘭州被正法，英年和趙舒翹已於 2 月 24 日自盡。懲辦「禍首」問題至此基本辦結。〔註86〕

　　收到中方關於「禍首」懲辦情況的照會後，外交團仍決定要求清廷頒佈一道諭旨，說明對涉案官員死刑的執行情況。中方只好照辦。〔註87〕懲辦「禍首」問題得以最終解決，這是繼 1900 年 12 月 24 日提交對華聯合照會後，外交團掃除了中外談判中的第二個主要障礙。

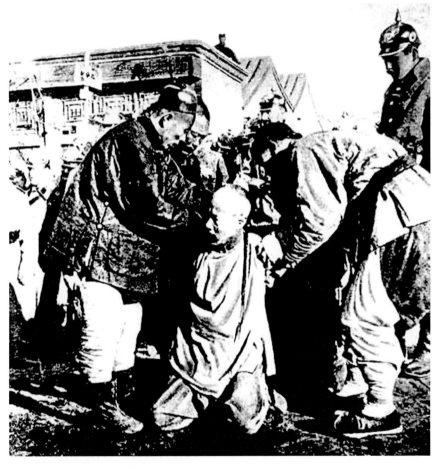

圖說：庚子和談期間，總理衙門大臣、禮部尚書啓秀在北京菜市口即將就刑，
　　　外國士兵在旁邊進行監視。

　　　　到，電報檔。詳見：《清光緒朝中日交涉史料》卷六十，頁二十七。
〔註86〕《1901 年美國對華外交檔案》，第 110 頁。
〔註87〕《1901 年美國對華外交檔案》，第 109 頁。

六、爲因主張對外友好而被處死的六名官員開復原職

在義和團運動期間，清廷有六位中央官員因爲主張對外友好，反對清廷激進盲目的排外政策而被處死，他們分別是四位總理衙門大臣許景澄〔註88〕、徐用儀〔註89〕、聯元〔註90〕、袁昶〔註91〕，以及戶部尚書兼內務府總管

〔註88〕 許景澄（1845年～1900年），原名癸身，字竹筠，生於浙江嘉興，同治年間進士。1880年開始外交生涯，他曾被清政府任命爲駐法、德、奧、荷4國公使。1890年改任駐俄、德、奧、荷4國公使。1897年，許景澄出任總理各國事務衙門大臣兼工部左侍郎，並兼任中東鐵路公司督辦。1898年8月28日，許景澄參加中東鐵路開工典禮。1900年爆發義和團運動，當時清政府利用義和團力量，並派兵同時攻打外國使館，對外宣戰。許景澄極力反對，於同年7月28日在北京被處死，時年55歲。著有《許文肅公遺稿》、《許文肅公外集》、《出使函稿》。

〔註89〕 徐用儀（1826年10月22日～1900年8月11日），字吉甫，號筱雲，浙江海鹽人，清咸豐九年（1859）舉人。同治元年（1862）爲軍機章京。次年任總理各國事務衙門行走。光緒三年（1877）爲太僕寺少卿，遷大理寺卿。曾上《整頓圜法疏》，提出整頓錢法建議，並奉旨議行。二十年，任軍機大臣。是年，中日甲午戰爭爆發，徐用儀和李鴻章、孫毓汶等相結納，主和，與主戰派翁同龢等相牴觸，被彈劾爲「朋比誤國」而退出軍機處及總理衙門。光緒二十四年（1898年）奉命再任總理各國事務衙門行走，並任會典館副總裁。後擢升兵部尚書。後因與主張利用義和團排外的愛新覺羅・載漪等人意見相悖，招來慈禧等人忌恨。光緒二十六年（1900年），與戶部尚書立山、內閣學士聯元一起被處斬於北京菜市口，與先前被殺的袁昶、許景澄等五人被稱作是「庚子被禍五大臣」。《辛丑條約》簽訂後，光緒帝下詔爲其平反。宣統元年（1909年）追諡忠愍，厚葬於澉浦邵灣（今六里鄉），浙江人爲他設立祠堂於西湖，與許景澄、袁昶並稱「三忠」。
徐用儀曾纂成《海鹽縣志》刊行，另著有《竹隱廬詩存》等。

〔註90〕 聯元（1838～1900），滿洲鑲紅旗人。崔佳氏，字仙蘅。同治七年（1868）進士，選庶吉士，授檢討，累〔1〕遷侍講。大考，左遷中允，再陟侍講。光緒八年（1822）以京察，出任安徽太平府知府，後調安慶府。1894年，兩薦卓異，以兩江總督曾國荃薦，署安徽安廬滁和道。次年，任廣東惠潮嘉道。汕頭者，通商要衝也，奸人倚英領事爲民暴，聯元裁以法，良善獲安。1898年，擢安徽按察使，入覲，改三品京堂，在總理衙門行走。1900年，授太常寺卿，旋改爲內閣學士，禮部侍郎銜。義和團運動興起，在朝廷御前大臣會議上，反對圍攻各國使館，與慈禧太后旨意相忤。不久，以「任意妄奏，語涉離間」罪名，與徐用儀、立山等同時被殺於北京。

〔註91〕 袁昶（1846年～1900年7月29日），原名振蟾，字爽秋，一字重黎，號浙西村人，浙江桐廬人。清末大臣、學者。光緒二年進士，歷官戶部主事、總理衙門章京，辦理外交事務，後任江寧布政使，遷光祿寺卿，官至太常寺卿。光緒二十六年，直諫反對用義和團排外而被清廷處死，同時赴刑的還有許景澄、徐用儀等四人，史稱「庚子五大臣」。《辛丑條約》簽訂後，清廷爲其平

大臣立山〔註92〕。

　　此外，在美方代表康格及柔克義的堅持下，已故前中國駐美公使、戶部左侍郎張蔭桓的名字也被列入其中。在懲辦「禍首」問題談判過程中，外交團曾多次與中方交涉，要求清廷對上述六位官員開復原職。

（聯元）　　　　　　　　（徐用儀）　　　　　　　　（立山）

（許景澄）　　　　　　　　（袁昶）　　　　　　　　（張蔭桓）

反，謚「忠節」。袁昶也是同光體浙派詩人的代表。

遺著有《漸西村人日記》等。1903 年，蕪湖人建「袁太常祠」於中江書院。汪嵜撰《袁太常祠記》刻石傳世。

〔註92〕楊立山，字豫甫，土默特氏，清朝大臣，庚子年被禍五大臣之一。因懂得爲官之道而由筆帖式一路高升。在京供職期間，因爲迎合太后慈禧心意而深得慈禧的歡心，地位更是日益顯赫，1900 年升至戶部尚書職。在御前會議上因主張議和而招厄運，因未完成和談使命而被革職下獄，聽候發落。本來立山跟隨慈禧多年，且深得慈禧歡心，但在反對他的大臣（端郡王載漪）的傾軋下葬送了性命。立山被處決後，清廷懾於洋人的壓力，給立山予以「昭雪」，追謚立山「忠貞」，並在宣武門外建專祠，易楊立山之名爲「立山」。

（一）為「含冤」而死的五位官員〔註93〕開復原職

在 1900 年 11 月 27 日外交團成員就清廷賞賜李秉衡子孫恩典問題致中國全權大臣慶親王奕劻和李鴻章的同文照會中，首次提到為五位官員（許景澄、徐用儀、聯元、袁昶、立山）開復原職，因為李秉衡在北京任職時對清廷處死上述五人有推波助瀾的作用。

1901 年 1 月 22 日，第十六次外交團會議上做出一項與懲辦「兇手」問題有關的決定，要求清廷對於因主張與外國保持友好關係而在營救聯軍抵達前不久被清廷草率處死的五位中國官員給予某種形式的褒恤。〔註94〕2 月 5 日，在上午的中外雙方會談及下午的外交團內部會議上，外交團均要求清廷為上述五位官員開復原職，並恢復名譽。迫於外交團的強大壓力，清廷只好頒佈了相關諭旨，但外交團對其內容很不滿意，因為清廷在諭旨中仍申斥了上述五名官員的罪行，訓斥他們欺君罔上、大逆不道等行為，僅恢復了他們因受懲罰而被革去的官職。〔註95〕

2 月 26 日，外交團會議通過一份致中方全權代表之照會的內容，要求清廷重新頒佈一道諭旨，為上述五位被處死的官員恢復名譽。〔註96〕隨即將其提交給中方代表。

1901 年 3 月 2 日，慶親王奕劻和李鴻章電奏清廷，內稱：「上年十二月二十五日（1901 年 2 月 13 日）蒙恩將徐用儀等五員開復原官，當即恭錄諭旨照會各使，旋據該使等面稱該五員實係力駁攻擊使館致罹大辟，代抱不平。……雖係加恩臣下與外人無涉，而其獲罪因力駁攻擊使館亦難禁其饒舌，若置之不理，恐不肯續議別款，致礙和局，擬仍與該使等婉商未知其甘服否，應如何預籌變通之處，伏候聖裁。」〔註97〕

出於盡快促成中外談判的考慮，清廷只好按照外交團的要求辦理。

〔註93〕有關這五位因主張對外友好而被處死的清政府官員的整體研究，可以參考：陸玉芹著《穿越歷史的忠奸之變──庚子事變中「五大臣」被殺研究》，中國社會科學出版社，2010 年 3 月第 1 版。

〔註94〕《1901 年美國對華外交檔案》，第 80 頁。

〔註95〕《1901 年美國對華外交檔案》，第 96～97 頁。

〔註96〕*The Diaries of Sir Ernest Satow, British Envoy in Peking (1900～1906)*, p.92.

〔註97〕《慶親王奕劻大學士李鴻章來電》光緒二十七年正月十二日（3 月 2 日）到，電報檔：《清光緒朝中日交涉史料》卷六十，頁三十二。

（二）對張蔭桓問題的交涉

在義和團運動高潮期間，著名外交官、前戶部左侍郎張蔭桓﹝註98﹞因力主清廷慎重行事而被流放新疆，最後在新疆被清廷處死。由於張蔭桓曾擔任中國駐美公使職務長達四年之久（1885～1889），1897年還曾代表清廷前往英國參加維多利亞女王登基六十週年慶典，屬於知名「洋務派」，頗爲熟悉外交。因此，在外交團成員中，美使康格和英使薩道義都力主清廷爲張蔭桓恢復官職和榮譽。

1901年1月22日，在外交團會議要求清廷爲五位含冤而死的官員（許景澄、徐用儀、聯元、袁昶、立山）開復原職時，美使康格便試圖把張蔭桓的名字也列入該名單，但未果。﹝註99﹞此意圖直到數月後才得以實現，薩道義和康格兩人在此問題上的立場相同。

1901年3月24日，美國談判專使柔克義致函美國國務卿海約翰稱，關於爲張蔭桓昭雪問題，因在華外交團部分成員們持有異議，又因中國全權大臣慶親王奕劻和李鴻章此時並不願意辦理，所以柔克義將留待一個比較有利的時機再盡力執行海約翰對此事的指示。﹝註100﹞

1901年6月底的一天（具體時間不詳，只知是週六），在拜訪李鴻章時，柔克義向李提到美國國務卿海約翰關於張蔭桓一事的訓令，並表示希望清廷採取美國政府所盼望的「正義行動」。柔克義說，如果慶親王奕劻和李鴻章願意按照美國政府爲此事單獨提出的請求稟奏皇上，自己將非常高興。李鴻章回答說，雖然他和慶親王本人十分願意按美國政府的單獨請求促成此事，但他認爲，如果英國也提出和柔克義同樣的請求，他們的奏摺將更迅速地獲得清廷應允，他知道英國政府對張蔭桓一事也很關注。雖然李鴻章不願意當面就他同意向皇帝稟奏此事可能得到的結果發表意見，但柔克義相信李鴻章將

﹝註98﹞ 張蔭桓（1837～1900）清末大臣，字樵野，廣東南海人。納資爲知縣，幾經升遷至道員光緒二年（1876年）權山東登萊青道。七年（1881年），授安徽徽寧池太廣道。翌年，遷按察使。賞三品京堂，命值總理各國事務衙門。光緒十年（1884年），除太常寺少卿。十二（1886）年，除太常寺卿，轉通政司副使。復值總署。累遷戶部左侍郎。中日甲午戰爭中曾與邵友濂爲全權大臣赴日談判。1898年3月，協助李鴻章與俄國簽訂《旅大租地條約》。戊戌變法時，調任管理京師礦務、鐵路總局，傾向變法。戊戌政變後遭彈劾充軍新疆。1900年被殺。

﹝註99﹞ 《1901年美國對華外交檔案》，第80頁。

﹝註100﹞ 《1901年美國對華外交檔案》，第343頁。

會採取某種行動。或許清廷不會對張蔭桓頒賜恤典，但至少加在他身上的罪名會昭雪。〔註101〕

很明顯，根據柔克義與李鴻章達成的「秘密約定」，英美兩國代表隨後分別照會中國代表，而後者正好以此向清廷施壓。柔克義肯定向英使薩道義通報了此事，而李鴻章則是「瞞著」慶親王奕劻。

1901 年 7 月 1 日，美使柔克義照會中國全權大臣慶親王奕劻和李鴻章，內稱：「一千八百八十五至八十九年間，張大臣奉使本國時盡心盡力，使兩國邦交日益加厚，無論公私各事，無不使人心均佩服，計由本國回華迄其受刑時雖已十一載，本國華盛頓人民聞其被戮，猶無不均爲悼惜。本國國家亦以心契之友今已云亡，中國如此宣力之臣竟爾棄市，深爲悲憫。此等宣力大員不得善終，本國大伯理璽天德〔註102〕深以爲貴國大皇帝猝然刑一多年出力之大員，另有確據，不過係因彼時地方變亂搖動之所致，嗣後必將公允予昭雪，是以囑本大臣轉請貴王大臣據情入奏，請將張蔭桓一切罪名開除，賞還原銜，追予謚典。」〔註103〕

次日（7 月 2 日），英使薩道義也照會慶親王奕劻和李鴻章，內稱：「張大臣前因我大君主臨御六十年慶典，由中國朝廷特派往賀，經英廷頒給殊榮寶星，是以深爲本國朝廷所賞識。又爲本國前歐竇兩大臣〔註104〕所佩服，況當發遣新疆時人皆以爲非其罪也，均望日後開復錄用，且該員在配已經兩載，稍蔽厥辜，乃當肇亂之時竟遭殺害。凡屬英國舊識無不慘悼於心，本大臣查此情形諒中國大皇帝必不能不以義理優待老臣，應請貴王大臣奏明請旨，將前已革戶部左侍郎張蔭桓開復原官，以示昭雪而見大公，若皇上恩逮泉臺，則我英廷士民莫不心悅誠服矣。」〔註105〕

在美英兩國政府的壓力下，1901 年 8 月 7 日，李鴻章電奏清廷，請求恢復張蔭桓官職。不久，清廷准奏，予以照辦。〔註106〕幸虧有各國外交檔案和

〔註101〕《1901 年美國對華外交檔案》，第 343 頁。
〔註102〕伯理璽天德，指總統，係英文「president」之音譯，筆者注。
〔註103〕《追復張蔭桓原官摺》光緒二十七年六月二十三日（1901 年 8 月 7 日）。詳見：《李鴻章全集》奏稿・卷八十，頁六十一。
〔註104〕指薩道義之前的兩位英國駐華公使歐格納和竇納樂，筆者注。
〔註105〕《追復張蔭桓原官摺》光緒二十七年六月二十三日（1901 年 8 月 7 日）。詳見：《李鴻章全集》奏稿・卷八十，頁六十一。
〔註106〕《追復張蔭桓原官摺》光緒二十七年六月二十三日（1901 年 8 月 7 日）。詳見：《李鴻章全集》奏稿・卷八十，頁六十一。

個人信函、日記等，後人才能還原諸多重大事件幕後的私相授受和暗箱操作，中外談判代表爲張蔭桓「昭雪」一事便是明證。

七、小結

回顧整個懲罰「禍首」問題的談判過程，可以看出薩道義及各國政府在此問題上的態度發展演變軌跡。

在懲辦端郡王載漪及輔國公載瀾的問題上，薩道義最初比較謹慎，法使畢盛和奧匈公使齊幹兩人很關注清廷皇儲繼位問題，德使穆默則堅決主張處死端郡王載漪，其他各國公使們則對此事並不太在意。在懲辦董福祥問題上，薩道義最初支持美使康格的建議，認爲若處死董，會遇到很多問題，不利於外交團整體計劃（即簽署對華協議）的實施。後來英國政府在懲辦「禍首」問題上變得很強硬，主要是考慮到：若不嚴懲懲罰「禍首」，似乎不足以對中國進行有效的懲戒。在 1900 年 12 月 24 日外交團對華聯合照會的正式形成過程中，由於薩道義及英國政府在一些具體措辭問題上進行了妥協，才使聯合照會最終得以形成，中外談判得以繼續進行，外交團同意對所有「禍首」官員均不提姓名，同時在董福祥和端郡王載漪、輔國公載瀾等人問題上也不再強硬。然而，英國政府卻在 1901 年 1 月 22 日外交團會議上正式提出要對所有「禍首」官員均執行死刑，但遭到外交團其他成員的集體反對。無奈之下，薩道義只好代表英國政府提出一個折中方案，即：仍然堅持要求對所有「禍首」都記錄死刑在案，但清廷可隨後頒佈諭旨，將其中部分官員赦免，改爲流放新疆。這就解決了清廷和外交團之間的所謂「面子」問題。

薩道義積極與外交團成員及中國代表進行溝通，因此該建議得以在 1901 年 2 月 5 日中外雙方會談及外交團會議上通過。在隨後就英年和趙舒翹兩人問題的交涉上，薩道義也多次與中國代表進行交涉，表明英國立場，最終迫使中方將英年和趙舒翹均處死。此外，薩道義在懲辦山西巡撫毓賢及其他皇室成員的立場上也十分堅定，中方感受到巨大壓力。可見英國政府和薩道義在懲辦問題上基本上持強硬態度，企圖壓服清政府。經過反覆交涉，最後雙方都作了某些妥協，但基本上以清政府妥協爲主。

懲辦「禍首」官員是整個懲辦問題談判中最重要的內容，因爲涉及官員人數並不算多，所以耗時不算太久。而懲辦「禍從」官員涉及的官員數量龐大，耗時很久，基本上是伴隨著整個庚子和談的始終。

第三節　懲辦「禍從」問題談判

在庚子和談就懲辦「兇手」問題的談判中，除了懲辦所謂「罪大惡極」的「禍首」官員外，圍繞著如何懲辦轄區曾發生過教案或殺虐外國人事件的中國地方官員（即所謂「禍從」）問題，中外雙方也展開了激烈交涉。外交團內部在對「禍從」官員的具體懲罰方式上也意見不一，俄使格爾斯強烈反對英使薩道義提出的懲罰方式，在懲辦「禍從」問題談判上基本採取不參與的方式，表達俄國政府及格爾斯本人的堅定立場。而英使薩道義在「禍從」問題上始終堅持強硬，除了推動「禍從」懲罰方式的談判外，他還重點參與處理了前浙江巡撫劉樹堂、湖南巡撫俞廉三、江西巡撫松壽及其以下官員的懲罰事宜。

懲辦「禍從」問題在中外談判開始之初便有所涉及，在 1901 年 2 月底懲辦「禍首」問題基本辦結後，外交團內部會議開始對此類問題予以重點討論。綜合來看，薩道義及英國政府在懲辦「兇手」問題上態度強硬，有力推動了「禍從」懲罰問題談判的進展。

一、懲辦「禍從」問題的談判過程

懲辦「禍從」問題談判主要是集中處理全國各地教案的主要參與官員，在 1901 年 2 月底「禍首」懲罰問題基本辦結後，有關懲辦「禍從」問題的中外談判便開始集中進行。在外交團看來，「禍從」問題談判較「禍首」問題談判更簡單，但在具體懲罰方式上仍有不少爭議，甚至在對個別地方要員的懲罰問題上，清廷屢向外交團提出減免懲罰的請求。

（一）外交團草擬各省官員的懲罰名單

在外交團全體會議之前，1901 年 1 月 28 日和 1 月 30 日，有本國傳教士遇害的法、意、美、荷、比、英等六國公使連續舉行兩次會議，專門討論如何處置涉嫌「屠殺」外國人行為的各省官員們，[註 107] 最終通過了由法使畢盛草擬的對「禍從」官員的起訴狀。[註 108]

1901 年 2 月 5 日上午，在中外雙方第二次正式會談時，外交團就懲辦「禍首」問題照會中方代表。此後，外交團內部開始就懲辦「禍從」問題進行討論，首先需要確認的是懲罰名單和涉案官員的罪責。

〔註 107〕 *The Diaries of Sir Ernest Satow, British Envoy in Peking (1900～1906)*, p.83.

〔註 108〕 *The Diaries of Sir Ernest Satow, British Envoy in Peking (1900～1906)*, p.84.

　　2 月 16 日，外交團會議討論了由草案委員會草擬的、取消反洋團體的清廷諭旨內容以及地方官員在反洋騷亂和違反中外條約等問題上的責任等議題，該諭旨修改後將交給中方代表。〔註 109〕也就是說，「堂堂」中華帝國的朝廷諭旨竟然先由列強「幫忙」草擬，最後再以清廷名義頒佈，反映的當然完全是列強的意志和企圖，晚清中國的喪權辱國可見一斑。

　　此次會議擬定的外交團照會涉及河南省河北道、涉縣、滑縣、安陽、輝縣、衛縣等地官員，外交團認為這些官員應該對當地教案及屠殺外國人事件負責。在上述地方，由於官員不作為或慫惡縱容，使得教會被劫，教民被殘害，教士墳墓被掘。因此，外交團要求「將岑道及滑縣、安陽、呂、車、石各令，先行撤任，俟各公使設法查核後，按照草約第十款辦理」。〔註 110〕此外，外交團還建議由地方當局撥款撫恤教案受害者及其親屬，但這筆款項可記入隨後的中國對外賠款總額之中，先行支付。

　　在此後幾次外交團會議上，外交團開始草擬各省官員懲罰名單，但外交團內部在此問題上發生嚴重分裂，主要分歧是在英使薩道義與俄使格爾斯關於具體處罰方式上意見不一。

　　在 1901 年 2 月 28 日〔註 111〕的外交團會議上，各國公使主要討論懲辦那些對 1900 年的屠殺和暴亂負有最直接責任的地方官吏和相關人員的問題。被列入懲罰名單的官員約有一百人，外交團將要提出對其中十人處以死刑，其餘撤職和永不敘用，有的還被要求判處終身流放。俄使格爾斯提出，俄國政府反對再向中國提出死刑判罰，他本人也不能同意目前要求，因為尚未收到俄國政府對此問題的明確訓令。〔註 112〕但英使薩道義強烈反對格爾斯的立場，要求對上述十人均處以死刑，其他公使支持薩道義的立場。會議最後初步擬定了懲罰名單。〔註 113〕

　　在 3 月 12 日外交團會議上，俄使格爾斯接到俄國政府的訓令，稱俄國政府認為外交團所提懲罰方式太苛刻。因此，他不能就 2 月 28 日外交團所擬名

〔註 109〕*The Diaries of Sir Ernest Satow, British Envoy in Peking (1900～1906),* p.89.

〔註 110〕《慶親王奕劻大學士李鴻章來電》光緒二十六年十二月二十九日（1901 年 2 月 17 日）到，電報檔。詳見：《清光緒朝中日交涉史料》卷六十，頁十六。

〔註 111〕根據《1901 年美國對華外交檔案》第 103 頁記載，此次會議的時間是 1901 年 2 月 27 日。在此以薩道義日記所載時間為準。

〔註 112〕《1901 年美國對華外交檔案》，第 104 頁。

〔註 113〕*The Diaries of Sir Ernest Satow, British Envoy in Peking (1900～1906),* p.92.

單向中國政府要求懲罰。此時，薩道義也收到了英國政府訓令，表示要對涉案官員嚴懲不貸。由於在此前會議上已就此討論並達成一致，因此，其他公使也都重新對懲罰方式進行確認。〔註114〕

俄使在「禍從」懲辦問題上的「軟化」態度同其當時正與中國政府在東北進行秘密談判有很大關係。1900年，俄國趁義和團運動之機，借邊界騷亂和鐵路被毀爲由，佔領滿洲，之後就此問題與中國一直進行秘密談判。爲了在中外談判中獲得更大利益，在整個庚子和談過程中，俄國表面上一直扮演著對華友好角色，在懲辦「禍從」問題談判過程中，俄使格爾斯基本不參與，他認爲懲辦問題已經結束，外交團無須再討論。在1901年2月即有傳言稱中俄之間已簽訂關於滿洲的協定，英國政府給薩道義的指示是：「中國政府與任何一個國家之間不應締訂影響中華帝國領土權利的協議。」〔註115〕爲此，薩道義也向中方施加壓力，以期掣肘俄國的勢力。

根據薩道義日記記載，在1901年3月15日，他前往拜訪慶親王奕劻，並與之討論滿洲問題。薩道義告訴慶親王：中國無須害怕俄國會中斷談判，英國政府正措辭強硬地與俄國進行交涉，而作爲海上強國的美國和日本也會堅決反對俄國的行動。〔註116〕

從某種程度上來講，在懲辦「禍從」問題談判時，俄使格爾斯在外交團內部處於被孤立境地。其他國家公使，或者出於反對俄國在中國滿洲的野心，或者出於各國行動協調一致的原則，都反對俄國的立場。

但在具體懲罰方式上，各國公使們的意見也不統一。美方代表康格和柔克義表示，美國政府的意見是希望盡快停止流血，且鑒於中國暴亂的首要肇事者均已被處以死刑，並對中國實行物質懲罰，因此希望各國不再要求死刑懲罰。〔註117〕在美方極力爭取下，法德兩國公使都同意減少死刑人數。薩道義認爲，法國也處於進退兩難境地：既不能破壞法俄之間的良好關係，又要對那些曾殺害過傳教士和其他人的「兇手」殺一儆百。〔註118〕當時，歐洲大陸兩大軍事同盟正在形成，三國同盟的建立促使俄、法兩國接近，早在1893

〔註114〕*The Diaries of Sir Ernest Satow, British Envoy in Peking (1900～1906)*, p.96.

〔註115〕胡濱譯，丁名楠、余繩武 校：《英國藍皮書有關義和團和運動資料選譯》，中華書局，1980年版，第417頁。

〔註116〕*The Diaries of Sir Ernest Satow, British Envoy in Peking (1900～1906)*, p.97.

〔註117〕《1901年美國對華外交檔案》，第103頁。

〔註118〕*The Diaries of Sir Ernest Satow, British Envoy in Peking (1900～1906)*, p.99.

年兩國即已簽訂《俄法協約》，而英國外交政策在 19 世紀末 20 世紀初尚處於由傳統「光輝孤立」政策轉型的階段。因此，法國在很多情況下需要照顧到其協約國盟友俄國的立場。

1901 年 3 月 22 日，外交團懲罰委員會召開會議，重新考慮死刑問題，最後同意將必須被執行死刑官員的人數從十人減至四人。當日，隨後就召開了外交團全體會議，就懲罰委員會所擬決議達成一項協議，但俄使格爾斯仍未參與。除了俄使格爾斯聲明俄國政府認為懲罰問題早已結束之外，其他各國公使都同意向中方送交這份名單。〔註 119〕在這種情況下，薩道義堅持應由外交團向中方代表提交一份聯合照會，而非各國公使各自提交一份同文照會。對於薩道義的這一要求，美使柔克義表示全力支持，德使穆默則略帶猶豫地表示支持，日使小村壽太郎則稱自己與外交團大多數成員保持一致，法使畢盛稱自己必須等待法國政府的相關指示，意使薩爾瓦葛則說自己對此沒意見。〔註 120〕在由各國政府解決「到底是送交聯合照會還是同文照會」這一問題之前，不會採取任何行動。薩道義在會上強硬地表示：除非外交團同意送交聯合照會，否則，他將保留按原來名單提出英方要求的權利。〔註 121〕

薩道義之所以堅持遞交聯合照會，主要是希望以外交團名義，集中各國力量向清政府施壓，使中方按照外交團意見對「禍從」官員予以懲罰。3 月 27 日，法國公使畢盛稱其已接到法國政府指示，將加入對華聯合照會（內容是羅列各省應懲辦官員名單）。〔註 122〕3 月 28 日，外交團草案委員會（Drafting Committee）開會，就各省官員的懲罰名單問題而起草致中方代表的照會。〔註 123〕1901 年 3 月 31 日，外交團正式就懲辦「禍從」問題向中方代表遞交聯合照會，內稱：外交團與中方按照 1901 年 2 月 5 日的會談聲明，按照聯合照會第二款規定，各省犯罪官員的名單及懲罰報告一併遞交給中方，希望中方能夠「按照單開各情奏請，分別頒發諭旨，歸結此事」〔註 124〕。同時，按照聯合照會第十款的規定，清廷必須在全國各地張貼諭旨，昭告天下，公佈給予犯事官員的懲罰。

〔註 119〕《1901 年美國對華外交檔案》，第 128 頁。

〔註 120〕*The Diaries of Sir Ernest Satow, British Envoy in Peking (1900～1906)*, p.99.

〔註 121〕《1901 年美國對華外交檔案》，第 443 頁。

〔註 122〕*The Diaries of Sir Ernest Satow, British Envoy in Peking (1900～1906)*, p.100.

〔註 123〕*The Diaries of Sir Ernest Satow, British Envoy in Peking (1900～1906)*, p.100.

〔註 124〕《各使致全權大臣奕劻李鴻章續請懲辦外省獲咎官員照會》。詳見：《清季外交史料》卷一四六，頁五。

這份照會中要求懲辦的「禍從」名單包括兩部分：一是有確鑿「犯罪」證據的官員，要求清廷予以嚴懲；二是無確鑿「犯罪」證據的官員，要求清廷予以查辦（詳細名單見附錄）。該照會由各位外交代表（除俄使格爾斯外）聯合簽署。

1、根據其犯罪事實，以下四人必須被處以死刑

姓名/職務	處罰理由
山西陽曲縣知縣白昶	他是 1900 年 7 月 9 日前後，山西巡撫毓賢在太原府殺害四十餘名外國人的主要幫兇。
山西歸化城署理道臺鄭文欽	犯有殺害周尼思上尉、韓默理主教和其他傳教士的罪行。
浙江衢州守營都司周之德	他帶頭參加 1900 年 7 月 21 日、22 日、23 日在衢州對外國人的屠殺，不僅策劃了對傳教士的進攻，還親自指揮屠殺。
直隸灤平縣知縣文星	他命令士兵活埋一位羅馬天主教教士，並命人把屍體挖出拋入河中，後來屍首被教民找回掩埋，但他又命人掘出，再次拋入河中。

2、外交團要求予以其他懲罰的官員人數如下 [註 125]

判處死刑，減爲終身流放	11 人
終身流放	13 人
終身監禁	4 人
判處有期徒刑	2 人
革職永不敘用	58 人
申飭	2 人
追奪官職	2 人
合計	96 人

（二）中外雙方關於懲辦「禍從」問題的交涉

在外交團向中方遞交「禍從」懲辦名單後，中方代表與外交團就涉案官員的罪行減免進行了多次交涉，主要集中在全國各省教案處分官員。由於在地方教案中損失較重的主要是英法兩國，相關談判也多爲英法兩國公使主持。在中方代表看來，法使畢盛「人尚爽直」，而英使薩道義很強硬。因此，在懲辦「禍從」問題談判上，英國方面的迴旋餘地較小。

〔註 125〕《1901 年美國對華外交檔案》，第 148～149 頁。

綜合來看，中外談判主要涉及如下幾個方面：

1、有關浙江衢州教案涉案官員的減罰問題

關於衢州教案問題，李鴻章與薩道義在庚子和談之初便有多次交涉。薩道義在懲罰浙江巡撫劉樹堂、浙江按察使榮銓及下屬官員上立場很強硬，「欲誅鎮道府營及紳士，並欲將前撫劉樹堂、前臬榮銓革戌查抄」〔註126〕，後經李鴻章與之再三協商，薩道義的立場才有所鬆動。

1901 年 4 月 3 日，慶親王奕劻和李鴻章致外交團領袖葛絡幹照會，要求減輕對劉樹堂及榮銓的懲處。〔註127〕4 月 4 日，外交團（除俄使格爾斯外）致中國全權代表照會，內稱：雖然浙江衢州教案主要責任人是道臺鮑祖齡，教案發生時，他殘忍地把求救教士拒之於門外，致使他們慘遭殺害，但巡撫劉樹堂無疑須對此承擔主要責任。由於考慮到劉樹堂年已七十，並且中方代表替他再三求情，外交團同意將劉樹堂改爲革職，永不敘用，查抄家產，送回原籍交地方官嚴加管束。至於榮銓，則難以從輕辦理。〔註128〕

之後，中方代表在劉樹堂查抄驅逐一事上又進行爭取，希望免於查抄，因爲按照清朝律例，即：「犯貪贓者方查抄罷官回籍，勿事驅逐」。6 月 3 日，經李鴻章與薩道義私下商論，最後決定：劉樹堂「可免查抄，仍請交地方官管束」〔註129〕。

2、有關湖南衡州教案和江西教案中涉案官員的罪責減免問題

外交團在懲辦「禍從」的對華聯合照會中提出：湖南巡撫俞廉三涉及戕害衡州府天主教主教教士二人之案，應予以革職永不敘用；江西巡撫松壽的罪名是「奉旨引火燎原，所派委員以招兵爲辭，聚黨焚掠教堂」，應予以革職永不敘用。

對此內容，清廷表示極爲不滿。1901 年 4 月 7 日，軍機處電寄奕劻李鴻章諭旨，內稱：「松壽前在江西巡撫任內，各屬所出教案，均隨時嚴筋飭屬加意彈壓，秉公查辦，惟江西民情強悍，民教久不相和，以致糾葛甚多，一時未能全結，予以革職留任處分，已屬允協，更未便革職，永不敘用。俞廉三辦理衡州教案，頗能認眞，教士並有感謝之詞，況案已全結，即應免其置

〔註126〕《清光緒朝中日交涉史料》卷六二，頁十七。
〔註127〕《1901 年美國對華外交檔案》，第 266 頁。
〔註128〕《1901 年美國對華外交檔案》，第 267 頁。
〔註129〕《慶親王奕劻大學士李鴻章來電二》光緒二十七年四月十八日（1901 年 6 月 4 日）到，電報檔。詳見：《清光緒朝中日交涉史料》卷六三，頁二十一。

議……」〔註130〕

　　4月8日，清廷下令慶親王奕劻和李鴻章就此與外交團交涉，因爲衡州教案業已辦結，各國教士也都表示滿意並致謝。同時，處理情況也已電告法使畢盛和意使薩爾瓦葛。因此，清廷認爲俞廉三應該免議，不再追究。

　　而對於松壽的處罰，清廷更不能理解。因爲江西是處在「東南互保」區域之內，在華北義和團運動期間，江西全省教士平安，沒有任何傷亡。松壽可謂盡心竭力，但外交團「不以爲功，反以爲罪」。

　　因此，清廷要求奕劻李鴻章力爭減免俞廉三和松壽兩人的罪行。〔註131〕當然，清廷這是在爲江西地方官同時也是爲清廷自己開脫，事實上，義和團運動期間，江西曾發生過不少教案，教士和教民也有生命及財產損失。

　　4月11日，慶親王奕劻和李鴻章就俞廉三和松壽兩人問題電奏清廷，內稱：經外交團同意，俞廉三可免於處罰。至於松壽，中方談判代表團將力爭其革職留任。〔註132〕4月13日，慶親王奕劻和李鴻章再次電奏清廷彙報談判情況，稱外交團已同意不追究俞廉三責任，但在松壽問題上仍有爭執，中方代表邀請法使畢盛居中斡旋。在畢盛徵求外交團其他成員意見後，外交團允許輕辦松壽，以「革職留任」了事。〔註133〕在該奏摺中，慶親王和李鴻章請求清廷明降諭旨，盡早議和，「議賠款數尚未定，俟議定可陸續撤兵，早撤一日，費即省一日，賠兵費百萬，月計三千萬。我欲其速，彼則顧拖，愈遲愈不合算……」〔註134〕

3、關於其他人員的罪行減免問題

　　清廷對於外交團要求處罰的人員過多表示不滿，稱：「此次拳匪肇亂，致各國聯軍入京，……其一二省之教案僅一二國之交涉，豈得借聯軍之勢，併入要挾，致牽涉百四十二人之多。」〔註135〕清廷認爲外交團不分眞假是非，

〔註130〕《清末教案》（第3冊），第23頁。

〔註131〕《軍機處擬致奕劻李鴻章電信》光緒二十七年二月二十二日（1901年4月10日）電寄檔。詳見：《清光緒朝中日交涉史料》卷六二，頁十七。

〔註132〕《慶親王奕劻大學士李鴻章來電》光緒二十七年二月二十三日（1901年4月11日）到，電報檔。詳見：《清光緒朝中日交涉史料》卷六二，頁十七。

〔註133〕《慶親王奕劻大學士李鴻章來電》光緒二十七年二月二十三日（1901年4月11日）到，電報檔。詳見：《清光緒朝中日交涉史料》卷六二，頁十七。

〔註134〕《慶親王奕劻大學士李鴻章來電》光緒二十七年二月二十五日（1901年4月13日）到，電報檔。詳見：《清光緒朝中日交涉史料》卷六二，頁十八。

〔註135〕《軍機處擬致奕劻李鴻章電信》光緒二十七年二月二十日（1901年4月8日），電寄檔。詳見：《清光緒朝中日交涉史料》卷六二，頁十五。

希望能夠明斷之後再發諭旨。由於中國處於進退兩難境地，一方面，希望中外早日議和，以免軍費日增百萬兩；另一方面，懲辦一百四十餘名官員，對清廷而言實非小事。在涉案官員中，處罰最輕者也是革職永不敘用，這意味著清廷無法通過調任等方式重新啓用他們，這是一大損失。因此，清廷多次下令李鴻章和慶親王奕劻盡力同各國公使交涉爭辯，以爭取減免那些官員的罪責。

1901年4月17日，中方代表致外交團照會，試圖與外交團商榷以下四件事：

　　　　1、中方是否首先奏請降旨懲處外國代表所提罪行較重的五十人中除姓名尚待查明之九人以外的四十一人？

　　　　2、外交團是否同意待督撫查報後考慮將二十三名官員，「不包括巡撫俞廉三和松壽在內」的懲處減輕的問題？

　　　　3、外交團是否同意對罪行較輕的官員，待中方提出申述後，刪去「永不敘用」一詞？

　　　　4、對名單中所列須待查明的官員，已頒諭旨調查。外交團是否同意先不按聯合照會第十款的規定執行，俟有關督撫奏報後另行討論？〔註136〕

由中方照會可知，清廷希望有二：一是對於部分官員查明後再定罪，並延後降旨處罰；二是對於罪行較輕的官員，刪除「永不敘用」一詞。

4月22日，外交團懲罰委員會開會，起草一份有關各省官員懲罰問題的照會回函。〔註137〕當天晚些時候，外交團就向中方代表遞交了這份照會，內稱：外交團決定名單中所列各官員都已從寬處理，因此以後永不得敘用。除必須按原擬懲處的官員之外，按照中方代表之意，對於要求再查並予減輕的官員，外交團同意調查和再行商議。對於所有應行革職各員，並不能刪除「永不敘用」字樣。外交團要求清廷立即將獲咎各員應受懲處及所有應查明各員明降諭旨，昭告天下。〔註138〕

（三）懲辦「禍從」官員

經過一番艱難交涉後，中方瞭解外交團在懲辦問題上幾乎沒有讓步空

〔註136〕《1901年美國對華外交檔案》，第267～268頁。
〔註137〕 *The Diaries of Sir Ernest Satow, British Envoy in Peking (1900～1906)*, p.105.
〔註138〕《1901年美國對華外交檔案》，第269～270頁。

間。因此，在收到外交團 1901 年 4 月 22 日照會後，清廷於 4 月 29 日頒佈諭旨，下令對三個罪惡嚴重的官員處以死刑；並對外交團要求處死的另一名官員進行調查，如果罪證屬實，亦將立即處以死刑；同時，還懲處了其餘四十八人。〔註139〕

　　5 月 2 日，中方代表致外交團照會，內稱：接 5 月 1 日清廷來電，指出應予免議和減輕懲處的人員。對於部分官員，包括前浙江按察使榮銓，清廷認為他們所犯罪行按中國法律並非不可寬恕，清廷認為應刪去「永不敘用」，並進行降旨處分；另查明部分官員並無責任，應予以免議，例如：署理太原知府許涵度、衛輝知府曾培祺、南陽府知府傅鳳颷等；並將大同鎮總兵楊洪禮減為革職留任；此外，由於武安知縣陳世偉、安陽知縣石庚、涉縣知縣車均和滑縣知縣呂耀卿等四人，均已賠償教士損失，與主教達成協議，應予免議。對於上述官員，清廷決定暫時不降諭旨。〔註140〕

　　5 月 13 日，中方代表就四川教案獲咎各員及蒙古塔拉特王、阿拉善王和中喀爾王等問題致外交團照會。〔註141〕

　　5 月 17 日，外交團回覆中方代表照會稱，清廷並未明確此前外交團所提出應定為斬監候的部分官員的懲罰方式。此外，中方已改變外交團在 4 月 4 日照會中所擬對劉樹堂和榮銓的懲罰。對於外交團認為必須給予「斬監候」懲處的各官員以及劉樹堂和榮銓二人，必須堅持最初要求。雖然中方曾提及此類懲罰中有不符合中國法律規定的要求，但外交團對此並不予以考慮。〔註142〕

　　對於外交團照會中提到的未定為「斬監候」罪名的官員，李鴻章選擇置之不答，但英使薩道義對此立場非常強硬，「謂此事不辦不能撤兵，各省教案英法最多，應歸英法兩使主持，而英使尤為堅執。」〔註143〕由於外交團催促清廷降旨懲辦，中方代表只好於 1901 年 9 月 2 日致電清廷，催促將懲辦各員諭旨迅速電傳給慶親王和李鴻章二人，清廷很快照准。懲辦「兇手」問題至此基本結束。

〔註139〕《1901 年美國對華外交檔案》，第 253 頁。
〔註140〕《1901 年美國對華外交檔案》，第 271～272 頁。
〔註141〕《1901 年美國對華外交檔案》，第 273～274 頁。
〔註142〕《1901 年美國對華外交檔案》，第 275 頁。
〔註143〕《禍從全案議結摺》光緒二十七年六月十一日（1901 年 7 月 26 日）。詳見：《李鴻章全集》奏稿・卷八十，頁四十五。

懲辦「禍從」問題辦結也掃清了庚子和談簽約的最後障礙。〔註144〕1901年9月7日，中國全權代表與外交團十一位公使正式簽訂《辛丑條約》。

二、薩道義直接干預的「禍從」懲辦問題

在懲辦問題上，薩道義在湖北、浙江和山西等地的官員懲罰上，直接與中方代表溝通並施加巨大壓力，推動了對幾名「禍從」官員的懲罰。其中，薩道義曾兩次與李鴻章「裏應外合」，上演「雙簧」，從而順利實現了懲辦目的。

（一）薩道義與懲辦新任湖北巡撫裕長問題的交涉

1900年11月1日，慶親王奕劻和李鴻章先後拜訪薩道義，談論有關新任湖北巡撫裕長問題。薩道義對河南巡撫裕長調任湖北巡撫之事頗有微詞，認爲此人在河南時便「有極恨泰西人之心，似應另予處分」〔註145〕。

由於李鴻章擔心被清廷指控蔑視滿族人〔註146〕，因此，爲了達到薩道義的要求，當日（11月1日），李鴻章與薩道義達成以下共識：由薩道義給李鴻章和慶親王兩人寫封信，說明薩道義已收到英國政府指示，反對將裕長調任湖北，然後，李鴻章可以據此奏呈清帝。

隨後，薩道義如約給李鴻章送去一份相關問題的照會。李鴻章和慶親王奕劻於11月4日據此奏報清廷，內稱：「英使照稱，豫撫裕長……似應另予處分。……並凡交涉之缺不得將其補放。」李鴻章和慶親王稱，爲了使和約談判更爲順利，希望清廷能夠認眞考慮英使的意見，「裕撫調鄂，英使既有違言，似宜酌量調簡，可否由尊處設法將裕長酌補不理交涉之將軍，以免外人口實，亦可保全我主權。」〔註147〕

英使薩道義及英國政府在懲辦問題上的強硬態度令清廷感到巨大壓力。1900年11月9日（九月十八日），清廷頒佈諭旨，指示奕劻和李鴻章等人：「英使所稱裕長心恨泰西人係揣度之詞，況湖北交涉事件向由總督專政，非巡撫所得主持，務當向各使力爲辨明，勿侵中國用人之權。現在裕長已將交卸河南巡撫，前來行在陛見。」〔註148〕

〔註144〕《清光緒朝中日交涉史料》卷六四，頁三十三。

〔註145〕《寄西安 行在軍機處》光緒二十六年九月十三日戌刻（1900年11月4日），詳見：《李鴻章全集》電稿·卷二十八，頁二十二。

〔註146〕 *The Diaries of Sir Ernest Satow, British Envoy in Peking (1900～1906),* p.42.

〔註147〕《寄西安 行在軍機處》光緒二十六年九月十三日戌刻（1900年11月4日），詳見：《李鴻章全集》電稿·卷二十八，頁二十二。

〔註148〕《清光緒朝中日交涉史料》卷五八，頁十九。

最後，中方只好照薩道義的要求行事，而裕長也因擔心受到列強的懲罰而抑鬱至死。〔註149〕

（二）薩道義與懲辦浙江衢州教案責任人問題的交涉

懲辦問題是中外雙方開展和平談判的一個先決條件，在華各國外交團主張自談判之初即著手懲辦地方犯事官員。因此，對於重要案件，薩道義在外交團正式討論前便已多方運作，以圖早日推進。其中，對於浙江衢州教案主犯官員的處理便是一例。

在義和團運動期間，1900 年 7 月 21 日至 23 日，浙江衢州發生嚴重教案，浙江巡撫劉樹堂收到清廷有關殺戮外國人的密旨，隨後浙江按察使榮銓向衢州道臺鮑祖齡傳達此項密旨，因此引發此次衢州教案，導致英國傳教士數人喪命。英國駐上海總領事霍必瀾對此非常氣憤，薩道義得知後更是義憤填膺。〔註150〕因此，圍繞著如何懲辦劉樹堂、榮銓和鮑祖齡等人，薩道義及外交團與中方進行過多次交涉。其中，尤以劉樹堂問題最為複雜。英使館參贊傑彌遜及中方官員曾廣銓則充當了薩道義與李鴻章之間的聯絡人，就此案進行了密切溝通。

在藩司惲祖翼接替劉樹堂任浙江巡撫後，薩道義認為惲祖翼也仇恨外國人，「較劉撫尤甚，不應令其接替，」同時將劉樹堂暫留浙江，「俟關係英教士案內各員處分定後，再聽離省等語。」〔註151〕

同裕長問題類似，李鴻章在此問題上故技重施。1900 年 12 月 7 日，英使館參贊傑彌遜奉薩道義之命拜見李鴻章。李鴻章請傑彌遜轉告薩道義，如果薩道義能夠就劉樹堂問題寫一份正式照會，那他將據此向清廷請旨定奪，撤掉這名官員。〔註152〕

隨後，薩道義果真又如約向李鴻章送去一份照會。12 月 10 日，李鴻章和慶親王據此電告清廷，當天朝廷回覆稱：「浙江交涉事件關係緊要」，將要求浙江巡撫惲祖翼迅速持平辦結教案，並請奕劻轉告英使薩道義，向其釋疑，希望不要心存成見。〔註153〕

〔註149〕 *The Diaries of Sir Ernest Satow, British Envoy in Peking (1900～1906)*, p.66.
〔註150〕《1901 年美國對華外交檔案》，第 261～262 頁。
〔註151〕《慶親王奕劻等來電》光緒二十六年十月十九日（1900 年 12 月 10 日）到，電報檔。詳見：《清光緒朝中日交涉史料》卷五九，頁九。
〔註152〕 *The Diaries of Sir Ernest Satow, British Envoy in Peking (1900～1906)*, p.66.
〔註153〕《軍機處電寄奕劻李鴻章諭旨》光緒二十六年十月十九日，電寄檔。詳見：《清

　　1901 年 1 月 21 日，曾廣銓奉李鴻章之命前來爲衢州道臺鮑祖齡求情。薩道義說英國駐上海總領事霍必瀾曾堅持索要這位官員的頭顱，李鴻章應該讓薩道義知道究竟鮑祖齡犯了什麼罪，然後薩道義才會考慮李鴻章的請求。薩道義期望能在十到十二天內收到霍必瀾就有關此事的詳細報告。〔註 154〕

　　1 月 28 日，曾廣銓奉李鴻章之命再次拜訪薩道義，再次爲衢州鮑道臺求情，薩道義表示自己目前不能做任何承諾，因爲此事將由英國外交部決定。〔註 155〕但在薩道義日記和英國外交檔案中，筆者未能找到有關內容。最終，對於鮑祖齡的懲罰問題，外交團做出決定：因其懲惠匪徒團練殺害外國人，力能保護卻不肯爲之，且公開聲稱義和團爲「義舉」，因此被判「斬監候，如貸其一死極輕，當發往邊疆永不釋回」〔註 156〕。

　　清廷曾頒佈論旨，衢州教案著宗人府丞盛宣懷會同浙江巡撫惲祖翼迅速查辦了結。2 月 25 日，盛宣懷致電西安軍機處彙報該案辦理情形。內稱：「英國特派前總領事霍必瀾在滬專辦交涉，初欲派兵赴浙，謂浙官縱匪戕教，應照廷雍辦理。經南洋浙撫電宣執約勸止，幸賴各領事牽制，而美尤爲出力。及奉命會同查辦，霍僅函請添拿在事紳民。經惲撫認眞拿凡人訊供，彼亦無從翻面。嗣據照稱，駐京大臣已言於全權大臣，欲駢誅鎮道府營及紳士，並欲將前撫劉、前臬榮革戌，查封財產等語。」〔註 157〕

　　後經查實，鎮道府紳實無指使之據，按律不至論死，應照死罪減等。兩名對教案負有責任的地方官員（都司周之德和鎮標巡捕吳攀英）擬斬決，民犯供認戕殺教士者十名，亦均擬斬決。由於前撫劉樹堂、前臬榮銓「接上海互保之電，即飭屬保護。衢案初起，業將鎮道府撤參查辦，毫無嫉視外人之證」，故未便倉促定罪。

　　但英國領事霍必瀾復照稱，浙江鎮道府未免有私縱之事。「身爲大員，辦事畏葸，如不駢首，豈足蔽辜？」在英國的壓力下，中方認爲「紳士亦未便輕擬。前撫、臬昏聵，未便寬宥」。後來，英國公使薩道義來電稱此案應歸全

　　　　光緒朝中日交涉史料》卷五九，頁九。

〔註 154〕 *The Diaries of Sir Ernest Satow, British Envoy in Peking (1900～1906)*, p.81.

〔註 155〕 *The Diaries of Sir Ernest Satow, British Envoy in Peking (1900～1906)*, p.83.

〔註 156〕《慶親王奕劻大學士李鴻章來電二》光緒二十七年四月十八日（1901 年 6 月 4 日）到，電報檔。詳見：《清光緒朝中日交涉史料》卷六三，頁二十一。

〔註 157〕中國第一歷史檔案、福建師範大學歷史系合編：《清末教案》（3），中華書局，1998 年第 1 版，第 1 頁。

權大臣在北京議辦，毋庸在滬再議。且霍必瀾已撤卸，辦理交涉無從再與商辦。〔註158〕

2月26日，清廷電寄奕劻李鴻章諭旨：「據盛宣懷電稱，衢州教案英使欲歸全權在京議辦，在滬無從與商。惟英駐京公使（薩道義）欲駢誅鎮道府營及紳士，並欲將前撫劉樹堂、前臬榮銓革戍查抄，實屬過甚。著奕劻李鴻章將盛宣懷送到全案，細核確輕，與英使切實磋磨。至所擬撫臬等罪名尤屬臆斷，務須極力駁正。……務向英使剖明，將此案從速了結，毋致另生枝節。」〔註159〕

4月3日上午，曾廣銓拜訪薩道義，再次談論有關減輕對前浙江巡撫劉樹堂和按察使榮銓的懲罰問題。曾廣銓說李鴻章只是象徵性地爲榮銓求情，他真正關心的是劉樹堂問題。薩道義讓曾廣銓寫下中方想要爲劉樹堂爭取何種寬大處理，還要求中方補充「沒收財產」規定。〔註160〕

此後，薩道義與李鴻章沒有再就此問題繼續私下溝通，主要是在外交團會議上進行討論，爲犯案人員定罪。在4月4日外交團確定對衢州教案的處罰意見並給予中方正式照會後，1901年6月3日，李鴻章（在討論中國賠款問題後）又特意與薩道義進行交流，談論劉樹堂和榮銓問題。李鴻章希望薩道義不要再提過多條件。薩道義則堅持要加入「（劉樹堂）置於地方官吏的監督之下」一條，這是此前曾廣銓向薩道義建議的。李鴻章說薩道義不應釋放榮銓，因爲此人比其他人罪行更爲嚴重。薩道義表示：如果李鴻章能夠處死榮銓，那麼李鴻章就能在其他人的問題上達到目的。〔註161〕當天（6月3日），李鴻章致電清廷彙報詳情，內稱：「……今早因議賠款晤薩使，……劉樹堂事，與薩使再四商論，可免查抄，仍請交地方官管束。薩謂只要停考及懲辦外省禍首二事辦結，即行撤兵，並無他故……」〔註162〕值得注意的是，中英文檔案內容十分吻合，可互證真實可靠性。

最終，劉樹堂被革職查辦，永不敘用，飭令回籍，交與地方官員管束。榮銓被革職查辦，永不敘用。薩道義及外交團之所以會如此重視衢州教案所

〔註158〕《清末教案》（3），第1頁。
〔註159〕《清末教案》（3），第2頁。
〔註160〕 *The Diaries of Sir Ernest Satow, British Envoy in Peking (1900～1906)*, p.102.
〔註161〕 *The Diaries of Sir Ernest Satow, British Envoy in Peking (1900～1906)*, p.112.
〔註162〕《慶親王奕劻大學士李鴻章來電二》光緒二十七年四月十八日（1901年6月4日）到，電報檔。詳見：《清光緒朝中日交涉史料》卷六三，頁二十一。

涉官員，主要是因爲浙東一帶「民氣浮動，攻教尤甚」，〔註163〕因此，列強希望嚴懲中方官員，以儆效尤。在懲辦「兇手」問題的處理上，薩道義始終堅持這是聯軍撤兵的必要條件之一。因此，爲了使中外和談盡快達成協議，中方時常迫於薩道義的強大壓力而不得不滿足其要求。

（三）薩道義與懲辦山西官員問題的談判

由於山西歸綏道鄭文欽謀殺英國武官周尼思及西國主教、天主教教士和耶穌教教士若干名，薩道義對此事極爲關注。1901 年 2 月 20 日，應英使薩道義的強烈要求，清廷頒佈諭旨，命將署理歸綏道鄭文欽處死。綏遠將軍永德被指曾派兵五百名，縱令戕害英國官員，先予革職查辦，若查明屬實，定行重罰。諭旨中還稱：「俟定案明發諭旨時，先行送與英使閱看再行發抄，即著奕劻李鴻章照此辦法切告英使，即行電奏。」〔註164〕從諭旨中可以看出，清廷對薩道義敬畏有加，唯恐顧及不周。

2 月 23 日，薩道義拜訪李鴻章，對清廷處決歸化城（Kuei-Luacheng〔註165〕）道臺鄭文欽的諭旨表示滿意。〔註166〕

此外，山西巡撫錫良也是薩道義關注的對象之一，因爲錫良接替「禍首」毓賢任職山西。1901 年 3 月 11 日，慶親王奕劻拜訪薩道義，談論山西巡撫錫良（His-liang）的問題。薩道義認爲錫良極其反動排外，必須對其予以嚴懲。〔註167〕在薩道義的強大壓力下，中方只好照辦。3 月 24 日，李鴻章告訴薩道義說，山西巡撫錫良（Hsiliang）已被解職，職務由來自陝西的岑春煊接任。〔註168〕

薩道義對懲辦「禍從」問題的重視程度絲毫沒有降低，因爲英國政府對清廷並不信任。早在 1900 年 9 月 25 日清廷最初頒佈懲辦諭旨時，英國政府就明白：清政府只是想以此「哄騙」外國相信朝廷具有懊悔之意。〔註169〕通過此後的密切觀察，薩道義也發現：清政府調任的許多官員仍然極其排外，

〔註163〕《慶親王奕劻等來電》光緒二十六年十月十九日（1900 年 12 月 10 日）到，電報檔。詳見：《清光緒朝中日交涉史料》卷五九，頁九。

〔註164〕《軍機處電寄奕劻李鴻章諭旨》光緒二十七年正月初二日（1901 年 2 月 20 日），電寄檔。詳見：《清光緒朝中日交涉史料》卷六十，頁十七。

〔註165〕原文如此，筆者注。

〔註166〕 *The Diaries of Sir Ernest Satow, British Envoy in Peking (1900～1906)*, p.91.

〔註167〕 *The Diaries of Sir Ernest Satow, British Envoy in Peking (1900～1906)*, p.96.

〔註168〕 *The Diaries of Sir Ernest Satow, British Envoy in Peking (1900～1906)*, p.100.

〔註169〕《英國藍皮書有關義和團和運動資料選譯》，第 330 頁。

而且許多職位都替換爲滿族官員。因此，薩道義必須通過多種渠道來「搬掉」這些排外分子，並反覆要求清廷「凡交涉之缺不得將其補放」。

三、小結

「禍從」懲辦問題貫穿了整個庚子和談的始終。從 1900 年 10 月談判之初到 1901 年 9 月 2 日清廷照准懲辦「禍從」的諭旨，跨度接近一年之久。在這個問題上，薩道義及英國政府自始至終態度都很強硬，從懲辦名單的確認到督促清廷頒佈諭旨昭告全國兩年，其強硬立場令李鴻章也深感無奈。

由於「禍從」涉案官員多與中國地方教案有關，英國在地方教案中人員生命和財產均損失慘重，英國政府堅持要殺一儆百，以儆效尤。英國對於清政府在教案處理問題上的意圖把握精準，英國駐上海代總領事霍必瀾在 1900 年 10 月致英國首相索爾茲伯里侯爵的電報中就曾提到，清廷的眞實意圖只是爲了盡快和談，爭取聯軍早日從中國撤兵。此外，清政府對許多已經被懲辦的中國官員採取另行任命的方式，重新啓用，這無疑違背了英國政府及在華外交團其他成員的本意，達不到懲戒的效果。因此，薩道義在整個談判過程中較其他公使始終堅持強硬地執行。同時，英國政府也想借懲辦之名清除中國政府中激進排外的官員。在清廷有許多滿族官員排外，有些官員也親俄，霍必瀾在致英國外交部的電報中就曾提到，兩江總督劉坤一管轄的三省（江蘇省、江西省和安徽省）之中，有兩位巡撫和三位布政使都是滿族人，江西巡撫松壽就是其中之一，這也是後來松壽被外交團列在懲罰名單上的原因之一。而李鴻章在談判過程中也借薩道義之手懲辦了多名滿族官員。

在懲辦「禍從」問題談判中，俄使格爾斯一直不參與，反對外交團向中方提出「禍從」名單，同時也反對執行死刑。俄方認爲懲辦問題已經辦結，這與俄國政府當時正與清廷就滿洲問題談判有關，企圖通過向中國示好來獲得更大利益。英國政府在教案處理問題上立場強硬，在一定程度上也是爲了與俄國相抗衡，力主推動對「禍從」的懲辦。美國政府則依舊保持一種相對中庸的立場，在多數場合與英國相互呼應，但並不主張強硬，尤其是在死刑問題上更是如此。作爲同英國一樣在中國各地教案中損失慘重的國家，法國由於顧及法俄關係而並未表現得過於強硬。中方代表也「摸準」了法方的立場，故多次請法使畢盛在外交團內部周旋尋求讓步。至於其他各國公使，他們大多採取觀望態度，站在多數立場上表達意見。因此，在懲辦「禍從」問題談判上，薩道義的強硬立場使英國佔據絕對主導地位。

第五章 薩道義與中國賠款問題談判

　　賠款問題談判是整個庚子和談中最重要的內容。在談判前期，由於列強對中國財政狀況還不太清楚；對於各國軍費和實際損失的評估尚有待確定；對於中國具體賠款方式，各國中有要求索要現銀的，有要求發行債券的，有要求進行聯合擔保的，還有要求修改商約稅則進行補償的。總之，各國政府也都在醞釀對策之中。

　　賠款問題在最初的討論中只涉及賠款原則的確立，並未討論細則，在 1901 年 2 月底 3 月初，懲辦「禍首」問題基本得到解決之後，外交團便開始轉入賠款問題的具體談判。為此，外交團成立了專門的財政委員會和賠款委員會，專門調查中國的財政狀況，並草擬相關報告。外交團內部在賠款方式、賠款總額和賠款分配等問題上進行了長久討論，由於賠款問題與各國利益直接掛鉤，因此，交涉也最為激烈。

　　在賠款償付問題上，列強也有明顯意圖。賠款並非簡單的經濟損失賠償，而是借賠款問題對中國的財政進行控制，對列強在華的商業利益格局進行重新分配。英國是在華商業利益最大的國家，維護並擴大英國在華商業利益，這是薩道義的重要使命之一。因此，薩道義在最初便將賠款問題與商約談判綁定在一起，以期達到利益最大化。筆者利用薩道義日記和各國外交檔案，詳細梳理庚子和談中賠款問題談判的全過程，通過觀察薩道義的表現來管窺英國政府的相關政策。

第一節　外交團確立賠款問題談判的原則

　　在中外談判之初，賠款問題就與懲辦「兇手」問題被外交團一起提出並

初步討論，但由於在賠款問題上各國需要做許多評估核定工作，因此在最初階段，外交團只是首先確立了賠款大原則，在隨後的賠款問題談判中，各國均遵守這一原則，基本上限定在此範圍內討論具體細節。

1900 年 12 月 24 日，外交團向中方代表團正式提交聯合照會，這標誌著賠款原則最終確立。聯合照會內含十二款要求，其中有關賠償問題的第六款規定：「一凡有各國各會各人等，當肇亂時被害虧累，中國咸宜從公賠償，華人員從事他國之故身軀家產殞及者同，中國務須籌出以上償款及分還各欠之來源，適諸大國之意斟酌允行。」〔註 1〕

該條款包含了賠款問題談判的兩大原則：其一，確定擔保賠款原則，中國必須採取讓列強滿意的財政措施保證賠款順利償付。只規定了中國償付賠款的原則，並未涉及具體數額及支付方式。其二，確立了有權索賠人員的範圍。對於在義和團運動中各國、各團體和個人所蒙受的損失，均應公平賠償，包括為了保護外國人而生命財產蒙受損失的中國人在內。對於賠償的對象，條款中特意增加了「華人員從事他國之故身軀家產殞及者同」。該內容最終被寫入聯合照會，經歷了一番曲折（詳見後文）。儘管教案問題是導致中國爆發庚子之亂的重要原因，且各國政府及外交團內部對此問題曾進行過多次討論，但傳教士賠款問題最終並未被寫入外交團對華聯合照會。這背後有頗為複雜的原因（詳見後文）。

這兩條原則的確立頗費一番周折，尤其是第一條原則上，列強在如何介入以及多大程度上介入中國財政的問題上矛盾頗多，其中尤以英俄兩國矛盾最為突出。

一、列強擔保賠款原則的確立

（一）法國所提「六點要求」和外交團成員的相關回應

1900 年 10 月 4 日，法國政府最早提出六點要求，作為各國對華談判基礎，其中第 3 點規定：「對各國政府、團體及個人提供公平的賠償。」〔註 2〕法國的建議得到外交團成員的基本認同。在此基礎上，各國政府也有「各自表述」，並通過外交團會議對法國所提意見進行了補充。

〔註 1〕《清光緒朝中日交涉史料》卷五九，頁二十四。
〔註 2〕（10 月 4 日）法國駐美代辦致美國國務卿備忘錄。詳見：《1901 年美國對華外交檔案》，第 27 頁。

美國政府於 10 月 10 日發表對法國所提六點要求的看法，認爲法國所提上述要求是各國都希望實現的一個目標。俄國政府已經提議，假如各國政府在此問題上觀點仍有分歧，可提交海牙國際法庭仲裁。美方認爲該提議值得各國注意。〔註3〕但俄國駐華公使格爾斯後來曾多次表示，俄國政府並未在正式場合提過如此建議，只是在非正式場合表達過類似意願。俄國在後來談判中並沒有如此提法，相反，美國談判代表（康格和柔克義）卻一直都堅持將賠款問題提交海牙國際法庭仲裁。

10 月 10 日，應時任英國駐華公使竇納樂的請求，外交團內部召開了一次非正式會議，由英、法、德、意、美、日、西班牙、比利時等國公使參加，而俄國公使格爾斯當時已經退至天津，奧匈和荷蘭兩國公使也未參加。會議討論了法國政府所提六點要求，並提出數點補充，最後達成對賠款問題的一致看法，即：「列強應該就政府索賠總額以及賠款的方式和財政保障問題達成初步協議，後者是爲了消除使用延期索賠以便獲得特權。可以成立一個機構來確保賠款償付問題。應該給予那些因與外國人有聯繫而遭受生命或財產損失的中國人以補償。」〔註4〕

這次外交團會議的決議後來獲得與會公使背後的各國政府的批准，成爲庚子和談中賠款問題談判的指導方針。

在這一階段，薩道義並未參與中外和談以及外交團內部會議，因爲當時還是竇納樂擔任英國駐華公使及談判全權代表。薩道義於 1900 年 10 月 20 日才到達北京，於 10 月 25 日完成與竇納樂的職務交接工作。薩道義在 11 月 8 日向英國首相索爾斯伯里勳爵彙報情況的信函中提到了此次會議。薩道義稱，當時會議並未做統一記錄，而是由各國使節各自記錄，值得一提的是，在此後歷次外交團會議上，薩道義都嚴格遵守前任竇納樂在此次會議記錄中所使用的詞句。〔註5〕這充分說明薩道義既尊重自己的前任，也尊重英國政府之前制定的相關政策。

在這一階段的外交團內部磋商時，多數國家都表示同意，唯有俄國政府的聲明暗含鋪墊，聲稱若各國在此問題上仍有意見分歧，可以提交海牙國際法庭仲裁。雖然之後俄國否認曾經正式聲明過，但是俄國此後確實是在此問題上持

〔註 3〕《1901 年美國對華外交檔案》，第 28 頁。

〔註 4〕《英國藍皮書有關義和團和運動資料選譯》，第 392 頁。

〔註 5〕《英國藍皮書有關義和團和運動資料選譯》，第 393 頁。

有異議。尤其是在 1900 年 10 月 10 日外交團內部討論時，俄國公使已經撤離北京，當時並未參加，因此，此次會議所確立的原則並未得到俄國政府的批准。

（二）英意兩國公使共同推動確立擔保賠款原則

在賠款原則問題上，意大利公使薩爾瓦葛最早提出了擔保賠款問題。英使薩道義則力挺意使，與各國公使私下磋商，成功爭取到多數國家的一致立場。與此同時，薩道義也提出了修改商約的建議，在此問題上，英國和意大利互相支持，對賠款和商約做了「捆綁式」處理。而薩爾瓦葛所提建議也在後來成爲指導賠款問題談判的總方針，具體化爲 1900 年 12 月 24 日對華聯合照會的相關條款。

1900 年 10 月 28 日，外交團第三次會議主要討論賠款問題。薩道義認爲可以參照埃及之例，或者提交給一個由獨立第三方國家的人組成的國際委員會，或者提交給海牙國際法庭仲裁。〔註6〕薩道義之所以這樣建議，是因爲埃及屬於英法兩國的殖民地，薩道義很熟悉英國在那裡的所作所爲。而將問題提交海牙國際法庭仲裁，則可能是受美使康格和俄使格爾斯的影響。

薩爾瓦葛在會議上建議各國應控制中國的財政，採取措施保證中國的財政收入足以支付對外賠款。薩爾瓦葛還指出，如果鹽稅和中國土產鴉片的稅收交由外國委員會收取和管理，將足以支付現有賠款和未來貸款。〔註7〕

自 1900 年 10 月 20 日抵達北京後，薩道義與德、美、奧、意等國公使之間的關係不錯，他們彼此經常磋商問題，協調立場。11 月 3 日，薩道義分別與奧使齊幹、德使穆默、美使康格和意使薩爾瓦葛談論此前薩爾瓦葛所提「控制中國財政以保證賠款」的建議。最初，薩道義認爲康格可能不會同意該建議，因爲美國以前不願參與此類活動，但事實上，康格告訴薩道義：他已獲美國政府指示，支持類似薩爾瓦葛所提的建議。〔註8〕

11 月 5 日，在外交團內部會議上，意使薩爾瓦葛指出，現有中國海關歲入幾乎完全被既存的對外借款利息所佔用。爲了準備償付各國政府和公民的索賠金額，中國或將被迫在國外另行舉借貸款，而對這些借款將必須撥出其他財源。這些歲入可以留置下來，集中交付給被正式任命的外國委員會成員。

〔註 6〕 *The Diaries of Sir Ernest Satow, British Envoy in Peking (1900～1906)*, p.39.

〔註 7〕 The Semi-Official Letters of British Envoy Sir Ernest Satow from Japan and China (1895～1906), Edited by Ian Ruxton, Lulu Press, 2007, p.206.

〔註 8〕 *The Diaries of Sir Ernest Satow, British Envoy in Peking (1900～1906)*, p.44.

如果各全權代表保留對必要的協議享有發言權，那麼應獲得對履行這些協議的保證。因此，他建議，作爲對法國所提建議第三點的補充，應加入下列詞句：「中國爲了保證支付賠款和借款利息，應按照各全權代表所指出的那些原則採取財政措施。」〔註9〕這一條成爲 1900 年 12 月 24 日對華聯合照會中相關條款的藍本，在此後外交團會議上進行了修改，才得到俄國和法國公使的同意，最終得以通過。

在此次會議上，薩道義趁機提出了修改商約的問題，提出「中國政府應允今後將根據各國全權代表可能認爲便於提出的那些原則，商談對通商條約及其他有關貿易航行問題做必要的修改。」〔註10〕

在控制中國財政以保障賠款問題上，薩道義堅決贊同。薩道義不主張賠款超出中國財政的承受範圍，因爲如果中國財政不堪重負，對於英國在華商業利益來說毫無意義，甚至有害。因此，薩道義與薩爾瓦葛互相支持，以保證英國最爲看重的商業利益。外交團成員在此問題上爭議並不大，反對意見主要來自俄法兩國公使。

（三）俄法公使反對英意公使所提建議

俄法兩國公使的反對意見是在外交團其他成員的意料之中。1900 年 11 月 9 日，德使穆默曾詢問過薩道義：如果在薩道義所提出的修改商約及薩爾瓦葛所提出的擔保賠款和貸款等建議上，俄使格爾斯和法使畢盛聯合起來反對，那該怎麼辦？薩道義表示希望格爾斯能夠在此問題上讓步，但因爲尙未收到英國政府對其所提修改商約建議的相關指示，所以薩道義只能發表個人觀點：希望那些表示贊同意見的各國公使們能夠協調行動，或者附加在同文照會之後，或者提出第二份照會。薩道義認爲如果目前外交團行動一致，就可以從中國那裡獲得列強所要求的一切東西。薩道義很希望格爾斯能夠同意，但他不能主動去接近格爾斯，因爲俄英兩國在華北鐵路問題上關係很緊張。〔註11〕

在薩道義看來，俄國之所以會反對控制中國財政以擔保賠款償付，是因爲俄國並不希望中國有能力償清對外賠款。如此一來，俄國就可以像在君士坦丁堡一樣不斷地借賠款問題對中國施壓並索取特權〔註12〕。當時，俄英兩

〔註 9〕《英國藍皮書有關義和團運動資料選譯》，第 397 頁。
〔註10〕《英國藍皮書有關義和團運動資料選譯》，第 358 頁。
〔註11〕 *The Diaries of Sir Ernest Satow, British Envoy in Peking (1900～1906)*, p.49.
〔註12〕 The Semi-Official Letters of British Envoy Sir ErnestSatow from Japan and China (1895～1906), Edited byIan Ruxton, Lulu Press,2007,p.206.

國在華北鐵路問題上有很大矛盾，英國甚至向俄國表示軍事抗議。因此，俄國在賠款問題上的反對立場多少有些「爲了反對而反對」的意味。

雖然法國在華商業利益也很大，但在此問題上，法國還是選擇與俄國站在同一立場上。這與法國顧及俄法同盟關係頗有關係，法國不希望破壞它與俄國的傳統友好關係，因此在許多問題上，法國與俄國立場一致。綜合來看，法俄同盟與英德同盟這兩對同盟關係在庚子和談過程中始終有對立。

在俄法公使反對的同時，作爲中方談判全權代表的李鴻章也反對英國和意大利兩國公使所提的建議。薩道義在致信新任英國外交大臣蘭士敦勳爵時稱，意大利公使薩爾瓦葛所提建議是要採取財政措施以保證中國支付對外賠款的本息，而李鴻章則認爲列強此舉是企圖將中國財政收入置於自己控制之中。這其中或有誤解的可能性，但薩道義認爲還有一種可能是李鴻章與俄使格爾斯之間早有秘密溝通，李鴻章之所以提反對意見，是因爲俄國不贊成。薩道義對於俄國的意圖洞若觀火，他大力支持薩爾瓦葛的建議，正是爲了防止俄國藉此對中國施壓並謀取特權。其餘公使們都認爲有必要阻止中國在此問題上可能存在同某國的秘密協定，因此都同意堅持列強在決定中國所採取財政措施的問題上享有發言權。〔註13〕

1900 年 11 月 12 日上午，德使穆默向薩道義透露，外交團大多數成員都決定要迫使俄使格爾斯接受薩爾瓦葛和薩道義所提的建議。〔註14〕11 月 13 日，外交團會議討論聯合照會草案。在此次會議上，薩道義對自己所提修改商約的建議進行修改，最終表述如下：「中國政府應允對通商行船各條約內各國認爲應行修改之處及有關貿易關係的其他事項進行談判，以期促成此種關係的發展。」〔註15〕

會後，美使康格拜訪薩道義。康格認爲意使薩爾瓦葛的建議很有必要，應爭取讓俄使格爾斯改變立場。薩道義對此表示完全同意，並承諾會與法使畢盛談論此事，同時認爲必須阻止俄國和中國就賠償問題進行雙邊談判。〔註16〕因爲當時中俄兩國正就俄國從中國滿洲撤軍的問題進行秘密談判，這是列強十分關注的事情。

〔註13〕The Semi-Official Letters of British Envoy Sir ErnestSatow from Japan and China (1895～1906), Edited byIan Ruxton,Lulu Press,2007,p.206.

〔註14〕*The Diaries of Sir Ernest Satow,British Envoy in Peking (1900～1906),* p.53.

〔註15〕《英國藍皮書有關義和團運動資料選譯》，第 359 頁。

〔註16〕*The Diaries of Sir Ernest Satow,British Envoy in Peking (1900～1906),* p.53.

（四）薩道義促成各方達成一致立場

賠款原則雖不具體，但作爲後續談判的重要基石，外交團所確立的原則非常關鍵。鑒於英國在華商業利益頗重，且外交團多數成員反對中俄秘密談判，英國在此問題上做了大量協調工作，最終促成各方達成一致立場，使對華聯合照會得以通過。

薩道義首先對中方開展工作。1900 年 11 月 16 日，薩道義向意使薩爾瓦葛建議：應讓李鴻章知曉薩爾瓦葛所提關於財政問題建議的本質，以便削弱俄使格爾斯的反對立場。〔註17〕薩爾瓦葛接受了薩道義的這一建議。11 月 21 日，薩爾瓦葛向薩道義透露了其與李鴻章的私人談話結果。當得知被列強所控制的財政收入只占中國財政總收入的小部分而非全部時，李鴻章和慶親王奕劻對此很滿意，表示將原樣接受這些條款。〔註18〕

11 月 17 日，薩道義又約談中國海關總稅務司赫德。薩道義很看重赫德的專業建議，因爲作爲中國海關總稅務司，赫德對中國朝野的影響很大。他向赫德解釋了意使薩爾瓦葛的建議，並表示如果赫德認可該建議，那麼赫德就可以去和李鴻章溝通，消除李鴻章的顧慮。赫德表示，若賠款總額能被允許在多年內攤還，中國還是有能力支付的。赫德還建議列強應由中國海關來管理用於對外

（中國海關總稅務司　赫德）

賠款的財政收入。由於中國海關實際上是在英國勢力的控制之下，因此，對於該建議，薩道義說其他國家或因嫉妒英國而千方百計阻止其付諸實施，可能會堅持另設一個專門委員會來負責此事。〔註19〕

此後，薩道義又多方努力，促成外交團成員最終接受意使薩爾瓦葛的建議。1900 年 11 月 22 日和 23 日，薩道義分別從美使康格、奧使齊幹、德使穆默等人那裡獲知，他們都已獲各自政府授權：只要意使薩爾瓦葛所提建議能夠在外交團內部獲得通過，就將簽署最後的聯合照會。在與法使畢盛交談時，

〔註17〕 *The Diaries of Sir Ernest Satow, British Envoy in Peking (1900～1906)*, p.55.

〔註18〕 *The Diaries of Sir Ernest Satow, British Envoy in Peking (1900～1906)*, p.57.

〔註19〕 *The Diaries of Sir Ernest Satow, British Envoy in Peking (1900～1906)*, p.55.

薩道義得知畢盛已將薩爾瓦葛所提建議中的「限度（limitation）」按最近解釋的方式電告法國政府，畢盛本人也贊同該建議，但尚未收到法國政府的相關指示。薩道義告訴畢盛有關薩爾瓦葛的建議中的一處修改，11 月 22 日薩道義已與奧使齊幹討論過該點，畢盛表示自己將去和齊幹討論，還將試圖說服俄使格爾斯同意該建議。〔註20〕

11 月 24 日，外交團內部會議召開，最終同意對華聯合照會草案。其中，對於意使薩爾瓦葛所提的建議進行了一處修改，用「列強可以接受的財政措施」代替「按照列強所指出的原則」字樣。這一處修改看似微不足道，卻將財政主動權還給了中國：不是由列強來制定中國的財政措施，而是要求中方制定的財政措施令各國滿意，這也是後來聯合照會中「適諸大國之意」字樣的由來。俄使格爾斯對此表示同意接受，這就消除了最後障礙，外交團其他成員都對該建議表示贊同。〔註21〕

11 月 24 日，盛宣懷轉發中國駐日公使李盛鐸電報，根據李在日本打探到的消息，李盛鐸向清廷彙報說，「聞各國續增數款，……重定現行條約係英國提議，派員經理中國財政備抵償款，係意國提議。」〔註 22〕實事求是地講，中方對外交團動向的把握具有一定的準確性。

綜合考察列強確立擔保賠款原則的過程，該原則由意使薩爾瓦葛首先提出，同時英使薩道義提議修改商約。薩道義與薩爾瓦葛的私人關係又不錯，兩人互相支持，薩道義認為意方建議比己方建議更重要。由於兩人的建議受到俄法兩國公使的反對，薩道義積極做協調工作，通過種種手段，最終使外交團一致接受修改後的薩爾瓦葛的建議，同時也獲得中方認可。薩道義在其中作用非同小可。若無薩道義所代表的英國勢力，光憑薩爾瓦葛所代表的意大利勢力，該建議恐難獲得通過。而薩道義這樣做的目的也是出於英國整體利益的考量，作為交換，他希望意使和其他公使們能在商約修改等問題上支持英國立場，而英國在華商業利益最重，所以薩道義此舉就不難理解了。

二、確定有權向中國政府索賠人員的範圍

在 1899～1900 年間的義和團運動中，中國各地發生了許多教案和「殺虐」

〔註20〕 *The Diaries of Sir Ernest Satow, British Envoy in Peking (1900～1906)*, p.58.

〔註21〕 *The Diaries of Sir Ernest Satow, British Envoy in Peking (1900～1906)*, p.60.

〔註22〕 《大理寺少卿盛宣懷轉李盛鐸來電》光緒二十六年十月初三日（1900 年 11 月 24 日）到，電報檔。詳見：《清光緒朝中日交涉史料》卷五九，頁三。

外國人事件。在後來的庚子和談中，圍繞著哪些人有權向中國提出索賠要求，並制定具體索賠原則等問題，外交團內部曾有過不少討論。

1901 年 9 月 7 日簽署的《辛丑條約》最終確定了有權向中國政府索賠人員的範圍，規定中國此次對外賠款包括四部分：1、國家戰爭費用；2、公司和社團損失；3、外國人的人身財產損失；4、因與外國人有聯繫而受到傷害的中國人所蒙受的人身或財產損失。

在此，有必要回顧並梳理中外談判代表是如何確定這一範圍的。

（一）確定「華人員從事他國之故身軀家產殃及者同」條款的過程

如前所述，最早提出要為那些因與外國人有聯繫而受牽連的中國人索賠，是在 1900 年 10 月 10 日的外交團非正式會議上。這次會上首次談到有權向中國提出索賠要求的人員範圍包括「那些因與外國人有聯繫而遭受生命或財產損失的中國人」。當時薩道義還未到任，未參加此次會議。〔註 23〕在 10 月 28 日的外交團會議上，再次確認了此事。〔註 24〕

12 月 2 日，德使穆默與薩道義討論賠償及其範圍之事，因為薩道義收到的英國外交部電報中詢問了這些事情，內容包括：使館衛隊成員、在北京的外國傳教士、其他公民、天津民眾、內陸的傳教士、政府財產的受損情況及戰爭費用問題等。薩道義認為還應包括那些與外國人有緊密聯繫的中國人。〔註 25〕

此後，外交團內部在此問題上並無分歧，最後在 1900 年 12 月 24 日的對華聯合照會上就形成了「華人員從事他國之故身軀家產殃及者同」這一表述。在這過程中薩道義的意見起了決定性作用。

（二）傳教士索賠問題並未被單獨列出

19 世紀末，中國華北各地之所以爆發義和團運動，一個重要原因就是各國在華傳教士利用列強通過各種手段獲得的領事裁判特權大肆謀取非法利益，而某些中國的信教徒在外國教會的庇護下胡作非為，從而引發中國地方民眾與各國傳教士及中國教徒之間的激烈衝突。據不完全統計，在義和團運動中，天主教（以法國、意大利、奧匈帝國、西班牙等國為代表）方面被殺的有主教 5 人，教士 43 人，中國教徒近 3 萬人；新教（以英、美、德等國為

〔註 23〕《英國藍皮書有關義和團運動資料選譯》，第 359 頁。
〔註 24〕 *The Diaries of Sir Ernest Satow, British Envoy in Peking (1900～1906),* p.39.
〔註 25〕 *The Diaries of Sir Ernest Satow, British Envoy in Peking (1900～1906),* p.63.

代表）方面被殺的有教士 143 人，兒童 52 人，其中三分之一是內地會傳教士及家屬。新教徒約有 2 萬人被殺；（俄羅斯）東正教也約有 200 名教徒被殺。〔註 26〕

　　憑心而論，近代以來確實有許多外國傳教士在中國的醫療、教育和文化等領域做出過不少貢獻，薩道義對此有清醒而深刻的認識，他在 1907 年爲《中華帝國》一書所作序言中曾有詳細論述，但同樣也確實有很多來華的外國傳教士打著傳教旗幟而胡作非爲。可以說，傳教問題是中外衝突的一個重要導火索，也是後來《辛丑條約》談判中的重要交涉內容。但是在相關條款中，無論是 1900 年 12 月 24 日的聯合照會，還是最後的 1901 年 9 月 7 日簽署的《辛丑條約》，卻並未單獨將傳教問題列出。這與薩道義在傳教士問題上的立場有很大關係。

　　在薩道義及大多數理性的人看來，中國這場大規模的群眾運動主要是反對外國對華侵略的政治運動，而非反基督教的宗教運動。〔註 27〕

　　在中外談判過程中，薩道義就力主將傳教士問題和其他外國人索賠案件等同，無需另設條款。綜合來看，薩道義在傳教問題上的立場比較複雜，一方面他高度讚揚在華的英國傳教士們所做貢獻和他們的品格；另一方面，在與各國傳教士交談時，他堅持反對傳教士做出超越傳教範圍的事情，也反對傳教士利用列強與中國所訂條約中的特權。此外，薩道義還要求英國軍方不要爲傳教士出行護衛，也命令英國駐華使領館不要爲傳教士提供外交庇護。〔註 28〕雖然在整個懲辦和賠款問題談判中，薩道義是外交團中立場最爲強硬的成員之一，要求中國嚴厲懲罰中央和地方涉案官員，同時在賠款問題上對中國拒不讓步，但在傳教士問題上，薩道義並不堅持爲他們爭取利益。1900 年 11 月 11 日，在與法國使館代辦唐端（d'Anthouard）會談時，薩道義認爲，中國內地會（China Inland Mission）作爲整體不會提出索賠，但個別傳教士可以單獨提出索賠。同時，他還表示，對於那些殘暴虐待傳教士之行爲，除了賠償之外，還要嚴厲懲罰涉案人員。〔註 29〕

〔註 26〕前引《基督教史》，第 380 頁。
〔註 27〕*The Semi-Official letters of British Envoy Sir Ernest Satow from Japan and China (1895～1906).*p.196.
〔註 28〕*The Semi-Official letters of British Envoy Sir Ernest Satow from Japan and China (1895～1906).*p.195～196.
〔註 29〕*The Diaries of Sir Ernest Satow,British Envoy in Peking (1900～1906),* p.52.

　　法國也未單獨對傳教士提出賠償請求。法國使館代辦唐端在與薩道義討論傳教士賠償問題時表示，這已經包含在法方所提作爲對華談判基礎的六點要求之中。法國已有先例，傳教士可以據此索賠。通常的程序是：法方人員與一兩位中國官員先一起進行現場勘測，經過雙方談判後，索賠數額會略減，最後通過最鄰近的領事館來支付。在傳教士索賠要求中，通常包含維持那些在教案中失去一切財產的當地貧窮天主教徒的生活費用。此外，很少有教會要求賠償受損毀建築，因爲那將使他們無法在當地再立足。〔註30〕

　　由於當時中國本土已有相當數量的基督徒，各國在此問題上意見不一。美使康格表示，美方並不堅持爲中國本土基督徒索賠。〔註31〕在 1900 年 12月 10 日的外交團會議上，法使畢盛提出索賠範圍應涵蓋中國本土的基督徒。對此，各國公使進行了激烈討論。〔註32〕

　　1901 年 3 月 14 日，外交團會議最後結束了對賠款委員會所提交報告的討論。針對各國使領館陸續收到的所有賠償要求，經過仔細審查後，賠款委員會均將其分門別類。報告中並未專門提到教會或教士，因爲法國政府拒絕放棄它曾宣佈過的對中國天主教會和華籍天主教徒的保護權。可是法使畢盛宣稱，爲了確定教會賠償要求的數目，他願意接受報告中所提原則，但他保留在劃分類別時遵循中法條約中所確定慣例的權利。〔註33〕

　　在 1900 年 12 月 24 日的外交團對華聯合照會中，並未專門提到傳教士賠款問題，但在實際交涉過程中，傳教士賠償是一個重要且頗爲棘手的問題，外交團內部對此有許多分歧。薩道義認爲不應將傳教士問題單獨列出來，傳教士也不應借條約保護而索取更多利益，而應作爲外國公民被保護。法國在傳教士問題上立場也很堅決，他們力主要爲中國本土天主教徒提出索賠，但該提議未獲得外交團通過。此外，美國認爲不應堅持爲中國本土基督徒索賠。其他國家則沒有太多表現，主要是因爲像日本和俄國在中國並無大規模的傳教行爲。

〔註30〕 *The Diaries of Sir Ernest Satow, British Envoy in Peking (1900〜1906)*, p.52.
〔註31〕 *The Diaries of Sir Ernest Satow, British Envoy in Peking (1900〜1906)*, p.65.
〔註32〕 *The Diaries of Sir Ernest Satow, British Envoy in Peking (1900〜1906)*, p.67〜68.
〔註33〕 《1901 年美國對華外交檔案》，第 115〜118 頁。

第二節　外交團調查中國的財政狀況

在庚子和談中，賠款問題最爲重要也極其複雜，可以說是貫穿整個談判過程。在確定賠款談判大原則後，外交團開始逐步推進賠款細節的談判。賠款談判的原則之一便是各國聯合擔保賠款的償付，因此，中國財政狀況如何？採取何種財政措施才能保障對外賠款？這些問題是列強最爲關心的。

爲了確定最後向中國索賠的數額，列強想盡一切辦法弄清楚中國的財政狀況，因爲這是賠款問題的基礎。如果最終數額太高，超出中國財力所能允許的範圍太多，中國無法支付，最終導致中國政府破產甚至被推翻，民不聊生，無力再消費各國生產的各種貨物，列強要受很大損失。但如果最終數額太低，遠未達到中國財力的極限，這與列強貪婪的本性並不相符。因此，弄清中國財政狀況到底如何，就是非常重要的步驟。

在中國的財政收入組成中，關稅佔有很大比例。而當時英國基本上控制了中國海關，赫德長期擔任海關總稅務司，在中國海關還有大量英籍雇員。因此，對中國財政情況的第一手資料掌握在英國人手中，外交團對中國財政的瞭解也主要是基於英國的調查報告。英方在其中所起作用很大，英使薩道義通過各種途徑瞭解中國財政，而中國海關總稅務司赫德對中國財政狀況更爲瞭解。這一切都保證英國在賠款問題談判上能始終佔據主動，並能堅持已有立場。

一、英方調查中國財政狀況

早在赴任北京之前，薩道義就在上海向中國海關副總稅務司裴式楷瞭解中國的財政狀況。作爲初到北京的外交官兼談判全權代表，薩道義多方面瞭解情況，主要目的是考察中國如何才能夠支付巨額對外賠款。

在此期間，薩道義查閱了許多與中國財政相關的資料，並與中國海關總稅務司赫德多次溝通，交流意見。其中，以下三份英方報告爲後來外交團成員確定賠款數額及賠款方式提供了重要參考。

（一）賀璧理有關中國財政問題的演講

1900 年 11 月中旬，應美國約翰.霍普金斯大學校長的邀請，中國海關總稅務司英籍雇員賀璧理〔註 34〕在該校就中國財政問題發表演講。在演講中，

〔註34〕賀璧理（Hippisley, Alfred Edward, 1844～1939），英國人。1867 年進中國海關，

賀璧理表現出對中國有一定的同情，他主張列強對中國的懲罰和索賠都不要太重。各國政府當然不會同意賀璧理的這一結論，但該演講中所包含的詳實資料也爲各國政府所重視。薩道義對此也很關注，在華外交團成員在後來也多次提到這次演講。

賀璧理的演講內容主要包括三部分：中國的財政收支、債務及可能增加的財源。

在中國歲入方面，賀璧理估計的數字爲 8500 萬兩白銀，約合 6020 萬美元。各省行政機關的開支主要來自田賦及釐金稅，這兩者的剩餘部分上交國庫，連同鹽稅、常關稅及大部分海關稅，用來支付皇室和京師行政機構的用費、北方各省海陸防務經費和福州兵工廠等項開支。

中國政府的債務在 1895 年前只有 925 萬美元左右。由於在 1894～1895 年中日甲午戰爭失敗，中國被迫向日本賠付 2.3 億兩白銀（按當時匯率，約合 2761.5 萬英鎊／1.38075 億美元），由於中國信用的損害和發行債券的花費，中國最後舉借票面總數 2.391 億美元貸款來支付賠款。爲了付清所有各項債務的本利，中國每年應籌集款項爲：

年限	銀兩	折合美元
1900～1915 年	2300 萬～2450 萬	1628.5 萬～1740 萬
1916～1931 年	1750 萬	1234.5 萬
1932 年	1200 萬	850 萬
1935～1942 年	550 萬	385 萬

賀璧理估算列強向中國各項索賠總數不少於 2 億美元，不超出 6 億美元。即使是 2 億美元，中國也絕對償還不起。當未動用海關稅收時，爲付清 1.38075 億美元對日賠款，中國還需舉債 2.391 億美元。中國已將海關稅收抵押出去，

在鎮江、北京、廈門、廣州、上海、淡水、溫州、天津等地任幫辦、副稅務司和稅務司。1896 年赫德欲辭總稅務司之職，中外人士均人文賀氏是當然繼任人。1898 年，當帝國主義國家在華爭奪地盤時，賀氏適在華盛頓休假。據載，美國國務卿海約翰關於中國「門戶開放，領土完整」的宣言就是賀氏向第一助理國務卿柔克義建議而發出的。1902 年，中國政府派賀璧理協助盛宣懷、呂海寰二人與英國代表馬凱爵士修改中英商約。此外，賀氏還代表中國爲參加 1878 年巴黎博覽會、1884 年倫敦衛生博覽會和 1900 年巴黎博覽會的委員。1908 年退休回英。寫過有關中國社會的文章。詳見：《近代來華外國人名辭典》，第 207 頁。

即便是 2 億美元的賠款，中國每年至少要提供 2500 萬美元才能償還本息。賀璧理認為，在償付已有債務後，中國歲入只有 4300 萬美元，從中央政府到地方各級衙門都處於嚴重困境中，因此無法再支付每年 2500 萬美元的負擔。

此外，在中國可能增加的財源方面，賀璧理也認為情況並不樂觀。首先，如果增加田**賦**和**鹽稅**，將招致民眾極大不滿，甚至武力反抗。其次，**釐金**原本就是中國貿易和繁榮的沉重負擔，列強應力求將其廢除而不是再增加。第三，**海關稅**雖有一定的空間，但如果列強單純為了使中國有償款能力而增加入關外國貨物應繳納的關稅，在賀璧理看來這也不可能，甚至有人稱這很荒唐，會被中國人所恥笑。第四，**常關稅**如果在通商口岸將其交由外國稅務司或海關掌管，這是一個正確步驟，並能增加一定的進款，但尚不足以完全支付這筆巨債。〔註 35〕

最後，賀璧理得出的結論是：在賠款問題上，列強應「放棄對生命的損失和營救部隊用費的金錢賠償，僅要求對毀壞的財產付與賠款。」〔註 36〕

此後，賀璧理還曾兩次致函美國國務卿海約翰表達自己的看法，並建議中國政府應採取何種財政措施。他希望各國政府能夠慎重考慮，將索賠數額控制在中國所能承受範圍之內。列強應通過協助中國政府完成財政改革和行政改革，以保證中國能夠順利償付對外賠款，不能為了各自利益而強加給中國難以負擔的債務，使之走向分崩離析，最終列強將喪失長久的貿易利益。

（二）薩道義關於中國財政狀況的備忘錄

薩道義十分重視賀璧理的這份演講。1901 年 1 月 28 日，他特地邀請中國海關總稅務司赫德討論賀璧理關於中國財政情況的報告，並瞭解赫德對中國財政狀況的掌握情況。

赫德認為賀璧理的觀點有些片面，其實，中國的國際信用並沒有那麼低，因此不必以太高代價去獲得貸款。此外，中國常關歲入可在一年內由 200 萬兩白銀翻番，不久能達到五倍之多（1000 萬兩）。薩道義認為常關和鹽稅應足以支付賠款的利息和償債基金（sinking fund）。赫德認為，還可以通過稅率改革增加大筆收入。當時中國實際稅率是 2.5%，赫德主張所有稅率一律改為 5%，屆時如果現有稅率翻倍（即 10%），那麼，一筆多達 3000 萬兩白銀的海關稅收就能輕易得到。1900 年的歲入雖有所下降，但都不低於 1898 年，而賀

〔註 35〕《1901 年美國對華外交檔案》，第 283 頁。
〔註 36〕《1901 年美國對華外交檔案》，第 284～287 頁。

璧理提到的支付既有貸款利息和償債基金的估計數額都是按照 1898 年收入來制定的。〔註37〕1900 年，中國海關共徵收 700 萬兩洋貨關稅，這是一切估算的基礎。如果稅率增加到切實值百抽五（5%），則能得到 1000 萬兩，再翻倍後可得到 2000 萬兩。如果稅率增加到切實值百抽十（10%）（前提條件是廢除釐金），則得到 3000 萬兩。但必須減去已被抵押的七處釐金，並以 1300 萬兩作爲預備款來取代釐金，還要除去其他開支，結果只剩下 200 萬兩，明顯不夠償付賠款。〔註38〕

在赴任北京後，薩道義就開始對中國財政問題進行細緻瞭解，多方溝通交流。在 1900 年底，薩道義通過英籍雇員初步瞭解漕糧改海運問題。據瞭解，從南京運往北京的貢米，如果全部通過海路而非通過京杭大運河，預計每年能省下近 50 萬英鎊。〔註39〕1901 年 1 月 12 日，薩道義在與美使康格交談時認爲，要求清廷按照海關形式成立一個委員會，鹽稅、鴉片稅、常關稅等都歸該委員會管理，再加上略爲提高關稅率，則能保證足夠的賠款。〔註40〕2 月 11 日，德使穆默拜訪薩道義，談論中國賠款及其支付方式問題。穆默表示，德國國內觀點是將進口稅率提高到 10%，則中國將足以支付一筆 5000 萬鎊貸款，每年 5%的利息。而薩道義認爲中國至多只能得到 3750 萬英鎊。〔註41〕3 月 5 日，薩道義再次拜訪赫德，瞭解赫德在新鹽稅稅則下的可能收入、常關、廢除滿人津貼和貢米等問題上的觀點。〔註42〕

在此基礎上，薩道義詳細研究了前任英國駐上海總領事、現任中英商會董事哲美森於 1897 年發表的報告——《中國度支考》〔註43〕。在 1901 年 3 月 25 日外交團財政委員會會議上，薩道義提出一份《關於中國財政問題的備忘錄》，在該備忘錄中，他探討了中國可能用於保證賠款本息順利支付的財源。

1、中國的歲入與支出

薩道義認爲，中國所需賠款總額可能超過 5000 萬英鎊（約合 3.5 億兩白

〔註37〕 *The Diaries of Sir Ernest Satow, British Envoy in Peking (1900～1906)*, p.83.

〔註38〕 *The Diaries of Sir Ernest Satow, British Envoy in Peking (1900～1906)*, p.88.

〔註39〕 *The Diaries of Sir Ernest Satow, British Envoy in Peking (1900～1906)*, p.58～59.

〔註40〕 *The Diaries of Sir Ernest Satow, British Envoy in Peking (1900～1906)*, p.78.

〔註41〕 *The Diaries of Sir Ernest Satow, British Envoy in Peking (1900～1906)*, p.86.

〔註42〕 *The Diaries of Sir Ernest Satow, British Envoy in Peking (1900～1906)*, p.94.

〔註43〕 即哲美森所著《中國度支考》。

銀）。按中國現在的國際信用，爲獲得 4000 萬英鎊現款，中國必須借貸 5500
萬英鎊，折扣率爲 27.3%，中國要借到 5000 萬現鎊，按該折扣率則必須借貸
6875 萬英鎊。如果條件與 1895 年爲償付對日賠款的貸款條件相同，中國必須
在最初十五年內提供的款額將略多於 550 萬英鎊，第二個十五年，款額大約
少三分之一，此後將進一步遞減。

薩道義認爲按照哲美森報告中估計，中國總歲入是 8800 萬兩，從中扣除
用於抵押償付現有欠款的海關稅收近 2200 萬兩，剩餘 6600 萬兩（約合 1100
萬英鎊），按上述假設，頭十五年裏，其中一半必須用於償付債務，因此該辦
法被證明行不通。如果從中國總歲入中支付這筆款項，中國政府將走向破產。

2、中國的財源

薩道義還研究了可用以增加歲入的財源，他主張通過改進徵稅辦法，在
不增加納稅人負擔的情況下，可以獲得更多收益。

第一項是常關收入。據哲美森報告中提供的數據，常關歲入爲 100 萬兩。
但賀璧理 1900 年 11 月份在美國約翰·霍普金斯大學演講時估計該項收入爲
300 萬兩。薩道義認爲賀璧理更有可能接近官方消息來源，因此其估計更爲可
靠。如果中國實行廉潔的徵稅制度，則可能達到 400 萬兩。

第二項鹽稅是最便於利用的歲入。哲美森估計是 1365.9 萬兩，而賀璧理
估計只有 1200 萬兩。而薩道義認爲至少能增至 1600 萬兩。

第三項是漕糧改海運省下的費用。按哲美森的估計（120 萬擔），能得到
656.2 萬兩。按其他兩種估計，則能省下 744 萬兩和 789 萬兩。

第四項是將滿族士兵及旗人津貼改爲發放五釐息的債券，至少能省下 283
萬兩，同時要廢除禁止他們經商的法令，這樣可以讓他們自食其力。

綜上所述，**按最低額估計**：常關（400 萬兩）＋漕米（656.2 萬兩）＋鹽
稅（600 萬兩）＋滿人津貼（283 萬兩）＝1939.2 萬（兩）

按最高額估計：常關（400 萬兩）＋漕米（780 萬兩）＋鹽稅（1200 萬兩）
＋滿人津貼（283 萬兩）＝2663 萬（兩）

以上是對中國財源的樂觀估計。

此外還有悲觀估計：常關（180 萬兩）＋漕米（96 萬兩）＋鹽稅（240 萬
兩）＝516 萬（兩）

第五項，如果將進口稅由目前的切實值百抽三點一七（3.17%）提高到切
實值百抽五（5%），估計可收入約 270 萬兩。

第六項，<u>從免稅進口貨物項內除去外國穀物或大米，還可獲得 42 萬兩</u>。

應該說，薩道義是外交團中對中國財政狀況比較瞭解的公使之一，雖然他來華擔任公職時間很短，但他能從各種渠道獲得關於中國財政狀況的準確信息，再加上中國海關中的英籍雇員很多並佔據著顯要位置，他們對中國財政狀況頗為瞭解。

在薩道義看來，中國能夠利用的財源主要有常關、鹽稅、漕米和滿人津貼等四種。此外，他還初步討論了通過提高稅率方式增加中國財政收入的可能性，認為中國可將稅率增至 5%，並將目前免稅貨物清單上的外國穀米增稅。薩道義堅持認為，如果將關稅改成值百抽五（5%）計算，那麼，對內地邊境的關稅也應作出同樣規定，如此才算公正合理。〔註 44〕值得一提的是，薩道義在此所提到的常關稅、減少免稅貨物、提高稅率至 5%等方式，都被納入外交團最終《財政報告》所認同的主要款項之中。

（三）赫德關於中國財政問題的備忘錄

作為中國的海關總稅務司，赫德對中國財政狀況最為瞭解。他和薩道義一同在外交團財政委員會會議上提交了一份備忘錄。

1、中國的財政狀況

赫德稱中國既無現金儲備，也無法從人民的儲蓄中獲得，對外賠款所需款項必須從政府歲入中取得。根據中方檔案顯示，中國歲入約為 8800 萬兩白銀。而歲出則要 1.01 億兩。歲入的四分之一（即 2200 萬兩）要用於償付舊債，這與賀璧理所搜集數據大致相同。赫德認為，雖然中國人口眾多，人均財政負擔較之美日等國要輕許多，但考慮到中國人均收入也很低，加稅額雖輕，仍會造成很大影響。用增加稅收方式來償付新增賠款的數額，不能超過每年 2000 萬兩。

2、中國可用以保證賠款支付的財源

赫德在備忘錄中列舉並討論了以下多種可用以保證賠款支付的財源。赫德贊同賀璧理的觀點，釐金應予以廢除，不能作為擔保的款項；鹽稅、常關稅收較為可靠，其中，鹽稅如果管理得當，可以增至 2000 萬兩，戶部統計的常關稅收每年不到 300 萬兩，但實際可增至 500 萬兩，甚至 1000 萬兩；附加稅有房捐、印花稅和調整土產鴉片稅，房捐一年收入 3000 萬兩，印花稅每年

〔註44〕《1901 年美國對華外交檔案》，第 135 頁。

至少可收入 500 萬兩，調整后土產鴉片稅可達 1000 萬兩；此外，**田賦**是中國的主要財源，但變化不定，不能靠此每年提供定額的款項；**海關稅**已作為現有對外借款的抵押，此次只能作附屬擔保。

赫德也主張改革洋貨進口關稅率。1860 年，中國開始實行海關稅時，關稅按「海關兩」繳納。當時是三海關兩折合一英鎊，後來銀價持續下跌，現在（1901 年）是七海關兩折合一英鎊。當時稅則是按「值百抽五」（5%）原則制定的，但實際上現在大多數貨物只交納貨物價值的百分之二到三，有的甚至只有百分之一。中國因此蒙受巨額稅收損失。如果關稅按切實值百抽五，則能使海關稅收增加 1000 萬至 1500 萬兩，幾乎足以償付新賠款。〔註45〕

從賀璧理、薩道義及赫德的上述三份報告中可以看出，三人對於中國歲入和支出的統計基本上沒有太大出入，都主張取消釐金，不贊同增加田賦和鹽稅。對於常關稅，三人都將其視為穩定財源，只是在數額估算上有所差別。薩道義與赫德都提到了提高稅率以增加財源。作為在中國任職多年的赫德來說，他更傾向於通過優化財政管理來使現有稅收更多地進入國庫，而非進入貪官污吏的私囊之中。

這三份報告不僅成為英國政府在賠款問題上的立論基礎，而且是後來外交團賠款委員會決策的重要參考，還是美國方面提出美方削減索賠數額，減輕中國財政負擔的基礎。美使柔克義在致美國政府的信函中對薩道義與赫德的備忘錄評價較高，認為兩人都主張利用現有歲入分期償付賠款，這種辦法對中國非常有利。如果採納這種措施，將會有助於中國實行更為必需的行政改革。柔克義希望藉此改進中國財源的開發和行政管理方法，認為這將有助於增進中國的對外貿易。

二、外交團對中國財政狀況的調查

為了弄清楚中國的財政狀況，外交團特意成立財政委員會，專門研究中國能用以償付賠款的財源，由法使畢盛、德使穆默、日使小村壽太郎和英使薩道義組成，並在 1901 年 3 月 23 日正式召開首次會議。外交團與中方進行了會談，並最終由財政委員會擬寫了關於中國財政的報告。

（一）外交團與中方會談

外交團財政委員會多次召開會議，並聽取了匯豐銀行董事熙禮爾、德華銀

〔註45〕《1901 年美國對華外交檔案》，第 135～142 頁。

行代表盧普（Kump）等人就中國賠款問題的報告，於是，外交團充分掌握了中國財政狀況。然而，外交團認爲對於中方的情況還應有直接溝通。於是，1901年4月19日，外交團財政委員會法使畢盛、德使穆默、日使小村壽太郎和英使薩道義等四位代表與中方官員徐壽朋、那桐和周馥等三人舉行會談。有關這次會談的詳情，薩道義日記和信函以及中美英等國外交檔案都有記載，但略有差別。

此次會談的根本目的是爲了弄清楚兩個問題：一、**中國每年最多能償還多少款項？二、中國能用於保證償款本息順利支付的財源有哪些？**對於第一個問題，中方代表並未直接回答，只是一味地請求外交團充分考慮中國的財政困難，予以通融寬大。而對於第二個問題，雙方進行了多次激烈辯論。

綜合來看，中外雙方討論了以下財源：

1、海關稅率改革，內容與前述大致相同。近幾十年來銀價下跌，使得中國的實際稅率遠低於名義上的值百抽五（5%）。通過洋貨加稅，可以增收1000萬兩以上。

2、常關稅：如果交給中國海關總稅務司徵收，歲入約可得400萬至500萬兩。

3、鹽稅：每年實收約1300萬兩，除去抵押貸款和其他損失外，每年只能算1000萬兩，但由於中國有很多開支來源於鹽稅，因此每年只可挪用400萬兩作抵。

4、漕糧改海運：可節省約200萬兩，但改造很麻煩。

5、京城進出貨稅收：每年收稅約70萬兩。

6、同文館和出使經費：外交團希望能從其他來源籌集，但中方認爲已無其他財源可用。

7、裁減旗餉：外交團聽說每年約可省300萬兩，中方認爲很難裁減。

8、水陸軍餉：每年雖可省，但數額不大且不確定。

9、人丁稅：如每人每年徵銀五分，即可得銀2000萬兩。

10、地畝：原本無多，徵收恐致民變，難以徵收。

11、房捐：很難徵收。

12、土產鴉片徵稅：土產鴉片數量約爲進口鴉片的三倍，如每擔徵銀60兩，則可得1000餘萬兩。

13、印花稅：似只可在通商口岸試點，內地很難實行。〔註46〕

在此次中外會談中，薩道義積極參與其中，他在漕糧改海運、京城進出貨物收稅、海關稅率提高、地畝稅、房捐、土產鴉片、印花稅等財源問題上均發表了自己的意見和建議，其基礎就在於此前他與各界專業人士的交談，以及他對中國財政相關資料的掌握和研究。對於此次中外會談的結果，薩道義後來認為中方官員認可外交團提出的多數建議，但不包括在漕糧海運和滿族人津貼問題上的相關建議。〔註47〕

（二）外交團提出中國財政的評估報告

此次中外會談後，外交團財政委員會積極研究中國的財政狀況，但最後的評估報告書直到1901年5月1日外交團全體會議上才得以提出，同時提交的還有俄使格爾斯的相關備忘錄。格爾斯在該備忘錄中提到四項財源，用以保證每年籌集1820萬兩白銀，以確保7000萬英鎊、有擔保借款四釐息的支付。

《財政委員會報告》是在徵求許多中外權威人士的意見和建議後提出的，他們包括中國海關總稅務司赫德、匯豐銀行董事熙禮爾、華俄道勝銀行董事璞科第、德華銀行董事盧普、中國前任駐朝鮮公使徐壽朋、戶部侍郎那桐、直隸布政使周馥等。另外，還研究了東方匯理銀行董事奧古斯都的相關著作。德使穆默、英使薩道義和日使小村也提出了相關報告。

《財政委員會報告》提到了中國的四類財源，共十五項：

第一類財源包括海關稅、由外國掌管的釐金、進口稅的增加值、常關稅及對免稅進口貨物所徵稅收。在此類收入中，海關稅是最可靠的歲入，一旦貿易恢復，將肯定能達到2300萬至2400萬兩；將進口稅增到切實值百抽五（即稅率5%），也是被外交團所認可的較易實行和收益有保障的方法。中國代表對此無保留地加以接受，只是不同意為補償增加進口關稅而外國通商提供便利；在常關稅方面，外交團一致同意掌管此項收入，並將其用於賠款。赫德認為，由海關高級職員承擔設在口岸的常關徵課「常稅」的工作可能很容易；外交團也同意對部分免稅貨物徵稅，大米和穀物除外。因為像麵粉、黃油、乾酪、外國衣服、肥皂、蠟燭和烈性酒等洋貨在制定稅則時只是少量進口，僅供外國人使用，因此免稅，而後來中國人也廣為使用。因此，財政

〔註46〕《總署與各使會議賠款事宜述略》三月初一日（1901年4月19日），詳見：《清季外交史料》卷一四六，頁七至一一。

〔註47〕 *The Diaries of Sir Ernest Satow, British Envoy in Peking (1900～1906),* p.104.

委員會建議把這類商品列入總稅則。

上述五項爲第一類財源，最低額估計爲 540 萬兩，最高額近 1500 萬兩。

<u>第二類財源包括關稅增到值百抽五（5%）、鹽稅、北京落地稅、漕糧、滿人津貼等五項</u>。關於增加關稅問題，有國家認爲可以增到值百抽十（10%），但薩道義堅決反對。薩道義稱，英國商業界一直反對此辦法，除非修改中國的通商制度作爲補償；在鹽稅管理問題上，薩道義也認爲，如果措施得當，可以大大增加收入，但俄國方面對此表示反對，認爲這涉嫌干涉中國內政；在北京落地稅和滿人津貼等方面，俄國方面也以干涉中國內政爲由表示反對。

第二類財源最低額估計爲 1900 萬兩白銀，最高額約爲 4100 萬兩白銀。

<u>第三類財源包括田賦、釐金</u>。由於不能滿足所要實現的條件而被撤回。

<u>第四類財源包括三種附加稅：房捐、印花稅和土產鴉片稅</u>。赫德認爲這三種稅收很難被接受，因爲它們是在外國壓力下改革的，或引起中國人民的敵對情緒。俄國方面也認爲這些收入都很沒有把握，至多只能建議中國將它們作爲提供新財源的一種手段，以替換那些被挪用的歲入。

綜上所述，外交團財政委員會認爲，根據列強目前所掌握的材料來分析，僅依靠本國財力，中國很難一次性償清各國索賠額。在上述中國各項財源中，第一類財源的五項收入是可靠的歲入保證，可用於賠款而不會對中國產生有害影響。其他各類財源都未能獲得一致同意，有的只能用於附屬擔保。〔註48〕

三、中國朝野對中國財源的認識

1900 年 12 月，中國海關總稅務司赫德向清廷提出一份節略，其中透露中國將要賠款的數額不小，因此，赫德要求中方務必弄清楚全國收入與支出情況。首先，將各省地方釐金、鹽課和常稅都逐項查明，每年向戶部彙報多少，實際徵收多少；其次，將各省每年辦公費用查清楚，還要弄清楚哪些費用可以節省，哪些費用必不可少。在接到赫德的節略後，清廷指示各省照辦。根據近半省份的反饋情況來看，各省財政狀況都是捉襟見肘，嚴重入不敷出。〔註49〕

與此同時，清廷吏部主事鮑心增向清廷呈遞條呈，認爲此次賠款務必注意關稅問題的兩個事項：一、議禁鴉片；二、議定海關稅率，由徵收海關兩

〔註48〕《1901年美國對華外交檔案》，第185～202頁。

〔註49〕《大理寺少卿盛宣懷來電》光緒二十六年十月二十一日（1900年12月12日），電報檔。詳見：《清光緒朝中日交涉史料》卷五九，頁十。

改爲金鎊。清廷隨即命令朝廷群臣仔細討論該問題。〔註50〕

在1900年12月24日外交團向中方正式遞交聯合照會後，湖廣總督張之洞奏報清廷稱，中國可能籌款的大致辦法有：加關稅、印花稅和礦稅等。〔註51〕

1901年5月1日，清廷軍機處致電慶親王奕劻和李鴻章稱，如果列強將中國賠款總額定爲4.5億兩的話，那麼，中國沒有能力支付過高的銀行折扣。即使陸續分年償還本利，也必須將常關稅、洋稅、鹽課、釐金等全部抵押，中國財力實在不敷，唯有加稅才能增加鉅款。「論原定約章值百抽五，彼時磅價僅三兩，今則漲至七兩零，已加一倍有餘，但能商允核實磅價，按時值計算，即可增出二千數百萬。」〔註52〕

5月5日，清廷軍機處致電李鴻章、劉坤一和張之洞等三人稱，根據戶部彙報，「各海關洋稅歷經借抵，各項洋款無餘，不得已只好將鹽課鹽釐、漕折漕項，及各關常稅全數備抵，實可得銀二千萬兩。」〔註53〕

1901年5月25日，清廷收到湖廣總督張之洞來電，彙報其與英國公使館參贊傑彌遜會談情形。傑彌遜是奉薩道義之命前去拜訪張之洞，討論賠款事宜。其中關於中國財源方面，傑彌遜轉述薩道義的意見說，除進口鴉片不加稅外，其餘都可增到「值百抽十」（即 10%稅率），按貨物本來價值和運費核實成銀兩數。此外，還有過去屬於免稅商品的專供洋人使用的貨物也可以納稅，但條件是進口洋貨和出口土貨都要免徵釐金。傑彌遜問湖北是否可以實行。張之洞表示湖北應該沒有問題。張之洞認爲，若洋關稅增至 10%，中國每年能增收 1000 萬兩，所增數額都可以作借款抵押。此外，鹽課鹽釐也可抵1100 萬兩。〔註54〕

由此可見，中國的實際財政狀況確實不容樂觀，各方都意識到長期以來中國在稅率問題上喪失了巨額利益，只有通過改革稅則才能獲得更多收入。在釐金問題上，中方代表團持保留意見，只有張之洞表示可以做出讓步，目的是換取英國在稅率問題上讓步。此外，中國內部在中國每年實際收入的具

〔註50〕《軍機處寄慶親王奕劻等上諭》光緒二十六年十月二十四日（1900 年 12 月 15 日），上諭檔。詳見：《清光緒朝中日交涉史料》卷五九，頁十六。

〔註51〕《湖廣總督張之洞來電二》光緒二十六年十一月初八日（1900 年 12 月 29 日）到，電報檔。詳見：《清光緒朝中日交涉史料》卷五九，頁二十八。

〔註52〕《清光緒朝中日交涉史料》卷六二，頁三十九。

〔註53〕《清光緒朝中日交涉史料》卷六三，頁一。

〔註54〕《湖廣總督張之洞來電》光緒二十七年四月初八日（1901 年 5 月 25 日）到，電報檔。詳見：《清光緒朝中日交涉史料》卷六三，頁十二。

體數額上表述也不盡一致，這在一定程度上反映出中國財政制度的混亂，也使列強認識到，中國實際上仍有很大財政潛力可以挖掘。

四、小結

1901 年 7 月 27 日，外交團會議決定，就中國賠款問題達成一致。在隨後致中國全權大臣的照會中，外交團提到各國指定下列歲入作爲債權擔保：（1）將目前海關進口稅率提高到切實值百抽五（5%）後所增收的關稅餘額，其中包括至今免稅進口的物品，但也有某些例外。（2）由中國海關掌管的常關收入。（3）鹽稅純收入，以前已指定償還其他外債的部分除外。〔註 55〕該決議之所以能夠達成，有賴於外交團財政委員會（尤其是英國方面）對中國財政狀況的詳細調查。

在中國財政狀況問題上，外交團主要參考了英方提供的各類數據。薩道義也因事先做足了功課而占得先機。英國並不主張過度增加中國的財政負擔，而是主張通過加強財政稅收管理而非增加稅額本身來提供對外償債擔保。在提高稅率方面，英國可以允許增至 5%，但堅決反對增至 10%，原因在於英國當時是中國最大的貿易國，提高進口稅率等於增加英國商人的負擔，必然遭到英國朝野上下的反對。

在此問題上，美國主要通過英國政府及英方人員掌握的材料作出判斷，希望避免造成中國政府入不敷出，分崩離析。同時，美國也非常迫切地想要盡快結束對華談判。因爲當時中外貿易幾乎已陷於停滯，權威數據顯示：中國的歲入正以每月 50 萬美元的速度減少，而龐大外國駐軍的耗費正迅速增加中國的負債總額，以致很快將使它無力支付。〔註 56〕在對中國財政狀況的判斷上，美國認爲中國稅收實際上大多數都被官員中飽私囊，各國與其增加對華索賠數額，倒不如從長遠考慮，切實改善中國的貿易環境和貿易制度，從而獲得更大更長久的商業利益。一旦中國陷於混亂，那麼，外國持有的中國債券也將貶值，列強在華商業利益都將受損。

綜合來看，英美在此問題上立場基本一致，都從商業利益角度出發，並不主張對中國過度施壓。其他各國公使們基本都是通過英國獲得資料，沒有太多發言權，而俄使格爾斯則一如既往地在某些問題上以干涉中國內政爲

〔註 55〕《1901 年美國對華外交檔案》，第 463 頁。
〔註 56〕《1901 年美國對華外交檔案》，第 55～56 頁。

由，對英美方案提出反對意見。

外交團最後基本達成共識：通過第一類財源（包括海關稅、由外國掌管的釐金、進口稅的增加值、常關稅及對免稅進口貨物所徵稅收）來進行賠款擔保，並依據中國財政的收支情況來確定各國的索賠數額。

第三節　各國確定索賠數額

在庚子和談中，各國在確定索賠數額過程中也歷經漫長曲折的過程。在並不完全瞭解中國財源狀況的情況下，列強無法提出索賠數額。在薩道義與赫德關於中國財政問題的備忘錄公佈後，列強紛紛提出本國的索賠數額。基於對中國財政狀況的瞭解，英美兩國主張減少索賠數額。外交團最終確定：截至 1901 年 7 月 1 日，中國向十一個國家賠付總額爲四億五千萬兩海關銀，四釐的年利息，共分 39 年攤還。

一、各國初步確定對華索賠數額

早在 1900 年 8 月 20 日，薩道義還在英國休假時，就與英國外交部官員貝蒂（Francis Bertie）談論使館受損的賠償問題。薩道義瞭解到英國政府當時尚未確定具體原則和數額，認爲只有經過各國的全權代表們商定後，才能得出一個詳細數目。〔註 57〕

在外交團成員中，德國公使穆默對對華索賠很關注，因爲德國在庚子動亂中損失較大，尤其是戰爭損失較多。1900 年 11 月 18 日，穆默向薩道義透露說，他曾聽赫德說過，最後賠款數額可能達到 5000 萬英鎊。穆默認爲花費最多的有六個國家：英、日、美、俄、法、德。在象徵性地分給奧匈帝國和意大利部分款項後，應該在六國之間平分餘額。他聽說俄國爲滿洲鐵路受損索賠 800 萬英鎊。薩道義說應按照 1895 年中日所簽《馬關條約》之先例。穆默請求薩道義不要將兩人私下交談的內容電報給英國政府，以免被德國政府得知。〔註 58〕11 月 19 日，英國《泰晤士報》記者莫理循來訪並告訴薩道義說，德國政府主張所有列強索賠總額應達 8000 萬英鎊之多，但赫德說中國至多只能賠 5000 萬英鎊。〔註 59〕

〔註 57〕 *The Diaries of Sir Ernest Satow, British Envoy in Peking (1900～1906)*, edited and annotated by Ian C.Ruxton, published by Lulu Press Inc., April 1,2006, p.20.

〔註 58〕 *The Diaries of Sir Ernest Satow, British Envoy in Peking (1900～1906)*, p.56.

〔註 59〕 *The Diaries of Sir Ernest Satow, British Envoy in Peking (1900～1906)*, p.57.

薩道義認為德國的索賠總額過高，他估算出各國損失總數在 5000 萬英鎊。1901 年 1 月 12 日，薩道義在與美使康格溝通時表示，他認為德國不會與大家背道而馳，因為德國和各國一直合作得很好。儘管德國軍費可能達到 1000 萬英鎊，但其他國家可能少得多。薩道義認為，截至 1901 年 1 月，英國軍費將達到 350 萬英鎊，而日、法、俄、美等國軍費總和則很難達到 3000 萬英鎊。另外，個人索賠總額可能達到 100 萬英鎊。因此，薩道義認為，各項相加後，各國索賠總額為 5000 萬英鎊。康格則認為美國軍費將很難達到 100 萬英鎊。〔註 60〕

隨後，薩道義得到英國政府指示：賠款總額不能定得太高，否則，中國無力進口外國貨物；如果中方被迫舉借外債，那麼中國的債務總額將會激增。〔註 61〕這說明英國政府重視中國的財政負擔，並不希望因此而影響其國內購買力，因此，在對華索賠的同時也高度重視在華商業利益的長久維繫。在收到該指示後，薩道義於 1901 年 1 月 16 日與德使穆默進行溝通。

美國在賠款問題上不主張對華過於強硬。1901 年 1 月 29 日，美國國務卿海約翰向康格透露，美國的損失和支出總數約為 2500 萬美元。他指示康格應盡全力做到以下幾點：（1）**使各國公使們同意中國一次總付賠款；（2）使這項數額盡可能合理。根據最可靠消息判斷，中國政府支付數額不能超過 1.5 億美元。**這很可能需要對各國索賠額做一定程度的縮減。〔註 62〕賀璧理曾在 1901 年 1 月 3 日致函海約翰，希望海約翰能慎重考慮對華索賠數額問題，並將他致李鴻章說帖的英文版遞給海約翰。綜合來看，哲美森和賀璧理兩人對中國財政情況的專業報告對美國政府的對華政策產生了較大影響。

1901 年 2 月 5 日，康格致函國務卿海約翰稱，他從德使穆默那裡獲悉，德國政府不會同意中國賠款一次性總付，也不會同意削減德國政府的索賠金額。截至目前，德國已耗費大約 4500 萬美元，並在迅速增加，包括中國海關總稅務司赫德在內的許多人都認為中國最多能夠償付 2.5 億至 3 億美元。但除非立即做出安排或達成減少各國索賠要求的協議，否則即使該數值成立，也遠遠不夠。康格認為賠款問題不能迅速得以解決，只能等懲凶問題結束後再細談。〔註 63〕3 月 21 日，美國國務卿海約翰致電美國談判專使柔克義稱，務

〔註 60〕 *The Diaries of Sir Ernest Satow, British Envoy in Peking (1900～1906)*, p.78.
〔註 61〕 *The Diaries of Sir Ernest Satow, British Envoy in Peking (1900～1906)*, p.80.
〔註 62〕 《1901 年美國對華外交檔案》，第 432 頁。
〔註 63〕 《1901 年美國對華外交檔案》，第 81～82 頁。

必要使各國索賠總數保持在 4000 萬英鎊之內。〔註64〕

當時，各國公使都私下打聽其他國家的索賠數額，以參照確定本國的索賠數額。薩道義得知法國打算索要和德國一樣多的戰爭賠款，而不管實際是否花費那麼多。〔註65〕與此同時，中國政府也在探聽列強的對華索賠款額。1901 年 3 月 6 日，清廷軍機處致電慶親王奕劻和李鴻章稱，據盛宣懷瞭解，連利息在內，列強索賠總額約 7 億兩，分五十年還清，每年還 1400 萬兩，並要將「漕鹽常稅統歸洋員辦理」。〔註66〕奕劻和李鴻章回電稱上述消息屬實：「……至賠款私議約五萬萬（兩），兵費及商教各款在內連利已逾七萬萬（兩）。英使及赫德欲將漕鹽常稅歸洋商整頓，竊計每年亦無一千四百萬（兩）之多。」並指出各國公使意見不一，在中國賠付方式上也未達成一致。〔註67〕

3 月 25 日，外交團財政委員會召開第二次會議，薩道義和赫德在會上分別作了關於中國財政狀況的陳述。薩道義認爲，中國所需賠款總額很可能超過 5000 萬英鎊（約合 3.5 億兩白銀）。〔註68〕赫德在報告中並未談到總數，只提到一個原則，即：**中國每年新增賠款總數不能超過 2000 萬兩白銀**。〔註69〕

薩道義與赫德對中國財政狀況的專業彙報使各國政府對中國財政有了大致瞭解。雖然薩道義提出了賠款總額的上限，但外交團成員國均認爲中國財政仍然大有潛力可挖。

此後，各國於 1901 年 4 月初紛紛提出本國對華索賠數額。截至 1901 年 5 月 1 日，德國將要求中國賠款 1200 萬英鎊，以後每月要求賠款 780 萬馬克，如果到了秋季，服役期滿的士兵需要更換，則將增加要求 2200 萬馬克。如果到 7 月 1 日不償付賠款，每月要求付息 60 萬馬克，德國的私人賠償要求爲 770 萬兩。西班牙和荷蘭提出總數大約爲 100 萬兩的賠償要求〔註70〕；奧匈帝國提出截至 5 月 1 日的戰費賠償要求爲 1300 萬克朗，以後每月再加 52 萬克朗，私人賠償要求大約爲 2.1 萬兩；俄國將要求賠償 1750 萬鎊，其中包括對鐵路

〔註64〕《1901 年美國對華外交檔案》，第 443 頁。

〔註65〕 *The Diaries of Sir Ernest Satow, British Envoy in Peking (1900～1906)*, p.95.

〔註66〕《軍機處擬致奕劻李鴻章電信》光緒二十七年正月十六日（1901 年 3 月 6 日），電寄檔。詳見：《清光緒朝中日交涉史料》卷六一，頁一。

〔註67〕《慶親王奕劻大學士李鴻章來電》光緒二十七年正月十九日（1901 年 3 月 9 日）到，電報檔。詳見：《清光緒朝中日交涉史料》卷六一，頁四。

〔註68〕《1901 年美國對華外交檔案》，第 130 頁。

〔註69〕《1901 年美國對華外交檔案》，第 138 頁。

〔註70〕《1901 年美國對華外交檔案》，第 445 頁。

的賠償；日本將要求賠償 4500 萬日元；法國將要求賠償 2.8 億法郎；比利時將要求賠償 3000 萬法郎；美國宣佈其損失和支出總額是 2500 萬美元，但並不意味著美國對華索賠金額就這麼多。〔註 71〕很明顯，各國都在漫天要價，企圖爭取本國利益最大化，若不加以統籌協調，最終局面將無法收拾，耽誤中外談判進展。

二、英美兩國主張減額

在各國政府紛紛亮出底牌後，美英兩國駐華公使奉各自政府指示均提出希望減少各國對華索賠數額。美使柔克義此前就希望將索賠總額控制在 4000 萬英鎊內，英使薩道義主張控制在 5000 萬英鎊之內。柔克義的這一建議遭到外交團其他成員的一致反對，迫使他不得不做出妥協。此後，薩道義又接到英國政府指示，希望將總數削減 5000 萬兩。經過審時度勢後，薩道義最終並未向外交團提出這個意見。

（一）柔克義的提議遭反對

1901 年 4 月 10 日，薩道義拜訪柔克義。柔克義告訴薩道義說，美國政府建議確定各國對華索賠總額爲 4000 萬英鎊，然後按比例壓縮各國的要求。〔註 72〕次日（11 日），柔克義隨即向外交團遞交了一份美方聲明，稱美國政府希望中國一次性地總付賠款，且總額不能超過 4000 萬英鎊。他同時宣稱，美國將基於此原則提出美方合理的索賠數額，他相信這是公正地迅速解決賠款問題的唯一辦法，也是避免拖延談判、防止出現對各方都不利之糾紛的唯一方法。〔註 73〕此前，柔克義希望各國都能傚仿美國政府的做法，降低對華索賠數額。

針對美方所提議的 4000 萬英鎊索賠總額，外交團內部有很大反對意見。在美國提出建議後，薩道義與外交團其他成員多次進行溝通。1901 年 4 月 17 日，薩道義與奧使齊乾和意使薩爾瓦葛分別討論此事，儘管他們都沒有接到各自政府的指示，但兩人都表示反對美國的建議。4 月 18 日，薩道義與德使穆默討論此事。穆默表示德國政府認爲這是一個不錯的建議，但並不容易實

〔註 71〕《1901 年美國對華外交檔案》，第 157～158 頁。有關中國銀兩與不同貨幣之間的兌換比率，可以參見文末附錄《辛丑條約》第六款所載匯率，筆者注。

〔註 72〕*The Diaries of Sir Ernest Satow,British Envoy in Peking (1900～1906),* p.103.

〔註 73〕《1901 年美國對華外交檔案》，第 156 頁。

現。日使小村壽太郎尚未接到日本政府的相關指示，但認爲現在談論此事爲時尚早，只有在賠款委員會報告出來後才有必要予以討論。〔註74〕

4月23日，外交團內部會議專門討論美方所提中國賠款總額爲4000萬英鎊的建議。所有代表都沒有接到各自政府針對此事的明確指示。雖然大家都贊成「賠款數應限於中國支付能力之內」的原則，但都不準備同意此數。英使薩道義說對華索賠總額應合理，它的支付不應造成中國財政的困難。日使小村壽太郎認爲應考慮需要縮減賠償要求；俄使格爾斯同意考慮中國的主要財源；德使穆默認爲，如果中國有能力償付所有賠款要求，各國就沒必要對其寬宏大量。會議最後決定，在接到外交團財政委員會的專業報告之前，不再對此問題作進一步討論。總體來說，大家都認爲4000萬英鎊限額太低。〔註75〕俄使格爾斯和法使畢盛對美使柔克義所提的建議進行了激烈抨擊。柔克義表示該數額是根據哲美森撰寫並公開出版的報告，再加上中國海關總稅務司赫德最近提出的備忘錄得出來的，這些資料表明：按其目前可用歲入，中國的借貸能力勉強可達4000萬英鎊。法使畢盛則認爲中國能支付更多的錢，同時還有足夠歲入用於國家行政支出。〔註76〕

有關美國方面願意減少中國賠款數額之事，不僅在外交團內部廣爲流傳，而且中方也很清楚，中美之間進行過多次接觸。1901年5月10日，清廷軍機處致電李鴻章和慶親王奕劻稱，兩江總督劉坤一最近接見美國駐南京領事。美方稱願意在賠款問題上助中國一臂之力，曾多次向各國公使說明中國財力不支，但公使們總是不相信，都認爲中國能還清列強索賠總數。柔克義希望中方代表能將中國財力不支的詳情照會各國公使，這樣柔克義就可以據此再和外交團商量。中國駐美公使伍廷芳也從美國發來電報稱，美國政府願意將各國對華索賠總額減少四分之一，但不能由美方挑頭，以免讓各國政府懷疑。伍廷芳請求清廷按照這層意思照會各國公使，以便柔克義能據此居中調停，但在照會中千萬不要洩露出是美使之意。〔註77〕由此看出，美國向中方示好，並希望與中方秘密配合，向外交團提出減少索賠額度。美國之所以對華「示好」，是因爲想借機擴大美國在華商業利益。

〔註74〕 *The Diaries of Sir Ernest Satow, British Envoy in Peking (1900～1906)*, p.104.
〔註75〕 《1901年美國對華外交檔案》，第448頁。
〔註76〕 《1901年美國對華外交檔案》，第178～181頁。
〔註77〕 《軍機處擬致奕劻李鴻章電信》光緒二十七年三月二十二日（1901年5月10日），電寄檔。詳見：《清光緒朝中日交涉史料》卷六三，頁三。

（二）英國提出五千萬英磅賠款數額

在各國公使紛紛提出本國的索賠數額後，薩道義也正式公佈了英國政府的相關決議。但在宣佈之前，薩道義與美使柔克義進行了充分溝通，也預估了各國公使們可能的反應。同時，薩道義也表示希望確定一個截止賠款的時間，以限制各國軍費索賠數額的增加。

1901 年 4 月 26 日早晨，薩道義拜訪美使柔克義。薩道義透露說，英國政府建議各國對華索賠額 5000 萬英鎊，其中，一半立即支付，以增加關稅和常關爲保證，另一半則可延緩一段時間再交付。〔註 78〕同時，列強還要確定一個日期，在該日期以後不能再提賠償要求，這就限制了每月大約 150 萬英鎊因軍事佔領而產生的花費，〔註 79〕也就解決了確定賠款總額與撤軍問題之間的矛盾。此前，八國聯軍司令、德國元帥瓦德西曾表示，只有確定賠款總額後，各國聯軍才能撤退，而薩道義則表示，唯有確定撤軍日期後，才能確定賠款總額。〔註 80〕

然而，當時各國實際對華索賠總額已達 6700 萬英鎊，〔註 81〕英國提出該建議也很可能遭到其他國家的反對。因此，薩道義積極說服其他各國公使。他認爲可以勸說法使畢盛做一定比例的削減，但很難取得德使穆默的同意，因爲德國在賠款問題上很堅決，德國軍費花銷很多，它很想完全索回成本。意使薩爾瓦葛和奧使齊幹也可能持反對態度。柔克義認爲比使姚士登肯定會反對，但如果俄使格爾斯和法使畢盛能接受，那麼此項建議就能獲得通過。但美國不可能會同意英方此建議，仍然堅持索賠 4000 萬鎊的上限。〔註 82〕

此後薩道義積極活動，努力說服外交團成員同意英方建議。1901 年 4 月 29 日上午，薩道義徵求赫德對 5000 萬英鎊建議的看法。〔註 83〕是日下午，在外交團內部會議上，薩道義正式向各位公使宣佈：英國政府已確定對華索賠總額爲 5000 萬英鎊，共分爲兩部分。〔註 84〕

由於美方所提建議受到外交團幾乎一致的反對，爲了避免承擔拖延談判

〔註 78〕 *The Diaries of Sir Ernest Satow, British Envoy in Peking (1900～1906)*, p.106.

〔註 79〕 《1901 年美國對華外交檔案》，第 181～182 頁。

〔註 80〕 *The Diaries of Sir Ernest Satow, British Envoy in Peking (1900～1906)*, p.84.

〔註 81〕 《1901 年美國對華外交檔案》，第 450 頁。

〔註 82〕 《1901 年美國對華外交檔案》，第 181～182 頁。

〔註 83〕 *The Diaries of Sir Ernest Satow, British Envoy in Peking (1900～1906)*, p.107.

〔註 84〕 *The Diaries of Sir Ernest Satow, British Envoy in Peking (1900～1906)*, p.107.

的責任，4 月 30 日，美國政府指示柔克義可以不再堅持 4000 萬英鎊的上限，柔克義隨後照辦。〔註 85〕

通過薩道義日記可以看得出，雖然在具體細節上略有分歧，但他和柔克義的立場總體一致。此外，兩人對俄法公使的態度及其影響力都有相同判斷。

（三）外交團會議審議《財政委員會報告》

1901 年 5 月 1 日，外交團會議審議了財政委員會的報告，俄使格爾斯作了贊成各國聯合擔保貸款的財政陳述。〔註 86〕格爾斯分析了在要求中國賠款 6500 萬英鎊和美方 4000 萬英鎊的條件下，有無聯合擔保時中國每年所需償付的不同金額。

格爾斯認為，若各國能聯合擔保，則中國在國際社會上能借到年息四釐、總額 7000 萬英鎊的貸款，而每年所需償付款項尚在中國財力範圍之內。格爾斯據此認為，完全可以要求中國賠款 6500 萬英鎊。〔註 87〕

財政委員會報告提到，截至 1901 年 7 月 1 日，各國要求中國賠償總數大約 6500 萬英鎊（約合 16.29 億法郎/13 億馬克/3.99 億美元/4.15 億海關兩）。〔註 88〕最後，外交團決定照會中國全權大臣慶親王奕劻和李鴻章，告知他們各國的損失和支出總額接近 6700 萬英鎊，並詢問他們：中國打算採取何種方式償付對外賠款。〔註 89〕

在《財政委員會報告》審議後，各國索賠數額又有所變動。比利時和法國有所削減，而英國則提出要參照其他國家增加海軍軍費的索賠數額。1901 年 5 月 7 日，比利時公使姚士登稱比利時政府要求賠款總數為 3235.875 萬法郎，可略為削減。法使鮑渥（接替畢盛）提出法國索賠總數是（截至 7 月 1 日）2.865 億法郎，容許削減 600 萬法郎。從 1901 年 7 月 1 日以後，法國政府每月要求賠償軍費 600 萬～700 萬法郎。

英使薩道義稱，按照其他國家做法，英國要求增加海軍軍費。以遠征華北為軍事目的之軍費開支，先前要求是 480 萬英鎊，現改為 650 萬英鎊。把這些數字全部加入對華索賠總數，截至 1901 年 7 月 1 日，大約是 6250 萬英

〔註 85〕 *The Diaries of Sir Ernest Satow, British Envoy in Peking (1900～1906)*, p.107.

〔註 86〕 *The Diaries of Sir Ernest Satow, British Envoy in Peking (1900～1906)*, p.107.

〔註 87〕 《1901 年美國對華外交檔案》，第 182～185 頁。

〔註 88〕 《1901 年美國對華外交檔案》，第 185 頁。

〔註 89〕 《1901 年美國對華外交檔案》，第 185 頁。

鎊，合 4.5 億兩白銀。〔註 90〕

　　外交團最後同意通知中方說：「各國付出款項的總額，包括軍事費用和社團、外國人以及因被外國人雇傭致使人身財產蒙受損害的中國人的損失，截至 7 月 1 日，共計約爲四億五千萬兩，倘若佔領超過該日期，數目還將大爲增加。」〔註 91〕

　　此後，薩道義接到英國政府指示稱，英國政府提議將各國對華索賠總額減少 5000 萬兩，但薩道義只是與美使柔克義及中國官員徐壽朋私下溝通過此事，最終並未按照英國政府指示向外交團其他成員公佈。

　　1901 年 5 月 20 日，薩道義向美使柔克義透露了英國政府在賠款問題上的最新指示，要將索賠總額由 4.5 億兩減至 4 億兩，〔註 92〕其中包括截至 1901 年 7 月 1 日的所有賠償要求，自該日之後，將不允許再因軍事佔領而提出賠償要求。〔註 93〕在瞭解英國政府的提議後，5 月 22 日，柔克義也收到美國政府的相關指示，稱如果實在無法改變局勢，那美國就接受對華索賠總額 4 億兩的建議。〔註 94〕

　　在與柔克義交談後，薩道義又與中國官員徐壽朋會談，稱英國政府建議中國政府發行公債，三十年內分期賠付，將需要每年支付 2600 萬兩白銀，年息 4%，本息合計 7.8 億兩白銀。徐壽朋對此很高興，因爲此前他曾從法使畢盛那裡得知列強索賠總額將達 9 億兩白銀。薩道義同時透露說，英國政府願意將 4.5 億兩白銀分兩部分支付。〔註 95〕

　　但在 5 月 21 日，薩道義又收到英國政府指示，稱不再堅持將賠款總額限制在 5000 萬英鎊。薩道義先是向德使穆默透露自己已收到英國政府指示，不要支持任何減少 5000 萬兩白銀或其他數額的建議。薩道義認爲，如果外交團成員都能同意將 4.5 億兩對華索賠總額確定下來，那麼 1901 年 7 月 1 日之後就不再索賠。當天晚些時候，薩道義還與美使柔克義討論此事，告訴他有關英國政府的最新指示。〔註 96〕

〔註 90〕《1901 年美國對華外交檔案》，第 204～206 頁。
〔註 91〕《1901 年美國對華外交檔案》，第 204～206 頁。
〔註 92〕《1901 年美國對華外交檔案》，第 452 頁。
〔註 93〕《1901 年美國對華外交檔案》，第 452 頁。
〔註 94〕《1901 年美國對華外交檔案》，第 454 頁。
〔註 95〕 *The Diaries of Sir Ernest Satow,British Envoy in Peking (1900～1906)*, p.109.
〔註 96〕 *The Diaries of Sir Ernest Satow,British Envoy in Peking (1900～1906)*, p.109.

英國政府的相關指示頻頻變化，其背後是英國政府對外交團成員傾向性的判斷。薩道義在接到指示後第一個告知對象便是德使穆默，這也證實了柔克義當時的一個猜測，即：由於害怕德國會與俄法兩國聯合起來堅持「有擔保借款」，於是，英國政府在最後時刻決定對德國政府再次讓步。

三、外交團照會中國確定最終索賠數額

1901 年 5 月 22 日，在外交團內部會議上，薩道義提出了英國政府有關賠款問題的最新計劃，但並未提到減少數額之事，仍然堅持 4.5 億兩之數。德使穆默表示，既然中方照會裏已表明中國有能力償付 4.5 億兩，那麼，所有國家都沒有理由按美方建議的那樣，將對華索賠總額限定為 4000 萬英鎊。此外，湖廣總督張之洞在照會中也表示中國十年內能償付 4 億兩。柔克義認為列強對華要求過於苛刻，中方此前只是勉強答應能支付 4.5 億兩。柔克義認為這將導致中國財政的嚴重困難。張之洞所提的建議是在中國加倍徵稅和釐金前提下的。

此外，英國政府提議賠款截止日期為 1901 年 7 月 1 日，此後各國不再向中國索取軍事佔領費用。據估計，這可使中國每月至少節省 150 萬英鎊。奧使齊幹、德使穆默和俄使格爾斯都反對此建議。尤其是穆默，他發表了措辭極為強硬的聲明，堅持要求分文不少地償付德國政府已經和將要花費的每一分錢。

最後，經過一番博弈，外交團對「截至 1901 年 7 月 1 日索賠總額為 4.5 億兩」這一提議進行表決，除美使柔克義外，其他公使都表示贊成。〔註97〕

1901 年 5 月 23 日，外交團領袖、西班牙駐華公使葛絡幹照會中國全權大臣慶親王奕劻和李鴻章，要求中方說明中國計劃如何支付 4.5 億兩賠款的利息。因為中方此前覆函中只是表明中國政府計劃於三十年內向各國付清這筆賠款，每月付款 125 萬兩，年付款 1500 萬兩，只相當於本金，並未涉及利息問題。〔註98〕

此次外交團會議之後，柔克義告訴薩道義說自己準備勸說美國總統接受對華索賠總額 4.5 億兩。〔註99〕5 月 25 日，德使穆默和意使薩爾瓦葛向外交團宣佈，他們已獲各自政府授權，同意以 1901 年 7 月 1 日〔註100〕為時間界限，

〔註97〕《1901 年美國對華外交檔案》，第 225～228 頁。
〔註98〕《1901 年美國對華外交檔案》，第 227～228 頁。
〔註99〕 *The Diaries of Sir Ernest Satow, British Envoy in Peking (1900～1906)*, p.110.
〔註100〕原文為 7 月 4 日，疑有誤。筆者注。

以 4.5 億兩爲總額界限。〔註 101〕

　　中方在收到外交團照會後，慶親王奕劻和李鴻章多次會晤外交團成員，竭力商酌，但都無果而終。美方在外交團內部堅持對華索賠額爲 4000 萬英鎊（約合 3.1 億兩白銀）之事也爲中方知曉，美方應該已經和中方進行過溝通。中方這樣分析美方建議未能在外交團內部獲得通過的原因：「美使所稱三萬一千萬（兩），據云屢商各國不允，似美廷藉此討好，並無實在把握。」德使穆默告訴慶親王和李鴻章說，美國派兵少且很早就撤退，所以答應減數，但其他國家斷不能與之相比，一定要以 4.5 億兩爲定數，若再拖延，則各國軍費還要再加。〔註 102〕5 月 28 日，迫於壓力，清廷只好接受外交團提出的要求，即：「4.5 億兩白銀總數，年息四釐」。〔註 103〕1901 年 5 月 30 日，中國全權大臣慶親王奕劻和李鴻章正式照會外交團領袖、西班牙公使葛絡幹，稱已接清廷諭旨，批准賠款總額爲 4.5 億兩，年息四釐，中國海關將負責支付賠款本息。〔註 104〕

　　由於外交團內部尚有一些公使直到晚些時候才收到各自政府的指示，同意接受「四億五千萬兩總額，截止時間爲 1901 年 7 月 1 日，年息四釐」，故美國政府認爲此事或許還有一絲爭取的可能性，要求柔克義力促將賠款問題提交海牙國際法庭仲裁，或者減少賠款總數。因爲 4.5 億兩總數實在太大，恐怕會給中國財政造成災難。〔註 105〕於是，1901 年 6 月 5 日，柔克義致信薩道義稱，考慮到列強不能在賠款問題上達成共識，美國政府指示柔克義向外交團建議，將此問題提交海牙國際法庭仲裁。〔註 106〕對此，薩道義回覆的建議是此事爲時已晚，各國政府的基本決議已定。7 月 1 日，柔克義在外交團會議上再次提出將賠款問題提交海牙國際法庭，但遭到一致否決，各國公使均認爲該問題已經解決，沒有必要再拖延。柔克義只好少數服從多數，不再堅持己見。

　　1901 年 7 月 23 日，外交團照會中國政府，正式通告「四億五千萬兩總額，

〔註 101〕《1901 年美國對華外交檔案》，第 231～232 頁。
〔註 102〕《慶親王奕劻助大學士李鴻章來電一》光緒二十七年四月初九日（1901 年 5 月 26 日）到，電報檔。詳見：《清光緒朝中日交涉史料》卷六三，頁十五。
〔註 103〕《1901 年美國對華外交檔案》，第 454 頁。
〔註 104〕《1901 年美國對華外交檔案》，第 244 頁。
〔註 105〕《1901 年美國對華外交檔案》，第 455 頁。
〔註 106〕 The Diaries of Sir Ernest Satow, British Envoy in Peking (1900～1906), p.113.

截止時間爲1901年7月1日，年息四釐」的決議，並根據外交團財政委員會
的報告確定中國應採取適宜的財政措施，以保證賠款本息得以順利償付。

中國賠款總額至此得以最終確定。在此過程中，英美兩國主張的賠款總
額低於其他成員國的數額，主要目的是爲了防止賠款總額超出中國財政的負
擔能力，以免中國再度混亂，影響中國對外貿易的繁榮。雖然1901年5月1
日《外交團財政委員會報告》中統計的各國索賠總額爲4.5億兩，但隨後薩道
義與柔克義做了一番努力，希望能將賠款總額降低。但考慮到各國在中國賠
款償付方式上的分歧，爲了防止德法俄三國聯合起來贊同俄國所提聯合擔保
借款的方案，薩道義最終作出妥協。柔克義雖然堅持到最後，但迫於壓力予
以放棄。

最後簽署的《辛丑條約》規定，列強向中國索賠總額最後確定爲：截至
1901年7月1日4.5億兩，年息四釐。超過此期限後，列強將不再因軍事佔
領而繼續向中國索賠。英國政府確定1901年7月1日爲對華索賠截止日期，
這對列強最終確定對華索賠總額起了很大推動作用，並使中國賠款總額可
控，防止因時日拖延導致各國軍費總額的增加。

針對《辛丑條約》規定中國對外賠款總額4.5億兩白銀這一數字，近代以
來有傳說是列強爲了侮辱中國，決定讓當時4.5億中國人平均每人賠1兩，以
便「長記性」。但筆者閱遍薩道義的日記、信函和電報及各國外交檔案，都沒
有發現能夠支持該傳說的資料證據。如此看來，該傳說不足爲信，可以休矣。

第四節　薩道義與中國賠款方式的確定

除了賠款總數之外，在中國具體的賠款方式問題上，中方內部和外交團
內部也是分歧頗多，中方代表團與外交團之間就此問題曾有過多次交涉。

由於中國財政狀況不佳，自中日甲午戰爭（1894～1895）失敗後，中國
外債急劇增加。中國歲入約爲8800萬兩，但歲出則超過一億兩，已是嚴重入
不敷出。此外，每年還約需2200萬兩以償還現有對外借款。庚子和談規定中
國賠款數額非常巨大，肯定超過中國此前歷次對外賠款。當然，如果中國能
夠一次性地賠付所有款項，這對列強來說最爲有利，但對中國來說，這是不
可能完成的任務。因此，各國政府和在華外交團都在考慮如何才能讓中國順
利按期償付賠款本息。同時，中國內部也在苦苦思索解決方案。自庚子和談

開始，中外雙方便在賠款問題上都有各自的預案，經過多次交涉後，雙方最終達成一致。

一、中外有關賠款方式問題的爭執

（一）外交團提出具體賠款方式

在中國具體賠款方式上，德國最早提出索取現銀的方式，雖然中國財政狀況不佳是不爭的事實，舉世皆知，但外交團內部還是有些國家認為中國完全有能力支付各國索賠總額，所以列強不能減少索賠數額，並要求中國一次性全部付清其所有軍事花銷。這以德國為代表，因為德國向中國派遣軍隊數量很多，軍事花銷很大，它主張中國一次性償付賠款。

1901 年 1 月 30 日，德使穆默向薩道義表示，德國政府希望中方能夠一次性付清德方所有軍費。薩道義認為這種想法不切實際。〔註107〕實際上，德國政府的這種立場並不被外交團大多數成員認可，於是德國公使很快就放棄了這一立場。在 1901 年 4 月中旬的外交團內部會議上，外交團提出三種中國賠款方式，包括：1、發行債券；2、從中國歲入中分期攤付；3、依靠借款。

隨著對中國財源情況調查的逐步深入，在外交團內部出現了四種賠款方式的討論。1901 年 5 月 1 日，外交團財政委員會向外交團會議提交了一份有關中國賠款問題的詳細報告，認為僅依靠中國本身財力，很難一次性償清各國索賠總額。為了解決該難題，該報告認為中國有以下四種方案可供選擇：

1、無擔保借款

此方案代價很高，僅憑中國目前的國際信用，很難以便宜傭金在國際金融市場上一次性借到 6500 萬英鎊。前文提到過 1900 年 11 月中旬，江海關稅務司英籍雇員賀璧理在美國約翰‧霍普金斯大學的演講，賀璧理稱按照中國的國際信用和此前中國在支付對日本賠款時的先例，中國要在國際市場上借到二億美元（賀璧理估計的賠款數額），至少需要花費 2.75 億美元，即：折扣率為 72.7%……中國為支付 2.75 億美元本息，每年至少要提供 2500 萬美元。〔註108〕按照賀璧理的觀點，在國際市場上借款將給中國財政帶來沉重負擔，從而導致中國政局嚴重不穩。而中國海關總稅務司赫德則認為賀璧理對中國

〔註107〕*The Diaries of Sir Ernest Satow, British Envoy in Peking (1900～1906)*, p.84.
〔註108〕《1901 年美國對華外交檔案》，第 284～287 頁。

在國際上借貸的折扣率估計得過低，實際肯定高於 72.7%。〔註 109〕

2、各國聯合擔保貸款，分期償還

該方案主張按照一次付清的賠款總數借款，保證分期償還並由各國聯合擔保。利用此法，這筆貸款很容易借到，花費不大，利息較低。借款獲得後即可直接償付賠款，並使中國迅速恢復正常狀態。該法對受賠方（公司和個人）、中國和遠東貿易都有利。各國政府必須對中國舉借新債共同負責，從財政角度來看，他們並非受益者，因爲他們正是借錢來償還欠自己的債務，甚至他們還會有所損失。除了銀行事先扣除的傭金外，各國對其餘全部借款還要承擔共同責任。

3、發行中國債券

每個國家按照各自索賠總數從中國接受債券。這些債券按期償還，並支付利息，各國可以用作發行本國必需的公債的擔保。這樣，6500 萬英鎊的總數就可以按照借款的各種形式，根據適合各國信用的條件，在各國之間進行分配，且無需發行一筆國際性公債。假如每個國家都願意接受由中國分期攤還的辦法，並選擇它認爲合適的發行日期的話，它只可按照應付給本國人民的賠款總數取得債券。

4、實行年金

該方案的不利之處在於會使解決各國已支出費用問題久拖不決，同時可能製造政治上的意外事故。〔註 110〕

在外交團財政委員會所提上述四條建議中，除了索取現銀和實行年金不符合中國現狀外，其餘兩種方式（聯合擔保和發行債券）都有較強的可操作性。因此，後來外交團內部在這兩種方式上爭執不下。其中，英美兩國力主發行債券，俄法兩國則主張聯合擔保，德國則試圖利用外交團內部矛盾，追求德國在華利益最大化。

（二）關於聯合擔保方式的討論

直到 1900 年 12 月 24 日外交團向中方代表正式提交聯合照會，賠款問題大原則才得以確立。各國政府對中國賠款總額和具體償付方式問題一直都在探索之中，其中尤以英方在此問題上出力最多。

〔註 109〕 *The Diaries of Sir Ernest Satow,British Envoy in Peking (1900～1906)*, p.83.
〔註 110〕《1901 年美國對華外交檔案》，第 185～202 頁。

1、英美公使反對聯合擔保

薩道義和中國海關總稅務司赫德曾多次就此問題進行討論，最終關於賠款問題所達成的協議基本是以赫德的主張爲藍本。赫德長期主管中國海關，掌握中國重要的財源，很瞭解中國財政狀況。早在 1900 年 10 月 18 日，赫德就曾替中國全權大臣慶親王奕劻和李鴻章草擬過一份有關中外談判的協議，內容包括商議賠款和修改條約以重商務。〔註 111〕赫德還曾向清廷提交過一份節略，其中談到中國此次賠款或需四五十年內每年籌集 3000 萬兩白銀。他要求清廷詳實查明中國歲入和支出，以保證對外賠款順利支付。〔註 112〕

基於對中國財政狀況和俄法兩國意圖的準確瞭解，英國在聯合擔保方式上態度非常明確，堅決反對聯合擔保。外交團關於賠款方式問題的討論是在進入 1901 年後，因爲此前薩道義在 1900 年年底就臥病在床，直到 1901 年 1 月 12 日才重新工作。〔註 113〕當天（1 月 12 日），在與美使康格會談時，薩道義表示中國對外賠款的償還方式不能是向國外借款，而應將賠款變成中國欠各國的債務，每年都定期償付一定金額的本金並支付利息。〔註 114〕這是薩道義首次在日記中正式表明他在此問題上的態度，當時他尚未收到英國政府的相關指示。康格對薩道義的觀點表示同意。

此外，薩道義還積極向外交團其他成員闡述自己的觀點。法使畢盛於 1901 年 1 月 13 日對此表示贊成。〔註 115〕德使穆默則表示不贊成由各國聯合擔保貸款的建議，更不贊成將賠款轉變爲中國對各國的固定債務。薩道義表示英國政府認爲，若中國被迫借貸，那麼中國債務總額將會激增。〔註 116〕美國方面則堅持要求中國一次性總付賠款。〔註 117〕

1901 年 1 月 28 日，薩道義與赫德討論賠款事宜。赫德主張中國借小額貸款，用以償付商人和傳教士們的損失，預計總額不高，應該比較容易做到。3 月 25 日，外交團財政委員會開會，薩道義與赫德分別提交有關中國財源問題的備忘錄。赫德的備忘錄很詳細，他認爲中國只有兩種還款方式：一、全數

〔註 111〕《清光緒朝中日交涉史料》卷五八，頁二十一。
〔註 112〕《清光緒朝中日交涉史料》卷五九，頁十。
〔註 113〕 *The Diaries of Sir Ernest Satow, British Envoy in Peking (1900～1906)*, p.77～78.
〔註 114〕 *The Diaries of Sir Ernest Satow, British Envoy in Peking (1900～1906)*, p.78.
〔註 115〕 *The Diaries of Sir Ernest Satow, British Envoy in Peking (1900～1906)*, p.78.
〔註 116〕 *The Diaries of Sir Ernest Satow, British Envoy in Peking (1900～1906)*, p.80.
〔註 117〕《1901 年美國對華外交檔案》，第 432 頁。

借債；二、各國政府接受按年分期攤付，以債券形式。第一種辦法無疑會讓中國付出極重代價，顯然不可行。第二種辦法對中外雙方來說都有利。假如賠款本金總數是五千萬鎊，中國同意在三十年內每年按該數 5%償付，即：每年支付 250 萬英鎊（合 1750 萬兩），那麼，各國政府可以集體或單獨發行一種賠款公債，並用公債收益立即償付各國政府、公司和私人的賠款。這樣，各國政府和中國分別成了債權人和債務人。每月付款應交給列強指定的上海各銀行，銀行再按每月支付的賠款數，把中國債券通過有關使館交還中國政府。〔註 118〕

美方堅持由中國一次性總付賠款，因此不贊成國際聯合擔保。為了使美方建議得以通過，美方也與外交團成員多次溝通。1901 年 3 月 24 日，柔克義告訴薩道義稱，美國不會加入為中方聯合擔保貸款事宜。〔註 119〕在柔克義向美國政府彙報 4 月中旬外交團會議上確定的三種賠款方式後，美國國務卿海約翰回電稱美國政府願意接受債券，但認為聯合擔保有困難。〔註 120〕

英美兩國政府之所以反對聯合擔保借款，主要是為了維護其在華商業利益，不讓俄國陰謀得逞。由於俄國索賠數額巨大，位列諸國之首，但在國際金融市場上信用度卻較低，英美兩國恰恰相反，因此，英美不希望承擔高風險的連帶責任，以使俄國獲得巨額賠款。其次，由列強聯合實行擔保，這意味著列強有權從中國為貸款提供的擔保中漁利。換句話說，即使英國抵制 10%關稅的做法，一個控制中國海關的國際管制委員會也能利用海關的稅收結餘。〔註 121〕因此，為了避免承擔擔保風險，不讓列強控制中國海關，英國極力反對聯合擔保，自始至終都未妥協過。

英國政府在答覆薩道義關於 1901 年 5 月 7 日外交團會議的報告時，規定了英國政策的基本要點，作為對薩道義的指示：1、避免中國破產；2、除非考慮到滿意地解決聯合照會第十一款，海關關稅不得增至 5%以上；3、不參加對中國貸款的國際聯合擔保。英國政府贊成降低利率，承認不擔保的貸款行不通，於是建議：「中國向每個債權國發行的債券，其面值將代表所決定的賠款份額，債券到期應予支付。這些公債所生利息約為年息四釐，其中半釐

〔註 118〕《1901 年美國對華外交檔案》，第 135～142 頁。

〔註 119〕 *The Diaries of Sir Ernest Satow, British Envoy in Peking (1900～1906),* p.100.

〔註 120〕《1901 年美國對華外交檔案》，第 449 頁。

〔註 121〕〔英〕楊國倫著，劉存寬、張俊義譯：《英國對華政策（1895～1902）》1991 年版，第 273 頁。

分期償付。」〔註122〕

2、其他各方態度

1901 年 4 月 24 日，薩道義拜會李鴻章，討論中國賠款事宜。李鴻章建議由英、法、美三國爲中國聯合擔保借款。薩道義對此很不熱心，因爲此前他已收到英國外相蘭斯敦勳爵的電報，稱俄國已提議俄法兩國單獨爲中國擔保借款。但薩道義同時向李鴻章表示英國政府無意使中國財政窘迫。薩道義還表示會將李鴻章的這一建議電告英國政府。

在與李鴻章會談結束後，薩道義與英國公使館參贊傑彌遜（Jamieson James William）〔註123〕討論此事。傑彌遜懷疑俄使格爾斯已向李鴻章透露俄方建議，薩道義認爲李鴻章只是故意想被英國方面拒絕，這樣他就可以名正言順地尋求俄方支持。〔註124〕

當天（4 月 24 日），美使柔克義在給美國國務卿海約翰的信中表示，中方希望列強能聯合擔保借款或由中方發行債券，因爲這樣可使中國省去一大筆錢。包括俄國在內的一些國家希望各國提供聯合擔保。〔註125〕

5 月 1 日，俄使格爾斯在外交團會議上提交一份備忘錄，闡述中國如果商借貸款，則需由各國聯合擔保的必要性。

格爾斯以中國可能賠償總額 6500 萬英鎊和 4000 萬英鎊爲例進行分析，以中國的國際信用在國際上進行借貸，有無列強的聯合擔保，對中國每年負擔來說相差巨大。若無聯合擔保，中國在國際上借貸需付出 23% 的傭金，且每年利息高達 7%；若有聯合擔保，中國借貸只需付出不到 7% 的傭金，每年利息不高於 4%～4.5%。接著，格爾斯分析了中國可能的財源，認爲可以確保

〔註122〕蘭斯多恩致薩道義電，第 148 號，1901 年 5 月 11 日，英國外交部檔案：F.O.17/1486。

〔註123〕傑彌遜（Jamieson,Sir James William, 1867～1946）英國領事官，1886～1888 年爲駐華使館翻譯學生。1898～1899 年一度充中緬劃界委員會顧問。1899～1909 年任使館商務參贊。1909～1926 年任駐廣州總領事。其間，1919～1920 年曾署理上海總領事。1926～1929 年任駐天津總領事。1930 年退休返英。詳見：《近代來華外國人名辭典》，第 238 頁。

此外，應注意將此人與前英國領事官、時任中英公司董事的哲美森（Jamieson,Sir George，1843～1920）區別開來，哲美森在本書中也被多次提及，出版過關於中國財政的專業報告。筆者注。

〔註124〕 *The Diaries of Sir Ernest Satow,British Envoy in Peking (1900～1906), p.105.*

〔註125〕《1901 年美國對華外交檔案》，第 175～176 頁。

償還有聯合擔保的、利息 4%、總額 7000 萬英鎊的貸款。〔註 126〕

在該問題上，法使畢盛和俄使格爾斯奉各自政府指令，極力主張聯合擔保借款。奧使齊乾和日使小村對此表示同意，而英使薩道義與德使穆默對此不發表意見，其他公使還未接到各自政府的指示，但很可能將贊成聯合擔保借款。美方也不太同意聯合擔保，因爲實行聯合擔保困難很大，柔克義主張盡力反對，除非外交團同意將賠款縮減到 4000 萬英鎊，並在商業優惠問題上予以補償。但柔克義同時也有保留地認爲，目前中國可能償付賠款的唯一希望就是各國聯合擔保借款。〔註 127〕

（三）關於中國發行債券的討論

1901 年 1 月，在薩道義與中國海關總稅務司赫德討論賠款問題時，赫德曾提出發行債券的方案。此後俄國提出聯合擔保的方式，薩道義也選擇適當時機提出了英國的建議。薩道義於 1901 年 5 月 14 日向美使柔克義秘密提交一份備忘錄，稱英國政府不參加爲中國借款而提供的國際聯合擔保。同時，薩道義代表英國政府提出以下計劃：各國按票面價值接受由中國發行的債券作爲各自索賠額，年息四釐，並有 0.5%的償債基金。各國有權以自己認爲適當的方式處理其債券，並爲它們提供擔保。同時，爲使中國有充足時間處理其內政，債券可以延期發行。薩道義建議開始可以發行 3 億兩債券，等五年後，中國現有外債利息開始減少，餘額就會增加。〔註 128〕美國政府指示柔克義提議外交團接受沒有國際擔保的債券，美方願意接受這種三釐年息和無需傭金的債券。〔註 129〕

此後，薩道義又與各方交換意見。他首先向中國官員徐壽朋透露：英國政府建議發行公債，三十年內分期賠付，每年需支付 2600 萬兩，年息四釐。徐壽朋對此很高興，因爲這比此前他從法使畢盛那裡聽到的數額（**九億兩**）要少很多。〔註 130〕爲了盡快達到英國目的，薩道義盡力說服外交團成員。但俄使格爾斯依然表示反對發行公債。〔註 131〕

薩道義還拜會了德使穆默，表示英方不再堅持減少賠款數額至四億兩，

〔註 126〕《1901 年美國對華外交檔案》，第 182～185 頁。
〔註 127〕《1901 年美國對華外交檔案》，第 204～206 頁。
〔註 128〕《1901 年美國對華外交檔案》，第 223～224 頁。
〔註 129〕《1901 年美國對華外交檔案》，第 451 頁。
〔註 130〕The Diaries of Sir Ernest Satow,British Envoy in Peking (1900～1906), p.109.
〔註 131〕*The Diaries of Sir Ernest Satow,British Envoy in Peking (1900～1906),* p.109.

但堅持讓中方按票面價值發行債券。〔註 132〕

　　1901 年 5 月 22 日，在外交團會議上，薩道義果然沒有提出再減少索賠數額。美使柔克義判斷薩道義這種反常行為的原因是英國政府害怕德國與法俄兩國聯合起來堅持聯合擔保，考慮到此前英德兩國已簽署《英德協定》，所以英方才在最後關頭對德國再次讓步。在此次會議上，美使柔克義堅持由中國政府發行無需國際擔保的債券，年息三釐，美國政府願意率先按票面價值接受債券。對於美英兩國相似的建議，俄法兩國表示表示強烈反對，俄使格爾斯說債券只是一種對支付的承諾，至於將來如何則毫無把握。俄國政府建議中國舉借有擔保貸款。〔註 133〕很明顯，俄國希望盡快得到一筆巨額賠款，為其對外擴張提供支持，而英美則更加「遠視」，不希望殺死中國這隻「會下金蛋的母雞」，希望通過維持中國政局的穩定，從而榨取更多經濟利益。

　　1901 年 5 月 23 日，外交團繼續開會討論英使薩道義代表英國政府提出的關於中國賠款的提議。在有關賠款償付方式問題上，法使鮑渥和俄使格爾斯都堅持有擔保借款，因為這是最簡單、最正常的方法，也是一種借款條件最平等的辦法。日使小村壽太郎則表示日本願意與大多數國家保持一致，如果大家都贊成聯合擔保，那麼日本也會同意。德使穆默表示他本人贊成發行債券，但又不反對聯合擔保借款。奧使齊幹、比使姚士登與荷使克羅伯都還未收到各自政府的相關訓令。意使薩爾瓦葛表示意大利政府認為兩種辦法都可行。美使柔克義重申美國政府傾向於發行沒有國際擔保的債券（三釐息），並願意按票面價值接受。〔註 134〕

（四）中方對賠款償付方式問題的看法

　　清廷最為關注的是賠款總額，而在到底是採取聯合擔保還是發行債券問題上，並無明確傾向。因為相比於現銀支付和無擔保借款等方式，這兩種方式都將為中國省下一筆錢。

　　1901 年 5 月 14 日，清廷收到慶親王奕劻和李鴻章來電稱，最近收到外交團照會得知，賠款共索銀 4.5 億兩，算上利息，共需 9 億兩。中方打算以鹽課釐每年銀 1000 萬兩、常稅 300 萬兩、釐金 200 萬兩，共計 1500 萬兩，分三十年還清，不提加息，並請外交團考慮中國財政困難，允許進口關稅提高三

〔註 132〕 *The Diaries of Sir Ernest Satow, British Envoy in Peking (1900～1906)*, p.109.
〔註 133〕《1901 年美國對華外交檔案》，第 225～228 頁。
〔註 134〕《1901 年美國對華外交檔案》，第 230～231 頁。

分之一，這樣增加收入有限。中方希望外交團不再堅持免除釐金。中方很清楚外交團肯定不滿意這種答覆，第二次照會肯定會提及利息問題。〔註135〕

　　當天，清廷致電慶親王和李鴻章稱，外交團照會只籠統地索賠 4.5 億兩白銀，既未涉及賠款年限和利息，也未索取現銀。這種做法實在很可疑。清廷認為，外交團此舉是想試探中方對該數額的態度，一旦中方承諾三十年內每年賠 1500 萬兩，這就等於承認了外交團所提出的數額，接著外交團就會提出利息問題了。如此一來，就正中了外交團的圈套。清廷指示慶親王和李鴻章二人應爭取美方支持，盡力將賠款總額減至 3.1 億兩。清廷認為可行的理財辦法是加鎊價、提高稅率、徵收印花稅和房捐。同時指示慶親王和李鴻章二人不應將進口關稅率提高三分之一，以免限制以後討論的餘地。〔註136〕

　　6 月 1 日，外交團會議討論了兩種分期付款方案，分別是由匯豐銀行董事熙禮爾和賠款委員會擬定的方案。

　　前一方案計劃將全部債務 4.5 億兩（連同利息）分五十年還清，其主要不當之處在於未把由於中國其他外債逐步償還而在後四十年內可利用的全部款項用於賠款的分期攤付。

　　後一方案計劃分四十五年還清全部賠款，根據的原則是把隨著中國其他外債減少而剩下的全部財政餘額都用於賠款。另外，除了作為四釐利息的 1800 萬兩必須支付外，不再增加中國的負擔。

<u>外交團原則上接受了第二種方案，將從 1906 年開始實施。</u>

　　外交團還審議了中國全權大臣轉來的兩種分期償付方案。

　　第一種方案計劃在三十年內付清本金 4.5 億兩，以後用二十年每年付 1395 萬兩作為利息，總共付息 2.79 億兩。外交團認為該方案顯然忽視了複利，沒有計算超出三釐以上的正常利息。

　　第二種方案打算分四十年付清，規定將全部利息計入本金，分四十等份，分期償付。〔註137〕

　　在外交團內部會議結束後，外交團隨即與中方代表展開會談。6 月 3 日，外交團賠款委員會成員與中方官員在德國公使館內討論有關分期付款的不同

〔註135〕《慶親王奕劻大學士李鴻章來電》光緒二十七年三月二十六日（1901 年 5 月 14 日）到，電報檔。詳見：《清光緒朝中日交涉史料》卷六三，頁四。

〔註136〕《軍機處擬致奕劻李鴻章電信》光緒二十七年三月二十六日（1901 年 5 月 14 日），電寄檔。詳見：《清光緒朝中日交涉史料》卷六三，頁五。

〔註137〕《1901 年美國對華外交檔案》，第 245 頁。

方式。外方參加者是德使穆默、英使薩道義、日使小村壽太郎和法使鮑渥。中方參加者是李鴻章、徐壽朋和那桐。有關此次會談詳情，中外檔案都有記載，可以互相參照，互爲補充。

寒暄禮畢，李鴻章首先表示中方提議將本金在前三十年付清，然後將利息在後二十年付清。穆默表示該方案會讓各國受損失，因爲沒有計算複利在內。中國賠款總額爲 4.5 億兩，年息四釐，應爲 1800 萬兩。各位公使還否決了李鴻章所提「將每年一千五百萬兩分成兩部分，一部分還本，一部分還息」的建議，因爲該數比每年應付利息還少。**外交團否決了中方的還款計劃**。

穆默表示，列強已設計出一種合適辦法，不使中國增加新負擔就能取得超出應付利息的款項。列強將實際劃撥歸還舊債的歲入餘額用於攤付賠款，將從 1906 年開始，1916 年和 1932 年以後餘額將增多。中國每年應付 1800 萬兩，比它目前支付的舊債利息要多，直至 1905 年，此款將專付利息。到 1906 年，海關實際控制的歲入每年可有餘額，分期付款便可開始執行。這種餘額從 1916 年和 1932 年會有明顯增加。同時，隨著本金的逐漸償還，利息數額將逐漸減少。因此，分期付款將越來越快，可以確定爲四十五年。在此時期內，中國的財政負擔大致相同，只有目前支付的年金超出 1800 萬兩是最高數額。〔註 138〕

（五）外交團最終達成共識

在該問題上，外交團內部形成意見相左的兩派，一派支持聯合擔保，一派支持發行債券，而另有部分公使則持「騎牆觀望」的態度。在庚子和談即將結束的六七月，外交團內部進行了激烈交涉，最終，英國以其強硬不妥協的態度，迫使外交團同意中國以發行債券方式賠償。

薩道義在此問題上一直與美使柔克義保持溝通。作爲在華商業利益最大的國家，英美兩國在此問題上頗有共識。1901 年 6 月 5 日，薩道義再次告訴柔克義稱，英國反對聯合擔保中國借款。〔註 139〕6 月 8 日，由於外交團在賠款問題上久拖不決，柔克義正式照會外交團團長葛絡幹，提議將賠款問題提交給海牙國際法庭仲裁。〔註 140〕美國政府批准了柔克義的這種做法，並透露說法、英、俄等國政府正通過各種渠道打探美國政府的態度。美方表示強烈

〔註 138〕《1901 年美國對華外交檔案》，第 247～249 頁。
〔註 139〕 *The Diaries of Sir Ernest Satow, British Envoy in Peking (1900～1906)*, p.113.
〔註 140〕《1901 年美國對華外交檔案》，第 305 頁。

反對聯合擔保，並希望各國接受中國發行無國際擔保的債券，美國願意帶頭接受。〔註141〕

　　最終，俄國表示可以有條件地妥協。6 月 15 日，在外交團會議上，俄使格爾斯表示俄國政府將接受債券制，〔註142〕俄國堅持主張由國際擔保借款，但願意接受其他國家達成的一致決定。法使鮑渥表示，法國政府將接受聯合擔保借款和發行債券兩種方式中的任意一種。日使小村表示日本政府願意有保留條件地接受發行債券方式。其他各國公使都贊成按票面價值發行債券，利息四釐。〔註143〕7 月 3 日，美使柔克義致電美國國務卿海約翰稱，外交團至今尚未達成協議，正式同意 4.5 億兩總額、四釐利息、與票面等值債券。俄日兩國公使都以「各國不得要求特惠」為條件，同意四釐利息的與票面等值債券。〔註144〕

　　經過幾番交涉，外交團內部終於達成一致。1901 年 7 月 27 日，外交團會議決定，從 1901 年 7 月 1 日起，中國每半年交付一次賠款利息。應中國海關總稅務司赫德的要求，外交團允許中國在三年內交付頭半年的利息，但條件是要支付複利。定期交付與償債基金都從 1902 年 1 月起開始。款項將付給上海的財政委員會。〔註145〕隨後，外交團向中國全權大臣遞交照會，要求賠款的最後總數是 4.5 億海關兩，按 1901 年 4 月 1 日匯率，用金幣支付，利息四釐。正式分期攤還將從 1902 年 1 月 1 日起實行，至 1940 年為止。中國在 1902 年 1 月 1 日，只需償付從 1901 年 7 月 1 日至 1902 年 1 月 1 日這六個月裏的 4.5 億海關兩賠款總數應付的利息。為便於中國償清這筆欠債，各國願意在 1902～1905 年的三年間分期償還，條件是要支付複利。

　　在請示清廷後，中國代表團最終接受了外交團的條件。在賠款方式問題上，薩道義以其強硬態度最終使外交團成員同意其建議。英國自始至終與美國立場相近，同時英國通過對公債利息做出讓步換來德國的支持。實事求是地講，不論是接受海關稅率的修改還是聯合擔保，都會損害英國對中國貿易的控制。因此，英國也依靠其強硬態度始終控制著海關稅率的談判。

〔註141〕《1901 年美國對華外交檔案》，第 456 頁。
〔註142〕 *The Diaries of Sir Ernest Satow, British Envoy in Peking (1900～1906)*, p.117.
〔註143〕《1901 年美國對華外交檔案》，第 326～329 頁。
〔註144〕《1901 年美國對華外交檔案》，第 459 頁。
〔註145〕《1901 年美國對華外交檔案》，第 463 頁。

二、有關稅率問題的爭執

　　爲了保證中國順利按時支付賠款，外交團調查中國財源委員會對中國財政狀況進行詳細調查。除了常規稅源之外，外交團討論重點在於是否提高中國進口貨物的實際關稅率。在 1860 年代與外國議定關稅時，中國規定稅率爲值百抽五（即 5%），並用海關兩結算。當時約合三海關兩值一英鎊，四十年來，銀價一直下跌，到 1900 年時已跌到七海關兩多值一英鎊。這樣中國海關稅率實際不到 3%，中國稅收受到很大損失。中國政府很早以前就充分意識到此點，並與列強進行交涉，但一直沒有結果。現在中國面臨著如何償付對外賠款問題，各國也開始認真思考這種辦法是否恰當。在談判過程中，外交團內部依舊分成兩派，英使薩道義和美使柔克義主張有條件地接受將關稅稅率提高到 5%，即：以修改商約爲前提，目的是爲了保證兩國在華商業利益，因爲提高關稅就意味著出口國的經濟損失。俄使格爾斯則堅持：如果中國不能如期交付賠款，則將關稅稅率提高到 10%。爲此，兩方爭持不下，最終英國以強硬態度迫使俄國作出妥協。

（一）英方在提高稅率問題上的看法

　　1900 年 11 月，賀璧理在美國約翰·霍普金斯大學演講時認爲，要列強同意提高條約規定的稅率，也就是爲籌措償付對各國的賠款而單純地增加各國出口到中國貨物應繳納的關稅，這簡直不可能。〔註146〕但中國海關總稅務司赫德認爲提高關稅率能增收不少。〔註147〕

　　薩道義則基本贊成賀璧理的估計，他不贊成用提高稅率方式來籌集中國對外賠款。因爲這將使中國人覺得列強是從自己口袋掏錢來支付對自己的賠款，將減少列強對中國懲罰的效果，〔註148〕並將使列強失去一項獲得在華商業利益的重要槓桿。薩道義曾多次將此觀點與外交團其他成員溝通，美使康格和德使穆默等都對此表示贊成。〔註149〕

　　1901 年 5 月 14 日，薩道義向外交團提交了一份備忘錄，其中表示實際進口稅率不允許超過 5%，除非圓滿解決聯合照會第十一款（即：修改條約和通

〔註146〕《1901 年美國對華外交檔案》，第 284～287 頁。
〔註147〕*The Diaries of Sir Ernest Satow,British Envoy in Peking (1900～1906)*, p.83.
〔註148〕*The Diaries of Sir Ernest Satow,British Envoy in Peking (1900～1906)*, p.85.
〔註149〕*The Diaries of Sir Ernest Satow,British Envoy in Peking (1900～1906)*, p.86.

商章程）問題。〔註150〕

　　6月3日，外交團賠款委員會與中方官員會談時，日使小村問李鴻章：如果各國同意將進口關稅提高到 10%，中國是否同意廢除進口釐金稅？李鴻章表示中方可以廢除部分釐金。〔註151〕

　　6月5日，美使柔克義與薩道義討論提高稅率到 10%，作為中國取消對進口貨物和最重要貨物徵收釐金的回報。柔克義認為，在 1898 年到 1900 年三年平均額度基礎上，每年將增收 1150 萬兩白銀。薩道義對此表示懷疑，因為考慮到 1900 年中國動亂之事，這大約多估計了 300 萬兩。薩道義還表示英國政府將不會考慮超過 5%的稅率。〔註152〕

　　6月6日，俄使格爾斯問薩道義：如果中國不能用鹽稅、常關盈餘和 5%關稅支付所有的賠款，是否能考慮徵收 10%的關稅？薩道義表示，只有當中國接受聯合照會第十一款有關修改商約和通商章程規定時，英方才會考慮這樣做。〔註153〕

（二）美俄兩國立場的對立

　　1901 年 6 月 11 日，外交團會議討論有關中國償付賠款的財源問題。俄使格爾斯在會上提出了俄方主張。外交團最後同意用**常關稅、海關稅、不由外國人掌管的鹽稅餘額、增加到實際稅率 5%後的關稅**等方式來償付賠款本息。

　　此外，美使柔克義在會上提出以下三項要求，作為同意將實際關稅提高到 5%的條件：（1）修訂稅則和以從量稅代替從價稅；（2）中國資助疏濬上海黃浦江和天津海河；（3）修訂內河通商章程，以便把各類船舶都包括在內。

　　俄使格爾斯強烈反對柔克義所提第（3）項要求，並在當天下午就此話題向其他公使們散發了一份措辭嚴厲的信函。格爾斯反對美方第（3）條要求的理由是，目前急需早日結束對華談判，美方的這條要求勢必導致重新開展討論。柔克義則表示修改規章對英、德、法日等國均有重大利益，並可促進貿易的廣泛開展。他之所以加入該項條件，是想獲得英、德、法、日等國公使對其他條款的支持，並未過多考慮美國能從中獲得多少實際好處。〔註154〕

〔註150〕《1901 年美國對華外交檔案》，第 223 頁。
〔註151〕《1901 年美國對華外交檔案》，第 249 頁。
〔註152〕 *The Diaries of Sir Ernest Satow, British Envoy in Peking (1900～1906)*, p.113.
〔註153〕 *The Diaries of Sir Ernest Satow, British Envoy in Peking (1900～1906)*, p.113.
〔註154〕《1901 年美國對華外交檔案》，第 306～309 頁。

在此次會議上，格爾斯建議：如果中國不能如期交付賠款，那麼外交團就應同意將實際進口貨物稅率提高到 10%，由此增加的稅收必須全部用於支付賠款。但在即將舉行的「把實際進口關稅率提高到 5% 以上」問題討論時，各國政府有權提出自己的保留意見，包括英使薩道義在內的各國公使對此都沒有異議。〔註 155〕

鑒於俄使的這種態度，柔克義只好請示美國政府，是否能只以第（1）（2）項條要求爲條件，同意將實際關稅提高到 5%。〔註 156〕6 月 12 日，美國政府致電柔克義，同意只以第（1）（2）兩項爲條件，將實際關稅提高到 5%。〔註 157〕

最後，各國都同意將實際關稅提高到 5% 而不需要任何貿易補償。英國反對部分廢除釐金的建議，力主完全廢除。〔註 158〕

對於美方宣稱「該條款（修訂內河通商章程）是對英、德、法、日等國有重大利益」的說法，各國並不怎麼買帳領情。大家都明白這只不過是美方冠冕堂皇的理由。在外交團會議上，美使柔克義與俄使格爾斯之間的爭吵造成了較大影響。薩道義會後在兩人之間積極斡旋，希望能消弭外交團成員之間的誤解。6 月 12 日，薩道義與格爾斯交談了許久。薩道義說格爾斯昨天（6 月 11 日）下午散發的信件深深地傷害了柔克義。格爾斯則透露說，這是應德使穆默要求才這樣寫的。〔註 159〕由此可見，在賠款問題上，德國常常居間挑撥，利用兩派矛盾從中漁利。

（三）英俄從對立走向妥協

在此前 1901 年 6 月 11 日外交團會議上，包括英使薩道義在內的所有公使都接受俄使格爾斯關於稅率問題的建議。然而，6 月 19 日，薩道義卻通知外交團稱，英國政府聲明：不能同意僅僅爲了支付賠款本息就把實際關稅最終增加到 5% 以上，除非中方同意廢除釐金並修改通商章程。

薩道義表示他個人曾於 6 月 11 日接受俄使格爾斯所提建議，但後來並未獲得英國政府批准。英國政府其實比其他任何國家都關心對華貿易，不能同意高於切實值百抽五（5%）的稅率，除非考慮增加某些通商便利條件，特別

〔註 155〕《1901 年美國對華外交檔案》，第 306～309 頁。

〔註 156〕《1901 年美國對華外交檔案》，第 457 頁。

〔註 157〕《1901 年美國對華外交檔案》，第 457 頁。

〔註 158〕《1901 年美國對華外交檔案》，第 457 頁。

〔註 159〕*The Diaries of Sir Ernest Satow, British Envoy in Peking (1900～1906)*, p.116.

是廢除釐金。英國政府認為，如果中國政府沒有因提高關稅而作出讓步，尤其是在本就可以撤銷的釐金方面缺乏實質性行動，那麼這種最終增加的關稅更具有一種附加稅性質，因此，不能按俄國提議將其作為附加擔保。若用來擔保支付新債利息的歲入不夠，各國應適時調查需採取什麼措施來彌補這項缺額。如果大家同意這樣做，那麼俄國的願望就能得到充分滿足。〔註160〕

俄使格爾斯稱，俄國政府之所以接受中國以鹽稅支付借款，並同意發行債券以代替聯合擔保借款，也同意（美使柔克義堅持的）商務上的補充，主要是因為俄方想早日結束對華談判。然而，由於英方拒絕同意俄國條件，將使全部問題重新談判。

薩道義的這項聲明並未獲得其他任何公使的支持。〔註161〕7月17日，美使柔克義告訴薩道義：他已收到美國政府指示不要在財政保障問題上反對格爾斯，美方迫切想早日結束賠款問題談判。

直到7月3日，英使薩道義仍然拒絕俄國提高關稅至10%的建議。〔註162〕由於俄英兩國立場僵持，賠款問題遲遲得不到解決。外交團全體成員對此都很焦慮。7月16日，英方率先作出妥協，同意與各國共同研究以下問題：如果已指定償付賠款的歲入不夠，中國應增加哪些歲入作為擔保。〔註163〕7月17日，德使穆默拜訪薩道義，他向薩道義透露：在次日（18日）外交團會議上，將有人再次提出格爾斯的建議。因此，穆默認為自己將不得不反對薩道義。〔註164〕

果然，在7月18日外交團會議上，幾乎所有公使都反對薩道義提出的這種方案，都支持格爾斯的建議。

當時庚子和談已接近尾聲，英俄兩國關於稅率問題的爭議使中外談判停滯不前。於是，各國政府之間進行多渠道溝通，俄國立場也有所鬆動。

7月25日，德使穆默告訴薩道義，他認為俄使格爾斯將收到俄國政府的指示作出讓步。不久，薩道義也收到英國政府電報，內容相似。〔註165〕

7月26日，俄使格爾斯拜訪薩道義，透露了他所收到俄國政府指示的內

〔註160〕《1901年美國對華外交檔案》，第359～363頁。

〔註161〕《1901年美國對華外交檔案》，第330～331頁。

〔註162〕《1901年美國對華外交檔案》，第346～348頁。

〔註163〕《1901年美國對華外交檔案》，第459頁。

〔註164〕 *The Diaries of Sir Ernest Satow, British Envoy in Peking (1900～1906)*, p.124.

〔註165〕 *The Diaries of Sir Ernest Satow, British Envoy in Peking (1900～1906)*, p.126.

容。英俄雙方達成妥協。〔註166〕俄國不再堅持把關稅提高到 5%以上作為財政保證。若中國歲入不足以償付賠款，各國應審查並確定必需的歲入，以彌補缺額。進口稅應在審查之列。薩道義對此表示很滿意。〔註167〕

7月27日，外交團領袖葛絡幹照會中國全權大臣稱，同意將目前進口稅率提高到切實值百抽五（5%），但需滿足以下兩個條件：1、將目前按價計徵的所有進口稅均改為從量稅。為此，需委派一個國際委員會，在其工作未完成之前，應繼續實行按價徵稅；2、中國政府應資助疏濬上海黃浦江和天津海河。〔註168〕中國代表團同意了外交團的要求。

至此，中外雙方在稅率問題上的談判得以結束。綜觀談判全過程，我們可以發現，英國在稅率問題上立場強硬，主要是因為英國在華商業利益最重，英方不允許單純為增加賠款而提高進口稅率，這將使中方認為列強是從自己口袋裏掏錢來賠償自己，會被中方嘲笑，並將失去一個改善對華貿易條件的重要槓杆。英方堅決主張：只有以修改商約為條件，才能將稅率提高到 5%。由於俄國在華商業利益遠不如英國，俄國迫切想早日取得中方賠款，因此強烈主張進一步提高關稅率到 10%，作為中國償付賠款的財政保證，這嚴重侵犯了英國的利益，因此薩道義代表英國政府強硬抗議俄方主張，使得賠款問題談判久拖未決。在各國公使居中斡旋下，最後英俄雙方都作出妥協，終於順利解決了賠款問題，也促成最後《辛丑條約》的簽署。

三、有關年息問題的爭執

列強對華索賠總額最後確定為 4.5 億兩。但在年息問題上，外交團內部仍有不少分歧，主要是日方要求利率補償，俄方對此表示反對。美方堅持三釐息的債券，英方則堅持四釐息。此外，中方代表與外交團（尤其是英方）之間在利息問題也有交涉。

（一）中外雙方會談討論年息問題

1901年4月19日，外交團財政委員會（法使畢盛、英使薩道義、日使小村和德使穆默）與中國官員徐壽朋、那桐和周馥等三人就中國財源問題舉行會談。外交團詢問中國每年能還多少錢，有哪些財源。中方表示每年最多能

〔註166〕 *The Diaries of Sir Ernest Satow, British Envoy in Peking (1900～1906)*, p.126.
〔註167〕 《1901年美國對華外交檔案》，第370～372頁。
〔註168〕 《1901年美國對華外交檔案》，第380～382頁。

還 1500 萬兩，各位公使則表示，如此則需要六十年才能攤完，時間太久。他們建議中國每年籌付 3000 萬兩，三十年可完。按借債周息五釐，二十年本利相平，4.5 億兩，三十年成 9 億兩，周息三釐三毫，利息尚不重。中國代表團曾多方打聽，得知美國政府認為中國至多只能賠 3.1 億兩，因此，想勸各國政府酌減中國賠款總數，但條件是中國必須付現款。英使薩道義堅持 4.5 億兩為定數。慶親王奕劻還特意就此問題向中國海關總稅務司赫德詢問。赫德表示各國對此意見不一，有願意攤還者，有願意索要現銀者，如果付現銀則必須借債，付 4.5 億兩必須借款 6 億兩才夠用。以周息四釐計算，三十年則須加息 7.2 億兩，很不合算。〔註 169〕

（二）外交團討論年息問題

在 1901 年 5 月 1 日外交團會議上，俄使格爾斯提出聯合擔保借款的建議。他認為如果有聯合擔保，中國的財源可以確保 7000 萬英鎊借款（四釐利息）本息的償付。而外交團財政委員會的報告則認為，截至 1901 年 7 月 1 日，中國賠款總額暫定為 6500 萬英鎊。按五釐息計算，總數需 8500 萬英鎊，若由各國聯合擔保按四釐五借款，最多只需要 7000 萬英鎊，甚至有希望能以四釐成交，則中國每年支付的利息為 315 萬英鎊（合 2020 萬兩）或 280 萬英鎊（合 1818 萬兩）。如果從中國總歲入中支付京師同文館和出使經費，列強至少還能從外國掌管的關稅和釐金項內解決 152.2 萬兩；稅率提高到 5% 後，至少可增加 250 萬兩；常關收入 300 萬兩，總計可達 702.2 萬兩。

因此，按照四釐或四釐五借款，所要籌措的款項只缺 1115.8 萬或 1317.8 萬兩。〔註 170〕

5 月 5 日，德使穆默與薩道義草擬一個建議，通知中方截至 1901 年 7 月 1 日，各國索賠總額為 4.5 億兩，並詢問中方將如何償還利息。〔註 171〕

5 月 23 日，外交團在中國賠款償付方式問題上爭執不下。法俄兩國主張聯合擔保貸款，英美兩國主張發行債券。英美立場相似，但在利息上略有不同。英方提議五釐息，美方主張三釐息。日使小村壽太郎表示，如果最後賠款以債券償付，則外交團須為那些不能以很低利率舉債的國家做出某種安

〔註 169〕《慶親王奕劻大學士李鴻章來電》光緒二十七年三月十五日（1901 年 5 月 3 日）到，電報檔。詳見：《清光緒朝中日交涉史料》卷六二，頁四十一。

〔註 170〕《1901 年美國對華外交檔案》，第 185～202 頁。

〔註 171〕 *The Diaries of Sir Ernest Satow, British Envoy in Peking (1900～1906)*, p.108.

排，例如日本必須付息五釐。小村提出另一種可能的解決方案：如果最後確定採納低利率，對那些屬於這種情況的國家應另加若干超出賠款應得數額的債券，以彌補他們借款實際應付利息與債券規定利息之間的差額。美使柔克義認為日方的這種想法不切合實際，將給中國帶來很大困難。〔註172〕

（三）中方與英國在利率問題上的分歧

在整個賠款問題談判中，中方與英方在賠款利率問題上產生過分歧。

在得知列強向中國索賠總額定為 4.5 億兩後，中方代表就與各國公使頻繁接觸，希望能勸說他們同意減數、減息、寬期。英使薩道義就是中方重點做工作的對象之一。薩道義與湖廣總督張之洞和兩江總督劉坤一關係良好，曾多次互通情報。張之洞請求薩道義能在利率問題上予以通融。

奉薩道義之命，英使館參贊傑彌遜前往武昌拜見湖廣總督張之洞談論賠款問題。此前，張之洞曾收到薩道義電報稱，賠款總數 4.5 億兩，年息四釐斷不能減，但也不索要現銀，改為三十年攤還，每年應攤還 2600 萬兩，這意味著賠款本息合計 7.8 億兩白銀。張之洞請傑彌遜轉告薩道義，希望能按照薩道義此前所說年息三釐三毫或三釐辦理。傑彌遜表示，英方同意降低年息，但其他國家則未必同意。出於對華「友好」，英方當然願意勸說各國減息，但未必能成功。

張之洞認為 4.5 億兩總數很難減少，但現在這種方案已比最初本息合計 9 億兩要省下 1.2 億兩。若能減少半釐利息，則每年能省下 200 多萬兩。張之洞建議說，既然英使薩道義有意略為妥協，那就應好好爭取。〔註173〕

張之洞將此消息也電告慶親王和李鴻章。本來中方代表團準備接受外交團提出的條件（總額 4.5 億兩，年息四釐），因為如果不立即解決賠款問題，聯軍就不可能盡早撤軍。當時聯軍有這樣一種觀點，即：要麼在夏季之前撤軍，要麼到秋季才能撤軍，因為在夏季撤軍很不方便。而如果撤軍推遲到秋季的話，列強又將向中國索取巨額軍費開支，本就捉襟見肘的中國財政將更雪上加霜。因此，中方代表團決定盡早與外交團就賠款問題達成妥協。

但在這種情況下，中方覺察到內外交團內部開始產生鬆動，於是準備再觀望一段時間，希望局勢能有所轉機。

〔註172〕《1901 年美國對華外交檔案》，第 230～231 頁。
〔註173〕《1901 年美國對華外交檔案》，第 230～231 頁。

　　1901 年 5 月 27 日，清廷頒佈諭旨指示慶親王奕劻和李鴻章，同意接受各國索賠總額爲 4.5 億兩，年息四釐。〔註 174〕接著，軍機處致電慶親王和李鴻章，其中提到張之洞上述電報，詢問英國駐華公使館參贊傑彌遜所轉述英使薩道義的話「總額 4.5 億兩，四釐息，三十年攤還，每年支付二千六百萬兩」是否屬實。清廷指示慶親王和李鴻章：應設法做通薩道義的工作，希望能略減利息銀。若實在不行，再向各位公使宣佈清廷諭旨。〔註 175〕

　　然而，儘管清廷希望中方代表努力與各國公使斡旋，但中方信息早已被外交團知曉。5 月 28 日，李鴻章的私人秘書、美國人畢德格告訴美使柔克義，稱慶親王和李鴻章已收到來自西安軍機處的諭旨，同意總額 4.5 億兩，年息四釐。其他各國公使也先後得知此事。在此情況下，本來美方還想在外交團內部爭取減少中國賠款總額，但既然中方都已同意接受外交團的條件，美方只好不再堅持原議。〔註 176〕

　　經過與外交團斡旋後，慶親王和李鴻章感到很失望。他們致電清廷稱，有關賠款減息之事，湖廣總督張之洞認爲或能減爲三釐半，德使穆默表示各國慣例借債總在四釐息以上，日本更是高達六釐，因此中國賠款四釐息堅決不能少。英使薩道義也持相同觀點，並稱「不折不扣已算便宜」。慶親王和李鴻章表示，在此問題上已無交涉餘地，他們覺得幸虧沒被浮言所惑，否則將誤事。〔註 177〕5 月 29 日，清廷得知此事已無迴旋餘地，於是再次頒佈諭旨，同意外交團所提「4.5 億兩白銀，年息四釐」的條件。〔註 178〕

（四）外交團在利率補償問題上的分歧

　　1901 年 6 月 8 日，美使柔克義致函國務卿海約翰稱，法使鮑渥表示法國政府雖贊成索賠總額定爲 4.5 億兩，但並沒指出是否願意接受四釐年息。且法國贊成的條件是各國同意聯合擔保借款。在此問題上，俄國立場與法國相同。

　　日使小村壽太郎表示日本政府不能同意四釐年息，因爲日方只能以五釐年息出售債券。〔註 179〕

〔註 174〕《清光緒朝中日交涉史料》卷六三，頁十五。
〔註 175〕《軍機處擬致奕劻李鴻章電信》光緒二十七年四月初九日（1901 年 5 月 27 日），電寄檔。詳見：《清光緒朝中日交涉史料》卷六三，頁十五。
〔註 176〕《1901 年美國對華外交檔案》，第 241 頁。
〔註 177〕《慶親王奕劻大學士李鴻章來電》光緒二十七年四月十一日（1901 年 5 月 29 日）到，電報檔。詳見：《清光緒朝中日交涉史料》卷六三，頁十八。
〔註 178〕《清光緒朝中日交涉史料》卷六三，頁一。
〔註 179〕《1901 年美國對華外交檔案》，第 304 頁。

　　為了彌補日方可能遭受的損失，日使小村進行了多次斡旋。6 月 13 日，小村拜訪薩道義時聲稱：一旦最後債券利率定為四釐，日本將索取額外份額的債券，以彌補實際損失。薩道義對此沒有明確表態。〔註 180〕

　　6 月 15 日，在外交團會議上，俄使格爾斯表示俄國沒有提到是否接受四釐利率。日使小村壽太郎表示日本不能按票面價值接受四釐利率的債券，日本只能以五釐利率借款，如果按四釐利率，日方損失會很重。〔註 181〕當天，美使柔克義、英使薩道義和德使穆默都分別致電本國政府，詢問能否想出一個使日本免遭損失的辦法。〔註 182〕小村的計算方法是：「如果債券利息為四釐，那本金應不少於這樣一個數目，即：所得利息要相當於按日本索賠要求總額五釐計算的利息，這一本金總數才等於按立即支付計算的日本索賠數額。」筆者認為，外交團之所以重視日方的要求，是因為日本的困難屬實。此外，在 1900 年出兵解北京使館之圍行動中，日本出兵迅速且高效，贏得各國政府一致讚賞。〔註 183〕

　　6 月 18 日，薩道義向美使柔克義透露說，給日本的補償可能來自 4.5 億兩總額的餘額，因為此前曾有報導稱，德使穆默說過修訂後的索賠總額將不會超過 4.3 億兩。〔註 184〕

　　6 月 21 日，日使小村向外交團遞交一份備忘錄，表明日本在國內外發行四釐債券的實際利率都在五釐以上。日本要求的賠款是按立即償付計算的，截至 1901 年 7 月 1 日，共計 5007.4 萬元。如果接受利息四釐的中國債券，日本至少將損失索賠數款的一釐利息。按外交團採取的分期付款方案，總數應為 5794.2247 萬元（約合 559.389 萬海關兩），比原賠償要求增加 15.713%。〔註 185〕

　　6 月 29 日，薩道義向日使小村透露說，英國政府將給予日本政府 50 萬英鎊的債券，此事小村以前曾被告知過。薩道義認為，如果德使穆默所說的差額〔註 186〕最終被證明並不存在，那麼，列強將從最後對華索賠總額中減去 50 萬英鎊。〔註 187〕

〔註 180〕 *The Diaries of Sir Ernest Satow, British Envoy in Peking (1900～1906)*, p.116.

〔註 181〕 *The Diaries of Sir Ernest Satow, British Envoy in Peking (1900～1906)*, p.117.

〔註 182〕 《1901 年美國對華外交檔案》，第 457 頁。

〔註 183〕 《1901 年美國對華外交檔案》，第 326～329 頁。

〔註 184〕 *The Diaries of Sir Ernest Satow, British Envoy in Peking (1900～1906)*, p.117.

〔註 185〕 《1901 年美國對華外交檔案》，第 338～339 頁。

〔註 186〕 即最初總額四億五千萬兩與修訂後總額四億三千萬兩之間的差額，約為兩千萬兩。筆者注。

〔註 187〕 *The Diaries of Sir Ernest Satow, British Envoy in Peking (1900～1906)*, p.119.

7月3日，俄使格爾斯告訴外交團成員，稱俄國政府接受按票面價值並付四釐利息的債券作爲償付賠款的方式，但必須所有各國一律照此辦理。若有任何國家要求特殊處理，俄國政府也將提出同樣要求。美使柔克義認爲格爾斯提出這項條件，是針對日使小村所提出的「日本政府不能按票面價值接受四釐債券，以免受損失」的做法。〔註188〕

由於俄方強烈反對，日方立場開始發生動搖。7月4日，薩道義拜會日使小村，討論日本額外索賠之事。小村表示，從個人角度來看，列強索賠總額不應超過4.5億兩，儘管尙未正式表決，但實際上列強都已承認該數額。小村將等待在所有私人索賠要求都已確定後俄使格爾斯如何表態。若屆時還有盈餘，日方將再次提出額外索賠的要求；若無盈餘，小村將建議日本政府撤掉該項要求。此外，日方250萬兩的私人索賠將視情況隨時減少。〔註189〕

7月9日，俄使格爾斯拜訪薩道義。兩人討論了日本索取額外債券之事，但未取得任何進展。薩道義表示自己隨後將回訪格爾斯。稍晚些時候，日使小村也拜訪薩道義。小村同意無條件地接受4.5億兩總額，不再提出日方額外債券之要求。〔註190〕

7月18日，外交團會議上正式同意賠款總額爲4.5億兩，利率爲四釐。日本則放棄索取任何優待。〔註191〕

1901年7月23日，薩道義向日使小村透露說，日方對額外債券的要求會阻礙俄方行動。小村表示這本來就是日方的正當利益。〔註192〕

綜合來看，在中國賠款的利率問題上，英國主張四釐，美國主張三釐，而日本則主張五釐，最後在英方的堅持下，外交團折中採納了四釐利率。圍繞著利率問題，外交團相關委員會也進行了詳細調查，主要是分析憑藉中國現有國際信用能在國際資本市場以何種條件、貸到多少款項。有無國際擔保，中國在國際上借款的代價相差巨大。外交團在最後採取由中國發行債券的償付方式後，俄法兩國公使力主各國均應被同等對待，反對給予日本額外債券的補償。最後在各國壓力下，日本被迫放棄額外債券補償的要求。

中國代表團與外交團之間也曾就利率問題展開過多次交涉，尤其是與英

〔註188〕《1901年美國對華外交檔案》，第346～348頁。

〔註189〕 *The Diaries of Sir Ernest Satow, British Envoy in Peking (1900～1906)*, p.120.

〔註190〕 *The Diaries of Sir Ernest Satow, British Envoy in Peking (1900～1906)*, p.122.

〔註191〕《1901年美國對華外交檔案》，第460頁。

〔註192〕 *The Diaries of Sir Ernest Satow, British Envoy in Peking (1900～1906)*, p.125.

使薩道義在酌減利率問題上有過多次接觸。最後，外交團堅持四釐利率不變，中方只好接受。

第五節　薩道義與對中國賠款償付的監督與執行

早在 1900 年 9 月底剛到上海時，薩道義在與中國海關副總稅務司裴式楷交談時，就得知列強將成立一個國際委員會來監督中國財政，以保證中國順利支付對外賠款。

抵達北京後，薩道義在與各界人士交流時也多次討論如何對將來中國賠款的監督與執行。

1900 年 11 月 22 日，薩道義與海關總稅務司赫德談論應該如何收取和管理鹽稅、釐金、船稅等。薩道義透露說，一些外國公使認爲這（成立一個國際委員會來監督中國財政）將爲控制中國提供一個絕好機會。所以，該委員會的委員應由列強提名。〔註 193〕

1900 年 11 月，中國海關英籍雇員賀璧理在美國約翰・霍普金斯大學就中國財政問題發表演講。針對設立一個國際財政委員會監管中國財政的建議，賀璧理認爲此舉可以大幅增加稅收，並且無須增加目前稅額。當然，也有強烈的反對聲音，理由如下：

（1）在中國實行這種辦法將同在埃及一樣，不可避免地引起國際間的嫉妒和糾紛；（2）該委員會勢必經常干預各省行政，嚴重損害中國主權。〔註 194〕

1901 年 1 月 28 日，赫德在與薩道義交談時表示，赫德手下有三位鹽稅負責人，意大利、德國和英國各一人，很容易將他們動員起來負責鹽稅收集工作。赫德表示願意立即採取步驟接管常關。薩道義對此沒有異議。〔註 195〕

1901 年 5 月 14 日，英使薩道義向外交團提出一份備忘錄，其中提到要將鹽稅、常關稅以及將稅率提到 5% 後增加的收入用於支付中國所發債券的利息。這些收入將交給一個由各國批准組織的聯合委員會，但此委員會沒有任何權力直接干預海關行政，也沒有權力干預關稅的課徵和收取。中方應定期向該委員會繳款，並由該委員會負責分配賠款。〔註 196〕

〔註 193〕 *The Diaries of Sir Ernest Satow, British Envoy in Peking (1900～1906)*, p.58.
〔註 194〕《1901 年美國對華外交檔案》，第 284～287 頁。
〔註 195〕與注 193 相同，P83。
〔註 196〕《1901 年美國對華外交檔案》，第 221～224 頁。

筆者認為，英國之所以這樣考慮，一方面是為了保證中國賠款的順利進行，這主要是應外交團的要求；另一方面要求不干預中國海關事務和權限，以免侵犯英國在華商業利益。

最後，外交團於 1901 年 7 月 27 日通過決議。隨後，由外交團領袖葛絡幹照會中國全權大臣，其中提到應由中國海關代管常關收入。此外，還需委派一個國際委員會，負責將目前按價計徵的所有進口稅均改為從量稅。在該委員會工作未完成之前，應繼續實行按價徵稅。

在此問題上，英國最終如願達成目標，不但防止了其他列強染指中國海關的控制權，同時利用便利條件攫取了對中國常關收入的管理權。